REFLETS
Méthode de français

3

Catherine Dollez

Sylvie Pons

HACHETTE
Français langue étrangère

43, quai de Grenelle, 75905 Paris Cedex 15.

http://www.fle.hachette-livre.fr

CRÉDITS PHOTOGRAPHIQUES

Bridgeman-Giraudon/Ernest Rehoux, *Avenue Montaigne* : 42 (1) ; 52. **Bridgeman-Giraudon**/Lauros : 74. **Canal +**/X. Lahache : 49 (droite). **Ciel et Espace**/R. Mac Call : 60. **Corbis-Sygma**/B. Barbier : 16 ; Bisson : 94 ; M. Pelletier : 132 ; Bettman : 134 ; Kipa-Cats : 139 (a) ; D. Despotovic : 139 (c) ; P. Perrin : 139 (e) ; S. Bassouls : 139 (d) ; P. Caron : 139 (f) ; J. Copes Van Hasselt : 139 (b). **Hoa-Qui**/B. Machet : 23 (2) ; S. Villerot : 23 (3) ; T.-L. Valentin : 30 (gauche) ; C. Valentin : 31 (haut), 141 ; Morand-Grahame : 42 (2) ; E. Valentin : 135 ; Manaud : 144 (1-bas) ; Explorer/A. Philippon : 154 (bas-droite) ; T. Perrin : 154 (haut-droite) ; C. Vaisse : 154 (bas-gauche) ; J. Bock : 155. **Images Toulouse**/Boyer : 28. **Kharbine-Tapabor** : 66. **Magnum**/R. Kalvar : 49 (gauche). **Photononstop**/Pictures : 19 ; Mauritius : 23 (1) ; H. Gyssels : 23 (4) ; S. Viron : 24 ; P. Somelet : 25 (haut) ; W. Huvey : 25 (bas) ; J. Damase : 30 (droite) ; Guittot : 31 (bas) ; E. Planchard : 37 ; Minier : 75 ; Spot : 89 ; AGE Fotostock : 106-107 ; F. Soreau : 154 (haut-gauche). **Roger-Viollet**/40, 42 (3), 64 (a), 64 (b), 64 (e), 64 (f), 64 (g), 92 (droite), 92 (gauche), 144 (2-haut), 144 (3-haut), 144 (3-bas), 144 (1-haut), 144 (2-bas) **Roger-Viollet**/Boyer : 64 (d), 118. **Roger-Viollet**/Harlingue : 64(c).

Couverture : Amarante/Sophie Fournier.
Conception graphique : Avant-Garde.
Réalisation : O'Leary.
Secrétariat d'édition : Claire Dupuis.
Illustration : François Dimberton.
Cartographie : Hachette Éducation, Philippe Valentin.
Recherche iconographique : Any-Claude Médioni.
Photogravure : Nord-compo.

ISBN : 2 01 15 51 74-9

© Hachette Livre, 2002, 43, quai de Grenelle, 75 905 Paris cedex 15.

AVANT- PROPOS

Le troisième niveau de la méthode REFLETS s'adresse à des étudiants grands adolescents ou adultes de niveau avancé, ayant suivi environ 300 heures de cours, qui souhaitent se perfectionner en français.
Il couvre le niveau B1 (niveau « Seuil ») du cadre commun de référence défini par le Conseil de l'Europe.

Comme dans les deux premiers niveaux, REFLETS 3 intègre les apports de la vidéo, de l'audio et de l'écrit. Chaque dossier est construit autour d'un thème introduit par des documents filmés **authentiques** – reportages et journaux d'information issus de la télévision française, extraits de films, extraits de spectacles, interviews – présentant un phénomène de société actuel et des réalités culturelles françaises qui suscitent un **questionnement**, une **implication** et une **prise de position** de la part de l'apprenant. Celui-ci acquerra ainsi une compétence de communication générale mais aussi des savoirs, des savoir-faire et des savoir-être culturels pour :
– **présenter** un fait de société contemporain dans son évolution ;
– **analyser** des faits, les présenter, les discuter ou en débattre ;
– **s'interroger** sur sa propre culture et faire une vraie **comparaison interculturelle** ;
– **évoluer** dans la société française en comprenant des données implicites ;
– **communiquer** et **échanger** en français des opinions sur des faits sociaux.

Le **livre de l'élève** est composé de douze dossiers proposant de nombreuses activités centrées sur le **culturel** et l'**interculturel**. Chaque page offre une grande variété d'exercices de compréhension (orale, écrite) et de production (orale, écrite).

Chaque dossier est organisé de la façon suivante :
• **Découverte**
– Une page consacrée à la **découverte** et à la compréhension d'un phénomène de société présenté par des photos issues du document vidéo, puis l'exploitation de ce dernier, dont la transcription figure en fin d'ouvrage ;
– Une page où l'apprenant **réagit**, **s'implique** et **prend position**, grâce à de nombreuses activités autour de la vidéo.
• **Infos**
Deux pages où l'apprenant **s'informe** et **replace le phénomène de société dans son contexte contemporain** grâce à la présentation de documents écrits et oraux variés (articles, données chiffrées…).
• **Grammaire-Vocabulaire**
Deux pages où l'apprenant se consacre à l'**approfondissement linguistique** en mettant en œuvre des structures appropriées en relation avec le thème du dossier ou des thèmes annexes.
• **Une page d'histoire**
Une page proposant des extraits d'œuvres littéraires, des textes d'historiens ou des commentaires de sociologues où l'apprenant **restitue** le problème dans son évolution et où il **analyse** des phénomènes analogues dans sa propre culture après avoir collecté des informations dans sa langue maternelle.
• **Oral**
Une page riche en enregistrements audio variés (prises de position, témoignages…) transcrits en fin d'ouvrage, où l'apprenant pratique l'**oral** et enrichit ses moyens expressifs grâce à des activités de production orale impliquant la réalisation d'actes de communication de la vie quotidienne.
• **Écrit**
Deux pages où l'apprenant acquiert des savoir-faire propres à **différents types d'écrits**. L'accent est mis sur la compréhension écrite de textes longs et variés (textes littéraires, manifestes, essais, guides, correspondances) ainsi que sur l'organisation du discours et la production personnelle.
• **DELF** ou **Bilan**
Une ou trois pages en alternance où l'apprenant s'entraîne aux épreuves du DELF 1er degré (A3, A4) et 2e degré (A5, A6) et où il vérifie ses acquis.

Le **cahier d'exercices** permet de renforcer et d'enrichir les notions lexicales, grammaticales et les savoir-faire nécessaires pour atteindre les objectifs de chaque dossier.

	Dossier 1 Vivre ensemble	Dossier 2 Loisirs et évasion	Dossier 3 Choix de vie	Dossier 4 Rira bien qui rira le dernier...	Dossier 5 Les innovations de demain	Dossier 6 Culture et patrimoine
Découverte	*Grandparenfants* : Une association pour renouer les liens entre les générations	Les activités festives : Technoparade à Paris Fest-noz en Bretagne	Les nouveaux agriculteurs : Témoignage de trois jeunes gens qui ont choisi de vivre à la campagne	Trois types de comique français : Gad Elmaleh, Raymond Devos, les Deschiens	Les objets du futur : Les innovations à venir	Les journées du Patrimoine : Le château de Valençay et la fréquentation des lieux de culture
Infos	– Familles traditionnelles – Familles hors normes – Troisième âge	– Les nouveaux loisirs des Français – Les activités de loisir les plus développées – Vers l'individualisme ou l'esprit collectif	La démographie française : aménagement du territoire ; les nouveaux centres-villes	– Dessins d'humour – Les tendances de l'humour en France – L'humour critique	– Les découvertes d'aujourd'hui par rapport à celles qu'on avait pu imaginer – Les transformations des modes de transport	– Loisirs culturels, fréquentation, engouements récents – Les journées du Patrimoine – Les Français et les activités culturelles
Grammaire	– L'appréciation subjective : tournure impersonnelle, subjonctif et infinitif (présent et passé) – Les emplois de l'indicatif et du subjonctif en contraste	– Substituer par des pronoms personnels COD, COI, démonstratifs, indéfinis – Expressions avec *y* et *en*	– Parler du passé : les temps du passé – L'expression de la comparaison	– Accorder les participes passés – La place des adjectifs	– Décrire et caractériser : la reprise du nom par les relatives – Les futurs, les conditionnels d'hypothèse	– Articuler le discours – Les négations – Appréciation et modalisation : les adverbes
Vocabulaire	Autour du mot « famille »	Autour du mot « fête »	Autour de l'habitat	Les mots pour rire	Autour de l'informatique et d'Internet	La culture et les cultures
Une page d'histoire	Le statut de la femme et son émancipation reconquise à la fin du xxe siècle	Une fête traditionnelle	L'exode rural dans le passé	Les caprices de la mode	Les innovations technologiques du passé	La visite du Louvre dans *L'Assommoir*
Oral	– Exprimer des sentiments divers et contrastés – Réagir, prendre position	– Micro-trottoir : les sensations que procure la musique techno chez les jeunes – Raconter l'histoire d'un personnage hors normes	– Exprimer un choix de vie – Évoquer un souvenir	– Raconter une histoire drôle – Réagir sur la mode des créateurs – Débat : Peut-on rire de tout ?	– Exprimer la surprise, l'admiration, l'indifférence, le dégoût – Débattre des avantages et des inconvénients de la science – Présenter une invention	– Présenter un objet culturel connu – Comprendre une critique de film à la radio – Commenter un spectacle
Écrit	– Trois textes littéraires sur la passion amoureuse – Relater une expérience affective	Rédiger un dépliant touristique sur un endroit insolite de sa région	Réaliser une page sur les transformations d'une ville ou d'un quartier	Retrouver l'ordre d'un texte et faire un résumé	– Lire un récit de science-fiction – Imaginer une ville dans l'avenir	– Analyser une critique de livre – Produire une quatrième de couverture
Savoir-faire	– Retrouver l'évolution d'un phénomène social – Exprimer des sentiments et des opinions – Comparer l'évolution de la famille en France et dans son pays	– Rendre compte des activités de loisir en France et comparer avec celles de son pays – Substituer un nom par des pronoms – Décrire une fête	– Exprimer des choix de vie et les justifier – Présenter une situation passée et les étapes de son évolution – Comparer des modes de vie et des espaces urbains en France et dans son pays	– Analyser et décrire les ressorts du comique – Reconnaître les niveaux de langue, qualifier le nom et accorder des participes – Exprimer son opinion sur les modes et comparer avec son pays	– Parler du futur et rendre compte du progrès technique dans l'histoire – Articuler son discours en structurant des phrases complexes – Débattre et argumenter sur les progrès scientifiques	– Présenter un lieu de culture – Enchaîner des idées, présenter des commentaires positifs ou négatifs en les nuançant – Comparer les lieux favoris de culture en France et dans son pays

CONTENUS

Dossier 7 Les médias en questions	Dossier 8 L'éducation, pour quoi faire ?	Dossier 9 Travailler aujourd'hui	Dossier 10 Comment être citoyen ?	Dossier 11 La France du métissage	Dossier 12 Regards croisés
Le traitement de l'information : Reportage sur la tempête de décembre 1999	Comment se préparer à un examen Enquête sur le bac	*Ressources humaines*, film de Laurent Cantet : Un conflit dans une entreprise	Reportages : – Manifestations de protestation – Une association humanitaire « Médecins sans frontières » : prix Nobel 2000	*Les Enfants des courants d'air* : Retrouvailles de quatre immigrés qui avaient été filmés dans leur enfance. Leurs parcours	Entretien : Six personnes étrangères, intégrées en France pour des raisons diverses, donnent leurs impressions
– La crédibilité des médias – Les moyens de s'informer – L'influence de la télévision dans la vie sociale – Multimédia et Internet…	– Système scolaire français – Quel est le sens de l'école ? – Les étudiants jugent l'école	– Population active – Les 35 heures – Les catégories socioprofessionnelles – Pénurie d'emplois	– Les associations françaises – Les organisations non gouvernementales (ONG)	– Les immigrés en France – La cuisine : influences étrangères – Une organisation de lutte contre le racisme	Préparation d'un itinéraire en France : les régions françaises
– Restituer des informations : la nominalisation et le passif – Expliquer des faits : la cause et la conséquence	– Exprimer des buts et les mettre en valeur – Donner des conseils	– Utiliser les embrayeurs temporels et les indicateurs temporels – Antériorité, simultanéité, postériorité	– Introduire et rapporter des propos au présent et au passé – Les effets de sens des verbes introducteurs	Exprimer l'opposition et la concession : les principaux marqueurs	Exprimer la condition et l'hypothèse
Les articles de journaux et leur fonction	Autour des examens et de la formation	Le parcours d'embauche	Autour de slogans et des manifestations	Autour de l'immigration	Les mots du voyage
Une histoire de la presse française	Le bac : son histoire et son impact sur les Français	Les révolutions du travail et les avancées sociales	L'histoire d'une association humanitaire : Emmaüs	Histoire de l'immigration en France	Espace francophone
– Présenter des informations – Réaliser un flash radio – Débattre sur la disparition de la presse écrite	– Interview sur le parcours d'un « ancien » – Poser des questions, informer, donner des conseils sur un parcours d'études	– Enquête sur le goût du travail – Le téléphone et l'entretien d'embauche – Débat : Le travail est-il une composante essentielle du bonheur ?	– Féliciter et encourager à poursuivre un combat – Constituer une association	– Exprimer son accord et son désaccord – Comprendre les réactions d'une étrangère sur le mariage mixte – Débat : Le droit de vote des étrangers	– Travailler le rythme à l'écoute d'un poème – Expression spontanée de l'hypothèse
– Analyser deux articles sur un même événement – Produire un article en choisissant son point de vue	Rédiger un projet d'école idéal	Écrire une lettre de motivation	Analyser et rédiger des manifestes	– S'interroger sur le choix de la langue française par des auteurs étrangers – Créer un récit avec des mots d'origine étrangère	L'invitation au voyage : – Préparer une lettre de réponse à la demande d'un guide français – Réaliser un itinéraire dans une région
– Comprendre le traitement de l'information, identifier les différences de point de vue – Dégager les causes et les effets des événements – Comparer les médias en France avec ceux de son pays	– S'informer sur le système éducatif français – Exprimer le conseil et le but, mettre ses objectifs en valeur – Poser les principales questions soulevées par l'éducation en France et dans son pays	– Donner un aperçu de la situation du travail en France – Situer son expérience dans le temps, manier des concepts de temps – Se préparer pour une embauche (lettre de motivation, entretien)	– Présenter différents moyens de manifester sa citoyenneté – Rapporter des propos au présent et au passé et nuancer les verbes introducteurs – Prendre position sur la participation aux intérêts collectifs	– S'informer sur l'immigration en France, la lutte contre le racisme – Exprimer la concession et l'opposition – Apprécier les influences étrangères dans différents domaines de la vie quotidienne, culturelle	– Analyser des situations individuelles et rendre compte du processus d'intégration – Émettre des hypothèses, exprimer la condition – Décrire les intérêts d'une région de France et de son pays

LA FRANCE ADMINISTRATIVE

RÉGION ÎLE-DE-FRANCE

Cergy-Pontoise 95 — VAL-D'OISE — 93 Paris
Versailles — 92 — 94 — 75 — SEINE-ET-MARNE 77
YVELINES 78 — Évry — ESSONNE 91 — Melun
50 km

ROYAUME-UNI

BELGIQUE

Manche

NORD-PAS-DE-CALAIS
Lille
62 PAS-DE-CALAIS
Arras — NORD 59
80 SOMME — Charleville-Mézières
Amiens — AISNE — ARDENNES 08
HAUTE-SEINE-MARITIME — PICARDIE — Beauvais — Laon
Rouen 76 — OISE 60 — 02 — CHAMPAGNE- — MEURTHE-ET- — Metz
MANCHE — Évreux — MARNE 51 — MEUSE — MOSELLE
50 — NORMANDIE — 95 — Paris — Châlons- — Bar-le-Duc — MOSELLE 57 — BAS-RHIN
Caen — EURE 27 — ÎLE-DE- — SEINE- — en-Champagne 55 — 54 Nancy — Strasbourg
St-Lô — CALVADOS 14 — FRANCE 78 — ET-MARNE — LORRAINE — 67
BASSE- — Chartres — 91 — 77 — ARDENNE — HAUTE- — VOSGES 88 — ALSACE
NORMANDIE — Alençon — Melun — 10 Troyes — MARNE — Épinal — Colmar
FINISTÈRE — St-Brieuc 22 — ILLE- — ORNE 61 — EURE-ET-LOIR — AUBE — Chaumont — HAUTE- — HAUT-RHIN
29 — CÔTES-D'ARMOR — ET- — MAYENNE — 28 — Orléans — 52 — SAÔNE — 68
Quimper — BRETAGNE — VILAINE — Laval — Le Mans — 41 — LOIRET — Auxerre — CÔTE-D'OR — Vesoul — FRANCHE- — Belfort
MORBIHAN — Rennes — 53 — SARTHE — LOIR- — Blois — 45 — YONNE 89 — 21 — 70 — Besançon — TERRITOIRE
56 — 35 — 72 — CENTRE — Dijon — 39 — DE BELFORT
Vannes — PAYS — Angers — INDRE- — NIÈVRE — BOURGOGNE — DOUBS — 90
LOIRE- — MAINE-ET-LOIRE — ET- — Bourges — 58 — Nevers — JURA 25 — SUISSE
ATLANTIQUE 44 — DE LA — 49 — Tours — CHER — SAÔNE-ET-LOIRE — COMTÉ
Nantes — LOIRE — DEUX- — LOIRE 37 — INDRE — 18 — Moulins — 71 — Lons-le-Saunier
85 — SÈVRES — VIENNE — Châteauroux — Mâcon — AIN
La Roche-sur-Yon — 79 — 86 — 36 — ALLIER 03 — 01 — HAUTE-
VENDÉE — Niort — Poitiers — AUVERGNE — Bourg-en-Bresse — SAVOIE
La Rochelle — POITOU- — HAUTE- — CREUSE — Clermont- — 69 — Annecy 74
CHARENTES — VIENNE — Limoges — 23 — Ferrand — LOIRE — Lyon
CHARENTE- — CHARENTE — 87 — LIMOUSIN — PUY-DE-DÔME — 42 — RHÔNE — Chambéry
MARITIME — VIENNE — CORRÈZE — 63 — St-Étienne — 38 — SAVOIE
17 — Angoulême — Périgueux — Tulle 19 — CANTAL — HAUTE-LOIRE — RHÔNE-ALPES 73
océan — 16 — DORDOGNE — Aurillac — 15 — 43 — Grenoble
Atlantique — Bordeaux — 24 — LOT 46 — Le Puy- — 07 — Valence — ISÈRE 05 — ITALIE
GIRONDE — Cahors — Rodez — en-Velay — Privas — DRÔME — HAUTES-
33 — LOT- — MIDI- — LOZÈRE — ARDÈCHE — 26 — Gap — ALPES
AQUITAINE — ET-GARONNE — TARN-ET- — AVEYRON — Mende — PROVENCE-
LANDES — Agen 47 — GARONNE — 12 — 30 — ALPES-DE-
Mont-de-Marsan — Montauban — GARD — VAUCLUSE — Digne-les-Bains
40 — GERS — 82 — PYRÉNÉES — HÉRAULT — Nîmes — 84 — 04 — ALPES-
Auch — Toulouse — TARN — Montpellier — Avignon — HAUTE-PROVENCE — MARITIMES
PYRÉNÉES- — 32 — HAUTE- — 81 — LANGUEDOC- — BOUCHES- — 13 — VAR — Nice 06
ATLANTIQUE — Pau — GARONNE — AUDE — ROUSSILLON — DU-RHÔNE — CÔTE D'AZUR 83
64 — Tarbes — 31 — Foix — 11 Carcassonne — Marseille — Toulon
HAUTES- — ARIÈGE 09 — 66 — Perpignan — mer
PYRÉNÉES 65 — PYRÉNÉES-ORIENTALES — Méditerranée

100 km

ESPAGNE

Bastia — 2B — HAUTE-CORSE — CORSE
Ajaccio — CORSE-DU-SUD — 2A

— limite de région
— limite de département
◉ capitale régionale
• préfecture de département

①

VIVRE **ENSEMBLE**

SAVOIR-FAIRE

- Définir une notion.
- Présenter des données chiffrées, commenter un schéma, donner les informations essentielles d'un texte, reformuler des notions juridiques, résumer oralement.
- Retrouver et formuler les causes historiques de l'évolution d'un phénomène social.
- Présenter un exposé.
- Exprimer :
  – des sentiments ;
  – des opinions.
- Produire un texte exprimant des sentiments (à partir de la matrice d'un récit littéraire).
- Comparer l'évolution de la famille en France et dans son pays.
- Prendre position sur un fait de société (l'évolution de la famille).

DÉCOUVERTE

①

1 OBSERVEZ LES PHOTOS
ET FAITES DES HYPOTHÈSES.

1 Qui sont les personnages ? (Devinez leur âge et les relations qu'ils entretiennent entre eux.)

2 À votre avis, quel va être le thème du document ?

2 DÉCOUVREZ LE DOCUMENT. 📺

Visionnez le document complet avec le son.

1 Résumez chacune des quatre séquences en une phrase.

> *Exemple :* Séquence 1 : Léonie parle de sa relation avec son « papy ».

2 Pourquoi l'association s'appelle-t-elle *Grandparenfant* ?

3 Notez les caractéristiques des personnages (nom, âge approximatif, lien de parenté).

4 De qui parlent précisément Léonie et sa mère (nom, âge supposé, lien de parenté) ?

Visionnez la séquence 1 avec le son.

5 Donnez la raison pour laquelle Léonie a adopté Francis comme grand-père.

6 Dans la liste suivante, quels sont les deux mots qui caractérisent le mieux la relation entre Francis et Léonie ?
Intime – distante – tendue – confiante – conflictuelle.

7 Quels gestes et attitudes de Francis et Léonie justifient votre réponse ?

Visionnez la séquence 2 avec le son.

8 Pouvez-vous ajouter une autre raison à l'adoption de Francis par Léonie ?

9 Relevez six verbes décrivant le rôle de Francis.

> *Exemple :* Il **s'occupe** de Léonie, il…

10 Relevez le mot qui résume le rôle de Francis.

Visionnez la séquence 3 avec le son.

11 Quel est le rêve de Michel ?

12 Transcrivez ses paroles.
C'est les deux extrémités de la…

13 Donnez la raison pour laquelle les enfants et les grands-parents peuvent être proches, selon Michel.

Visionnez la séquence 4 avec le son.

14 Relevez les deux raisons évoquées par Michel pour rapprocher ces deux générations.

15 Comment Michel qualifie-t-il notre société ? (Donnez les deux adjectifs qu'il utilise.)

16 Êtes-vous d'accord ? Pourquoi ?

3 FAITES LA SYNTHÈSE.

1 Rappelez le rôle de Francis. Dites en quoi et pourquoi il est très important pour Léonie en donnant des termes qui conviennent.
a Léonie lui raconte ses problèmes, Francis est un…
b Léonie a perdu son grand-père, Francis est…
c Léonie vit seule avec sa mère, Francis…

2 Reformulez les cinq objectifs de l'association *Grandparenfant* :
a supprimer la barrière des générations ;
b …
c …
d …
e reconstruire des liens et des repères dans une société qui les a perdus.

Transcriptions en fin d'ouvrage.

ENSEMBLE

4 ET POUR VOUS, LA FAMILLE, QU'EST-CE QUE C'EST ?

A *Lisez les définitions des différents types de familles.*

a **Famille traditionnelle** : ensemble de personnes unies par le mariage et la filiation (lien de parenté qui unit l'enfant à ses parents).

b **Famille monoparentale** : ensemble composé d'un ou plusieurs enfants résidant avec un seul parent.

c **Famille recomposée** : famille comprenant un couple d'adultes, mariés ou non, et au moins un enfant né d'une union précédente de l'un des conjoints.

1 À quel type de famille Léonie appartient-elle ? Justifiez votre réponse.

2 Selon ces définitions, Francis fait-il partie de la famille ? Et selon vous ? Justifiez votre réponse.

3 En groupes, donnez votre opinion sur les différentes formes de famille présentées dans les définitions.
Existent-elles dans votre pays ?
Comment sont-elles perçues ?
Quels problèmes posent-elles ?
Quels avantages présentent-elles ?

4 Après le débat mettez-vous d'accord, dans chaque groupe, sur une définition de la famille. Formulez-la. Comparez-la ensuite aux définitions des autres groupes.

B *Commentez un sondage.*

1 Quels sont les mots qui vous viennent à l'esprit quand vous pensez à votre famille ?
Formez des groupes de trois ou quatre personnes. Sélectionnez trois mots par groupe et classez-les par ordre d'importance.

2 Lisez les résultats du sondage ci-dessous et répondez aux questions.
  a Avez-vous proposé les mêmes mots que ceux inscrits dans le sondage ci-dessous ?
  b Commentez le document en vous aidant du tableau ci-dessous. Faites une synthèse des résultats.
    – Quels sont les résultats qui vous surprennent ? Pourquoi ?
    – Quelles différences observez-vous entre les réponses des hommes et celles des femmes ? Justifiez vos réponses.
    – Les chiffres diffèrent en fonction de l'âge. Pourquoi, à votre avis ?
  c Comparez vos réponses et justifiez vos points de vue.

Quand vous pensez à votre famille, quels sont les deux mots, parmi les mots suivants, qui vous viennent à l'esprit ?

Résultats en % auprès des Français	Hommes	Femmes	35-49 ans	50 ans et plus
Amour	68	74	71	70
Joie	45	51	46	46
Solidarité	50	43	46	50
Soucis	14	18	14	19
Obligations	13	6	13	6
Querelles	5	4	8	2

Ipsos, 03/05/1999 pour Ça m'intéresse.

Les nouvelles familles

1 L'ÉVOLUTION DE LA STRUCTURE FAMILIALE.

1 Prenez connaissance des documents 1 à 4.

2 Par petits groupes, relevez et présentez les informations principales :

   a le thème commun et l'idée générale ;

   b les expressions utilisées pour commenter des résultats chiffrés (document 2).

   c À l'aide de ces expressions, mettez en évidence :

     – l'évolution de la notion de ménage (document 1) ;

     – la composition des nouvelles familles (document 2) ;

     – l'augmentation des séparations (document 3) et leurs conséquences (documents 2 et 4).

> **Pour présenter :**
> • **des informations générales**
> Les documents exposent/présentent/montrent/ mettent en évidence…
> • **des informations plus détaillées**
> Si l'on regarde/En regardant de plus près…
> Le document 1 détaille/prouve/dépeint…
> Le document 2 explique/démontre/développe (longuement/brièvement)/donne un aperçu…
> Les documents 3 et 4 illustrent/représentent/ schématisent…

❶ « STRUCTURE FAMILIALE DES MÉNAGES, DE 1968 À 1997 »

	1968	1982	1997
Ménages (en millions)	15,78	19,59	23,73
Hommes seuls (en %)	6,4	8,5	11,8
Femmes seules (en %)	13,8	16	18,2
Femmes monoparentales/ Mères élevant seules leur(s) enfant(s) (en %)	2,9	3,6	6,8
Couples sans enfant (en %)	21,1	23,3	26,6
Couples avec enfant(s) (en %)	36	36,1	34,5

Population et Société n° 347, juin 1999.

❷ FAMILLES « HORS NORMES »

Un mariage sur trois finit par un divorce. L'augmentation de la précarité des unions conduit à de nouvelles formes de familles.

Deux situations existent : la famille monoparentale et la famille recomposée. En 1994, deux millions d'enfants mineurs ne vivaient pas avec leurs deux parents, soit 17 % du total des moins de dix-huit ans. Si l'on regarde de plus près, on voit qu'un quart des adolescents (entre quinze et dix-huit ans) sont séparés d'un de leurs parents.

La famille monoparentale est la plus fréquente : deux tiers des enfants de parents séparés vivent dans des familles monoparentales. Et moins d'un tiers (28 %) dans des familles recomposées. Qui dit familles recomposées dit aussi demi-frère(s) et demi-sœur(s). Et si 22 % des enfants résident avec lui ou elle, 85 % des enfants de parents séparés vivent avec leur mère. Presque la moitié d'entre eux (40 %) voient leur père tous les quinze jours ou toutes les semaines, un quart plus du tout.

I. Téry, *Couple, Filiation et Parenté aujourd'hui*, Odile Jacob/La Documentation française, 1998, *Sciences humaines* n° 101, janvier 2000, p. 32.

❸ Le démariage

Evolution du nombre de divorces (en milliers) :

117,7
104,2
22,0
30,0
7,4

1900   1930   1960   1990 1996

❹ 85 % DES ENFANTS DE DIVORCÉS VIVENT AVEC LEUR MÈRE

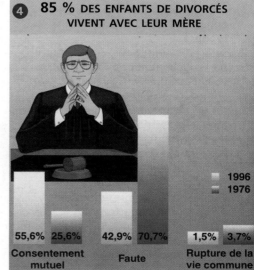

1996
1976

Consentement mutuel	Faute	Rupture de la vie commune
55,6% 25,6%	42,9% 70,7%	1,5% 3,7%

② LE PACS.

1 Lisez le document 5.
2 Mettez-vous par petits groupes et relevez puis classez les différentes informations.
   a Quoi ?
   b Depuis quand ?
   c Par qui ?
   d Pour qui ?
   e Pour quoi faire ?

3 Expliquez ensuite aux autres groupes ce qu'est ce contrat appelé Pacs.
4 Lisez les documents 6, 7 et 8. Quelles sont les personnes concernées par le Pacs ?
   Quels problèmes sociaux ce contrat peut-il poser, selon vous ?
5 Le Pacs existe-t-il ou pourrait-il exister dans votre pays ? Justifiez votre réponse.

---

⑤ CE QUE DIT LA LOI

• **Qu'est-ce que le Pacs ?**
Le Pacs est un contrat conclu entre deux personnes majeures, de sexe différent ou de même sexe, pour organiser leur vie commune.
Le Pacs est sans effet sur les règles de la filiation et de l'autorité parentale. Il ne vous confère pas le droit d'adopter ensemble un enfant ou, <u>si vous vivez avec un partenaire de même sexe, de recourir à une procréation médicalement assistée.</u>

• **Qui peut signer un Pacs ?**
Le principe : Deux personnes majeures, quel que soit leur sexe, peuvent signer un Pacs.
Exceptions : Il n'est pas possible de signer un Pacs :
– entre parents et alliés proches : grands-parents et petits-enfants, parents et enfants ;
– si l'un de vous a déjà conclu un Pacs avec une autre personne ;
– si l'un de vous est mineur (même émancipé[1]) ;
– si l'un de vous est majeur sous tutelle[2].
         Loi n° 99-944 du 15 novembre 1999 relative au Pacte civil de solidarité.

1 *Émancipé* : mineur qui ne dépend plus de la puissance parentale.
2 *Sous tutelle* : personne contrôlée par une institution judiciaire ou familiale.

---

③ LE RÔLE DES GRANDS-PARENTS.

1 Prenez connaissance des documents 9 et 10.
2 Reformulez les informations principales qu'ils contiennent.
3 Montrez en quoi le schéma du document 9 peut illustrer, voire expliquer, les informations du document 10.
4 Dans votre pays, est-il courant que les grands-parents apportent une aide à la famille ? Sous quelle(s) forme(s) ?

⑩ LEUR RÔLE SOCIAL EST DE PLUS EN PLUS APPARENT.

Les personnes âgées ont servi d'amortisseurs à la crise économique. On estime que 35 % d'entre elles aident financièrement leurs enfants ou petits-enfants et contribuent ainsi à l'équilibre familial. L'allongement de la durée de vie moyenne fait qu'il est de plus en plus fréquent qu'un enfant connaisse ses arrière-grands-parents, ce qui constitue une innovation sociologique.

---

⑥ PACS
Une Belge et un Français
Naïma-Claude Bekstel et François Castello
ont célébré leur PACSage à l'an 2000
le 24 février pour le meilleur et pour le rire[1].
Ni fleurs ni couronnes[2], amitiés bienvenues.

Les Bekstello
17, rue des Peupliers – 92190 Meudon

1 *Pour le meilleur et pour le rire* : altération de « Pour le meilleur et pour le pire », formule rituelle du mariage.
2 *Ni fleurs ni couronnes* : expression utilisée pour les annonces de décès.

⑦ PACS en fiesta le 25 02 2000
Julie Feste et David Mildman
longue et heureuse route ensoleillée.
Andrée et Aron Mildman, Muriel
et toute la tribu. Mazeltov.

⑧ Enfin ! Après dix années d'amour et
de combat pour les droits des homos,
Alain et Xavier se sont pacsés
par amour et sans lutte.
Paris, le 25/11/2000

⑨ La France en retraite
Évolution de la part des personnes de 60 ans et plus dans la population totale, par tranche d'âge (en %)

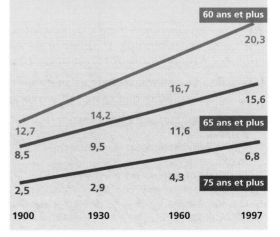

	1900	1930	1960	1997
60 ans et plus	12,7	14,2	16,7	20,3
65 ans et plus	8,5	9,5	11,6	15,6
75 ans et plus	2,5	2,9	4,3	6,8

GRAMMAIRE ①

Exprimer une appréciation subjective

1 *Lisez ces phrases et relevez les expressions utilisées pour exprimer l'appréciation.*

1 C'est essentiel qu'il y ait un homme à la maison.
2 Je suis dégoûtée d'avoir eu 12 à mon devoir de maths.
3 C'est important qu'elle ait vu son père régulièrement et qu'il se soit intéressé à elle.
4 C'est très appréciable que les enfants disent bonjour dans la rue.
5 Il serait utile d'atténuer la fracture sociale.
6 Je ne trouve pas normal que la société soit de plus en plus morcelée.
7 J'étais triste d'avoir perdu mon papy.
8 Je suis heureux qu'elle ait eu et qu'elle ait toujours des relations de confiance avec moi.

2 *Classez ces expressions et notez la construction.*

a Formulations personnelles	**b** Formulations impersonnelles
Je suis dégoûtée de + infinitif passé	*C'est appréciable que* + subjonctif présent
Je suis heureux que + subjonctif passé	…
…	…

Infinitif ou subjonctif ? Présent ou passé ?

• Exprimer un sentiment
Je suis heureux/heureuse, content(e), triste, surpris(e), stupéfait(e), jaloux/jalouse, déçu(e), désolé(e)…
1 + *de* + infinitif si le sujet est le même dans les deux propositions :
Je suis dégoûtée d'avoir *une mauvaise note à mon contrôle de maths.*
! Le deuxième verbe est à l'infinitif passé si l'action est antérieure à celle exprimée par le premier verbe :
J'étais triste (1) ***d'avoir perdu*** (2) *mon papy.*
2 + *que* + subjonctif si les sujets sont différents dans les deux propositions :
Je regrette (1) ***que tu aies eu*** (2) *une mauvaise note.*
Le subjonctif passé indique que l'action est antérieure à celle exprimée par le premier verbe.

• Exprimer une appréciation subjective, un jugement de valeur
Il est heureux/C'est appréciable… Je trouve normal, inacceptable…
1 + *de* + infinitif si on annonce une vérité générale :
C'est important d'avoir *des repères.*
2 + *que* + subjonctif quand une seule personne est concernée :
C'est important que *Léonie **ait** des repères.*

Le subjonctif passé
avoir	que j'aie eu
aller	que je sois allé(e)
s'intéresser	que je me sois intéressé(e)

L'infinitif passé
avoir eu
être allé(e)
s'être intéressé(e)

---

3 *Voici les sentiments de Clara avant son Pacs. Formulez chacun d'eux en une phrase au subjonctif ou à l'infinitif (présent ou passé).*

Exemple : Ce ne sera pas long, je préfère !
→ **Je préfère que ce ne soit pas long !**

1 Je suis inquiète, je n'ai pas encore reçu tous les papiers !
2 Il faut faire beaucoup de démarches, ça m'exaspère !
3 Je suis contente, la date est fixée !
4 Je suis surprise, mes chats n'ont pas réagi !
5 On ne part pas en voyage de Pacs, c'est dommage !
6 Il a voulu une fête, ça m'a fait plaisir !

4 *Donnez votre jugement personnel sur les appréciations suivantes. Faites une phrase complète et variez les formulations :*
C'est/Il est normal que…
Je trouve/Ça me paraît/ Il n'est pas… que…

1 La valeur à laquelle les jeunes accordent le plus d'importance est la famille.
Normal – regrettable – surprenant.
2 Un enfant peut être élevé par deux hommes ou deux femmes.
Dangereux – naturel – inquiétant.
3 Un célibataire est autorisé à adopter un enfant, alors qu'un couple de concubins ne l'est pas.
Aberrant – rassurant – légitime.

Exprimer une opinion

• **Exprimer une opinion affirmative**
Je crois/pense/suppose/trouve que... + indicatif
Il est sûr/certain/il me semble que... + indicatif
Je me doute que/j'espère que... + indicatif

• **Exprimer un doute**
Je doute que... + subjonctif
Il semble que... + subjonctif

• **Exprimer une opinion négative**
Je ne crois pas/je ne pense pas que... + subjonctif
Il n'est pas certain/sûr que... + subjonctif :
*Je ne crois pas qu'il **vienne**.*
(= Il ne viendra pas, c'est mon opinion.)

! On emploie l'**indicatif** s'il n'y a pas de doute sur le fait exprimé :
*Je ne crois pas qu'il **viendra**.*
(= Il ne viendra pas, c'est sûr.)

5 *Lisez le tableau ci-dessus et mettez les verbes entre parenthèses au temps correct.*

1 – Tu crois que tu (se marier) un jour ?
– Je ne pense pas que ce (être) pour demain et je doute que tu (avoir) une réponse rapidement.
2 – Je me rends compte finalement que les trois quarts des gens (avoir envie) de se marier !
– Il n'est pas certain qu'ils (dire) tous la vérité, mais il n'y a pas de doute que les jeunes générations (être) encore attachées au mode familial traditionnel.

3 – Êtes-vous certain que nous (avoir) du soleil ce week-end ?
– Je ne crois pas malheureusement qu'il (faire) beau même si les agriculteurs doutent qu'il (pleuvoir).

6 *Donnez la réplique oralement par groupes de deux. Mettez les verbes au subjonctif présent ou passé ou à l'indicatif.*

☐ *Exemple :* Il n'a pas téléphoné.
➜ **Je suis surprise qu'il n'ait pas téléphoné.**

1 Elle n'est pas arrivée.
➜ C'est bizarre qu'elle...
2 Je vais t'écrire, c'est promis !
➜ J'espère bien que tu...
3 Nous ne viendrons pas.
➜ C'est dommage que vous...
4 Je n'ai pas donné de réponse.
➜ Ça me surprend que tu...
5 Ça m'a fait très plaisir !
➜ Je me doute que ça...

7 *Donnez votre opinion et exprimez vos doutes sur les sujets proposés. Variez les formulations et illustrez par des exemples précis.*

1 Les personnes âgées contribuent à l'équilibre familial.
2 Un enfant est plus heureux quand il est entouré de ses deux parents.
3 L'homme a besoin de nouveaux repères.
4 Les nouveaux couples sont de plus en plus exigeants.

VOCABULAIRE ①

I Vivre ensemble

Cherchez dans les textes p. 10-11 tous les mots, groupes de mots et expressions pouvant être associés à l'expression *vivre ensemble*.

II La famille

1 Lisez les définitions ci-contre du mot *famille*.
2 Expliquez les expressions suivantes et dites à quelle définition du mot *famille* elles appartiennent. Utilisez-les ensuite dans une phrase.

☐ *Exemple :* Fonder une famille.
➜ **Constituer une famille (définition *a*).**

a Un livret de famille.
b Avoir l'esprit de famille.
c La famille des bovidés.
d Un chef de famille.
e Les branches de la famille.
f Ces mots sont de la même famille.
g Une famille spirituelle.

Famille, *n. f.*
Sens propre
a Personnes apparentées vivant sous le même toit, et spécialement le père, la mère et les enfants.
b Ensemble de personnes liées entre elles par le mariage et la filiation ou, exceptionnellement, par l'adoption.
c Succession des individus qui descendent les uns des autres, de génération en génération.
Sens figuré
d Personnes ayant des caractères communs.
e Une des grandes divisions employées dans la classification des animaux, des végétaux et des bactéries, qui groupe les genres ayant en commun certains traits généraux.
f Groupe de mots provenant d'un même radical.

dossier 1

UNE PAGE D'HISTOIRE ①

En France, on a longtemps considéré que le rôle de la femme était de prendre soin de l'intérieur de sa maison, d'être femme au foyer, de s'occuper de ses enfants et de leur transmettre les valeurs familiales. On a maintenant tendance à croire que la vie moderne, en lui ouvrant les portes du monde extérieur, a permis à la femme de s'émanciper. Regardons un peu en arrière…

La femme au Moyen Âge

1 Lisez le document 1 ci-contre.
2 Relevez les activités des femmes au Moyen Âge.
3 Quelle est l'intention de l'auteur du texte ? Montrer que la femme :
 a était reléguée à un rôle secondaire ?
 b jouissait d'une certaine indépendance ?
 c était l'égale de l'homme ?
4 Cela correspond-il à vos idées ou vos connaissances sur l'époque ?
5 À quelles périodes de l'histoire, selon l'auteur, la situation a-t-elle beaucoup changé ?
6 Quelle réglementation a définitivement réduit le rôle de la femme ?

② QUELQUES DATES DE 1804 À 1999

1804 Code civil (ou code Napoléon) : incapacité juridique totale de la femme mariée.
1816 Suppression du divorce.
1881 Loi d'obligation scolaire de Jules Ferry pour les filles et les garçons.
1884 Rétablissement du divorce, mais seulement pour faute.
1907 Les femmes mariées qui travaillent peuvent disposer librement de leur salaire.
1944 Droit de vote et éligibilité[1] des femmes.
1967 Droit à la contraception.
1970 L'« autorité parentale » remplace l'« autorité paternelle ».
1975 Principe d'égalité de rémunération pour le même travail, divorce par consentement mutuel, droit à l'avortement.
1983 Interdiction de toute discrimination de sexe dans l'emploi.
1999 Loi sur la parité[2] obligatoire dans les élections.
1 *Éligibilité* (n. f.) : qualité d'une personne pouvant être élue.
2 *Parité* (n. f.) : égalité en nombre.

Les droits de la femme

1 Lisez le document 2 ci-dessus et relevez les lois qui ont permis l'émancipation féminine.
2 Analysez les raisons qui permettent d'expliquer la conception actuelle de la famille en France.
En 1881, la loi d'obligation scolaire a permis aux filles de suivre des études et d'envisager une carrière personnelle…

EXPOSÉ
Choisissez l'un des thèmes proposés.
1 Histoire des droits de la femme.
2 Histoire du mariage dans votre pays.

Pour faire un exposé
• Cherchez les informations dans des livres d'histoire et des dictionnaires, et isolez les dates ou les moments clés.
• Présentez le thème, en insistant sur les points importants.
Dans notre pays, le mariage a toujours été…
Cependant, on peut observer qu'il…
• Développez le sujet en vous appuyant sur des citations et des faits datés.
Tradition religieuse depuis…
• Suscitez le questionnement pour provoquer une discussion.
La famille va-t-elle disparaître, et si oui, est-ce positif ?

① **D**ans les documents (médiévaux), on voit, par exemple, les femmes voter comme les hommes dans les assemblées urbaines ou celles des communes rurales, dans les actes notariés, il est très fréquent de voir une femme mariée agir par elle-même, ouvrir par exemple une boutique ou un commerce, et cela sans être obligée de produire une autorisation maritale, enfin les rôles des registres de l'impôt montrent une foule de femmes exerçant des métiers : maîtresse d'école, médecin, apothicaire[1], plâtrière[2], teinturière, miniaturiste, relieuse, etc.

Ce n'est qu'à la fin du XVIe siècle, par un arrêt du Parlement daté de 1593, que la femme sera écartée explicitement de toute fonction dans l'État. L'influence montante du droit romain ne tarde pas alors à confiner[3] la femme dans ce qui a été, en tous temps, son domaine privilégié : le soin de la maison et l'éducation des enfants. Jusqu'au moment où cela aussi lui sera enlevé par la loi, car, remarquons-le, avec le code Napoléon, elle n'est même plus maîtresse de ses biens propres et ne joue à son foyer qu'un rôle subalterne[4].

D'après Régine Pernoud,
Pour en finir avec le Moyen Âge,
Éd. du Seuil, 1977.

1 *Apothicaire* (n. m./f.) : pharmacien.
2 *Plâtrier* (n. m.)/*plâtrière* (n. f.) : personne qui travaille le plâtre ou qui vend du plâtre.
3 *Confiner* (v.) : enfermer.
4 *Subalterne* (adj.) : mineur, secondaire.

dossier 1

ORAL

1

1 RYTHME ET INTONATION.

Exprimer ses sentiments face à une situation préoccupante.

1 Écoutez les énoncés et identifiez le degré d'inquiétude exprimé dans chacune des phrases.

- **a** Embarras.
- **b** Angoisse.
- **c** Peur.
- **d** Manque de confiance.

2 Écoutez une deuxième fois et relevez les expressions utilisées.

> *Exemple :* **1** Il ne m'a toujours pas rappelée. Je suis bien ennuyée !
> → Degré d'inquiétude : **embarras**.
> Expression : **« Je suis bien ennuyée ! »**

3 Répétez ces phrases en soignant l'intonation.

2 RADIO REFLETS.

Séquence 1

1 Écoutez les interviews et remplissez la grille.

	1	2	3	4	5	6	7	8
Prénom	Joël							
Âge	30 ans							
Profession	Pâtissier							
Relation – bonne								
– mauvaise	X							
Sentiment exprimé	Colère							

2 Réécoutez les interviews et relevez les expressions utilisées pour manifester les sentiments exprimés.

3 Observez la grille complétée et dites quelle tranche d'âge est plutôt défavorable à la famille. Pourquoi, à votre avis ?

Séquence 2

4 Écoutez le commentaire de Cécile Caron et complétez les phrases.

- **a** Se marier et avoir des enfants reste la forme idéale pour … des Français.
  Cette affirmation concerne … des plus de 50 ans et … des plus jeunes générations.
- **b** Les résultats du sondage Ipsos (p. 9) confirment-ils les conclusions précédentes ?

3 SITUATION VÉCUE.

Un air de famille (extrait du film de Cédric Klapisch, 1996).
Tous les vendredis soir, la famille Ménard se réunit pour un dîner dans le café-restaurant familial…

Première écoute

1 Qui sont les deux personnages principaux du dialogue ?

2 De quelles personnes parlent-ils ?

Deuxième écoute

3 Quels sentiments exprime Betty :
- **a** au début de la scène ?
- **b** quand elle parle de son patron ?
- **c** quand elle parle de son frère Philippe ?

4 Quelles expressions Betty emploie-t-elle pour exprimer ses opinions ? Relevez-les.

5 Jouez la scène avec l'intonation correcte.

4 JEUX DE RÔLES.

1 Des parents proposent à leur fils/fille de quitter la maison pour vivre de façon plus indépendante. Il/elle argumente, défend la vie de famille et les avantages qu'elle présente.

2 Un couple hésite entre le mariage et le Pacs. Chacun donne son opinion et argumente pour défendre le mode de vie à deux qu'il/elle préfère.

Pour vos jeux de rôles...

- Exprimez vos opinions, vos jugements, vos sentiments, vos doutes.
- Pensez à la mise en scène et à la qualité de votre production (intonation, rythme).
- Préparez vos arguments sous forme de notes brèves.
- Entraînez-vous à jouer sans lire vos notes.
- Échangez les rôles pour prendre des options différentes.

dossier

1

Des années après la guerre, après les mariages, les enfants, les divorces, les livres, il était venu à Paris avec sa femme. Il lui avait téléphoné. C'est moi. Elle l'avait reconnu dès la voix. Il avait dit : Je voulais seulement entendre votre voix. Elle avait dit : C'est moi, bonjour. Il était intimidé, il avait peur comme avant. Sa voix tremblait tout à coup. Et avec le tremblement, tout à coup, elle avait retrouvé l'accent de la Chine. Il savait qu'elle avait commencé à écrire des livres, il l'avait su par la mère qu'il avait revue à Saigon. Et aussi pour le petit frère, qu'il avait été triste pour elle. Et puis il n'avait plus su quoi lui dire. Et puis il le lui avait dit. Il lui avait dit que c'était comme avant, qu'il l'aimait encore, qu'il ne pourrait jamais cesser de l'aimer, qu'il l'aimerait jusqu'à sa mort.

Marguerite Duras, *L'Amant*, Éd. de Minuit.

Première rencontre.

1

Monsieur de Nemours pensa expirer[1] de douleur en présence de celle qui lui parlait. Il la pria vingt fois de retourner parler à Madame de Clèves afin de faire en sorte qu'il la vît ; mais cette personne lui dit que Madame de Clèves lui avait non seulement défendu de lui aller redire aucune chose de sa part, mais même de lui rendre compte de leur conversation. Il fallut enfin que ce prince repartît, aussi accablé de douleur que le pouvait être un homme qui perdait toutes sortes d'espérances de revoir jamais une personne qu'il aimait d'une passion la plus violente, la plus naturelle et la mieux fondée qui ait jamais été. Néanmoins il ne se rebuta[2] point encore, et il fit tout ce qu'il put imaginer de capable de la faire changer de dessein[3]. Enfin, des années entières s'étant passées, le temps et l'absence ralentirent sa douleur et éteignirent sa passion. Madame de Clèves vécut d'une sorte qui ne laissa pas d'apparence qu'elle pût jamais revenir.

Madame de La Fayette, *La Princesse de Clèves*.

1 *Expirer* (v.) : mourir. **2** *Se rebuter* (v.) : se décourager. **3** *Dessein* (n. m.) : idée, but.

2

3

Il m'avait dit « tu n'écriras pas un livre sur moi ». Mais je n'ai pas écrit un livre sur lui, ni même sur moi. J'ai seulement rendu en mots – qu'il ne lira sans doute pas, qui ne lui sont pas destinés – ce que son existence, par elle seule, m'a apporté. Une sorte de don reversé.

Quand j'étais enfant, le luxe, c'était pour moi les manteaux de fourrure, les robes longues et les villas au bord de la mer. Plus tard, j'ai cru que c'était de mener une vie d'intellectuel. Il me semble maintenant que c'est aussi de pouvoir vivre une passion pour un homme ou une femme.

Annie Ernaux, *Passion simple*, éd. Gallimard.

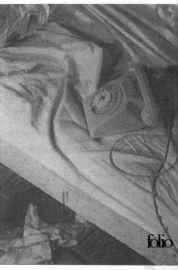
Annie Ernaux
Passion simple
folio

dossier **1**

Vous allez utiliser la matrice d'un récit littéraire pour relater une relation affective.

1 LISEZ.

1 Lisez ces trois fins de romans publiés en 1678, 1984 et 1991 et attribuez à chacun son année de parution.

2 Quel est leur thème commun ?

3 Quelle est la situation commune qu'ils exposent ?

TEXTE 1

4 Parmi les sentiments suivants, relevez ceux éprouvés par l'homme pendant son appel téléphonique.
Courage – gêne – curiosité – désespoir – désir – timidité – peur – douleur – émotion – déception – résignation.
Justifiez votre choix par des citations du texte.

5 En remettant ces sentiments dans l'ordre du texte, expliquez leur progression.

6 Relevez les phrases qui révèlent la passion de l'amant.

7 Relevez les phrases qui révèlent l'émotion de la narratrice.

8 Cette émotion est-elle due selon vous :
a à l'amour actuel ?
b au souvenir du passé ?
c à l'espoir d'une nouvelle aventure ?

TEXTE 2

9 Qui est le personnage principal ?

10 Les deux amants sont-ils en présence ?

11 Pourquoi n'a-t-on pas directement le point de vue de Madame de Clèves ?

12 Que rapporte-t-on de l'attitude de Madame de Clèves par rapport à l'amour exprimé ?

13 En vous aidant de la liste de sentiments de la question 4, identifiez les sentiments éprouvés par Monsieur de Nemours.

14 Sélectionnez la phrase qui qualifie la passion de Monsieur de Nemours pour Madame de Clèves.

TEXTE 3

15 Relevez les termes utilisés par l'auteur pour qualifier sa passion.

16 Pourquoi l'amant n'intervient-il pas ?

17 Quelle formule résume, selon le texte, le rôle de l'amant :
a avoir aimé cette femme ?
b lui avoir donné du bonheur ?
c lui avoir fait connaître la passion ?

18 Parmi la liste de sentiments de la question 4, pouvez-vous en trouver un qui est exprimé dans ce texte ?

TEXTES 1, 2 ET 3

19 Choisissez, parmi les adjectifs suivants, ceux qui semblent les plus appropriés pour caractériser le ton de chaque texte.
Tragique – humoristique – détaché – grandiloquent – attendri – agressif – désespéré – indifférent.

2 COMMENTEZ.

Quel texte provoque en vous la plus forte émotion ? Pourquoi ?

3 PRÉPAREZ VOTRE PRODUCTION.

Relisez attentivement le texte 3 et observez sa structure.

1 Dans le premier paragraphe, on trouve :
a l'évocation de la dernière rencontre. Relevez le verbe qui la suggère ;
b l'excuse de la narratrice pour avoir écrit son livre. Relevez la conjonction et le verbe négatif qui le montrent ;
c l'explication. Relevez le verbe et son adverbe qui servent à la présenter.

2 Dans le deuxième paragraphe, la narratrice relate une évolution.
a Relevez la proposition qui présente le passé lointain.
b Notez l'expression de temps qui marque le changement.
c Notez l'expression de temps qui désigne le temps présent.
d Notez les temps des verbes dans ces trois phrases et dites en quoi ils sont importants.

4 ÉCRIVEZ.

Comme Annie Ernaux, vous avez connu une forte relation affective (réelle ou supposée) avec un(e) ami(e) qui n'est plus auprès de vous.

1 Relatez d'abord la dernière rencontre :
Il/Elle m'avait dit…
Mais…
Insistez sur le besoin d'en parler, de raconter l'importance de cette relation :
J'ai seulement…

2 Puis présentez l'évolution de ce lien à travers le temps :
Quand j'étais enfant…
Plus tard…
Il me semble maintenant…

DELF

Unité A3 – Écrit 1 : Analyse du contenu d'un texte

Durée de l'épreuve : 45 minutes.
Coefficient : 1 (noté sur 20).
Objectif : comprendre et expliciter le contenu d'un document authentique simple.

PRINCIPAUX SAVOIR-FAIRE REQUIS

• Identifier et caractériser la nature et la fonction du document.
• Reconnaître la prise de position de l'auteur.
• Dégager le thème et l'organisation d'ensemble.
• Extraire les informations essentielles à l'aide d'un questionnaire.
• Reformuler certains contenus de manière personnelle.
• Mettre le document en relation avec des pratiques culturelles.

MÉTHODE

Avant de répondre aux questions, prenez le temps :
– d'observer globalement et attentivement tout ce que comporte le document : titre, sous-titre, chapeau, origine, date, signature, caractéristiques extérieures les plus apparentes (chiffres, sigles, phrases en italique, illustrations…) ;
– de réfléchir au sens du titre : permet-il de faire des hypothèses sur le contenu ?

– de lire la totalité du document rapidement de façon à comprendre le sens et l'organisation d'ensemble ;
– de lire soigneusement les questions posées et de faire un premier repérage des endroits du document où vous pouvez trouver des éléments de réponse à chaque question.

CONSEILS DE RÉDACTION

– Vos réponses doivent être courtes et précises.
– Vous pouvez réutiliser les mots clés du document mais il est fortement déconseillé de reprendre des phrases ou des passages entiers.
– N'introduisez pas d'autres idées ou informations que celles qui figurent dans le document.
Ne faites pas de commentaires personnels.
– Rédigez vos réponses sous forme de phrases complètes pour constituer des paragraphes cohérents.
– N'oubliez pas de les relire avec soin.

CONSIGNE

Lisez soigneusement l'article suivant tiré d'un hebdomadaire. Répondez ensuite aux questions posées.

UNE PERLE « AU PAIR »

Vous avez besoin d'une personne relais à la sortie de l'école ou d'une aide pour vous occuper de vos quatre chérubins. Et si vous ouvriez les portes de votre maison à une jeune fille au pair ?

Présentes dans le PFF (Paysage familial français) depuis un bon bout de temps, les jeunes filles au pair rendent de grands services à de nombreux parents empêtrés dans une vie quelque peu agitée. L'emploi de ces « stagiaires aides familiaux », pour employer le jargon administratif, est en effet une solution précieuse.

« Anna, ma jeune fille au pair d'origine polonaise, va chercher mes enfants à l'école et les prend complètement en charge jusqu'à l'heure du coucher, car je rentre très tard… quand je ne suis pas en voyage, témoigne Marie, maman de Paul, trois ans et de Solène, six ans. *J'ai une confiance absolue en elle et la savoir auprès d'eux quand je ne suis pas là est très rassurant. »*

Les jeunes filles au pair (il n'y a que 5 % de garçons) séjournent en France pour se perfectionner dans la langue de Molière… et gagner un peu d'argent.

Une réglementation très rigoureuse légifère la vie de ces stagiaires aides familiaux et celle des foyers français qui les accueillent. Pour éviter dérapages, abus et autres ambiguïtés, la loi française précise que l'étudiante étrangère est tenue de s'inscrire à au moins dix heures de cours de français hebdomadaires. Parallèlement, elle assure chez vous trente heures de travail au maximum (cinq heures par jour) plus deux ou trois soirées de baby-sitting par semaine. Elle est là pour s'occuper en priorité des enfants et faire un peu de ménage. En retour, elle doit disposer d'une chambre particulière, prendre ses repas à la table familiale et avoir une journée complète de repos par semaine (dont au moins un dimanche par mois). « *Nous avons la chance d'avoir une grande maison avec deux salles de bains. Anna partage celle des enfants et elle a sa chambre. Quand nous recevons des amis, elle reste avec nous. Elle fait partie de la famille et je ne la considère pas comme une employée, mais plutôt comme une grande sœur pour mes enfants qui l'adorent. Je suis tombée sur une perle et j'appréhende de la voir partir dans quelques mois.* »

En effet, les stagiaires ne peuvent rester plus de dix-huit mois dans une même famille, ce qui pose problème aux parents et aux enfants qui ont créé des liens privilégiés avec leur jeune invitée. Contraints de la laisser partir une fois le délai officiel arrivé à terme, ils éprouvent souvent un réel déchirement lors de la séparation. Mais difficile de contourner la loi, très précise quant au délai de présence en France. Côté loi toujours, la jeune fille au pair n'est pas une salariée, juridiquement parlant. Elle ne reçoit pas de rémunération, mais de l'argent de poche, de l'ordre de 240 à 270 euros par mois. Le voyage entre le pays d'origine et la France est à la charge de la jeune fille, mais la famille d'accueil doit lui fournir les titres de transport qui lui permettront de se rendre à ses cours et se déplacer.

Réfléchissez bien avant de faire le choix d'une jeune fille au pair. Accepter la présence d'une tierce personne dans votre intimité familiale n'est pas toujours évident. Et il vous faudra la laisser repartir au bout de dix-huit mois… Une fois ces données bien intériorisées, la présence d'une étudiante étrangère apportant sa culture, son mode de vie, sa joie de vivre peut être très enrichissante pour vous et votre petite famille.

D'après Esther Pereira, supplément hebdomadaire du *Progrès de Normandie,* mai 2001.

CONSIGNES DE PRÉPARATION

Le questionnaire suivant est un questionnaire de compréhension du texte. Faites attention aux formulations : lisez bien les questions avant de répondre.

N'hésitez pas à vous reporter au texte, vous en avez le temps ; faites des allers-retours permanents entre le questionnaire et le document.

QUESTIONS

1 Expliquez le titre de l'article *Une perle « au pair »*. *(2 points)*

2 À qui cet article s'adresse-t-il ? *(1 point)*
  a Aux jeunes filles qui veulent venir travailler.
  b Aux familles d'accueil potentielles.
  c À n'importe quel lecteur.

3 Quel est l'objectif principal de cet article ? *(1 point)*
  a Informer sur les conditions d'emploi d'une jeune fille au pair.
  b Mettre en garde contre les risques d'emploi d'une étudiante au pair.
  c Dénoncer les abus dont sont victimes les jeunes gens au pair.

4 Qui est le témoin interrogé ? *(1 point)*
  a Une mère au foyer.
  b Une mère qui travaille beaucoup.
  c Une mère qui recherche une employée.

5 Comment peut-on qualifier le résultat de son expérience ? *(1 point)*
  a D'extrêmement satisfaisant.
  b De peu satisfaisant.
  c De satisfaisant mais frustrant.

6 Citez trois obligations des aides familiaux. *(1,5 point)*

7 Citez trois obligations des employeurs. Justifiez votre réponse. *(1,5 point)*

8 Quel point de vue la journaliste a-t-elle choisi ? *(1 point)*
  a Totalement favorable à l'emploi des jeunes filles au pair.
  b Plutôt défavorable à ce type d'aide familiale.
  c Favorable mais avec certaines restrictions.

9 *Contraints de la laisser partir une fois le délai officiel arrivé à terme, ils éprouvent souvent un réel déchirement lors de la séparation.* Reformulez cette phrase à l'aide de synonymes. *(2 points)*

10 *Accepter la présence d'une tierce personne dans votre intimité familiale n'est pas toujours évident.*
  Expliquez cette phrase.
  Illustrez votre réponse avec deux exemples qui vous semblent appropriés. *(3 points)*

11 Que pensez-vous du recours à une personne extérieure, étrangère, pour prendre en charge les enfants d'une famille ?
  Argumentez et donnez clairement votre opinion (5 à 6 lignes). *(5 points)*

2

LOISIRS ET **ÉVASION**

SAVOIR-FAIRE

- Promouvoir sa région à travers ses particularités.
- Rendre compte des activités de loisir et des motivations pour occuper le temps libre en France et dans son pays.
- Exprimer des sensations et des états psychologiques agréables et désagréables.
- Comprendre et rédiger une définition du dictionnaire.
- Substituer un nom par des pronoms personnels, démonstratifs et indéfinis.
- Décrire une fête : son origine, ses différents moments.
- Comparer les activités festives en France et dans son pays.

CONGÉS PAYÉS!
GRANDES VACANCES! PONTS!
WEEK-END! VILLÉGIATURES! RTT!
REPOS! ON APPELLE ÇA COMME
ON VEUT, LE PRINCIPAL C'EST
D'EN PROFITER!

GABS.

1 OBSERVEZ LES PHOTOS

ET FAITES DES HYPOTHÈSES.

1 Décrivez les photos.

2 Quels thèmes évoquent-elles pour vous ?

2 DÉCOUVREZ LE DOCUMENT.

Visionnez le document complet sans le son.

1 Attribuez un titre à chacune des trois séquences. Justifiez votre choix.

a Fest-noz[1] en Bretagne : séquence…

b Technoparade à Paris : séquence…

c Une étonnante machine : séquence…

1 *Fest-noz* (n. m.) : « fête de la nuit » en breton. Désigne une fête populaire celtique.

2 Quelles sont les deux ou trois images du document que vous avez retenues ? Décrivez-les. Pourquoi vous ont-elles frappé(e) ?

Visionnez la séquence 1 avec le son.

3 Dites si ces affirmations sont vraies ou fausses et justifiez votre réponse.

a La « bête » a été fabriquée à partir d'une machine agricole.

b Les musiques évoquées sont toutes des musiques électroniques.

c Les fêtes techno ont toujours lieu dans des endroits obscurs.

d De nombreux chars sont venus d'Europe.

e Ils effectueront un parcours d'une cinquantaine de kilomètres.

Visionnez de nouveau la séquence 1 avec le son.

4 Dites pourquoi la musique techno a beaucoup de succès auprès des jeunes.
Notez les expressions utilisées par les personnes interrogées pour décrire ce qui a fait naître ce phénomène.
Se fédérer autour d'un projet commun…

- Hardcore : style de musique techno né en Allemagne et apparu en France en 1993. Il se caractérise par une recherche sonore et rythmique.
- Techno : musique née de la fusion des influences des groupes américains et des groupes européens.
- Jungle : genre musical qui intègre des éléments du jazz.
- Trance : version allemande de la techno.
- House : musique électronique plutôt sensuelle et chaleureuse, née à Chicago.

Transcriptions en fin d'ouvrage.

dossier 2

ET ÉVASION

Visionnez la séquence 2 avec le son.

5 Nommez le lieu de Paris où les fans de techno se sont rencontrés.

6 D'où venaient-ils ?

7 Qui étaient les « rois de la fête » ?

8 Relevez l'expression que la jeune fille utilise pour dire qu'elle apprécie la fête.
La journaliste utilise un autre verbe. Lequel ?

9 Où la fête s'est-elle terminée ? Pourquoi ?

Visionnez la séquence 3 avec le son.

10 Qui est l'organisateur ? Quelle est sa profession et où organise-t-il la fête ?

11 Qu'est-ce qui le motive à organiser cette fête ? Est-il seul à l'organiser ?

12 Quelle tradition cette fête perpétue-t-elle ?

3 FAITES LA SYNTHÈSE.

1 À quelles sortes de fêtes avez-vous assisté grâce au document vidéo ?

2 Rappelez les trois caractéristiques de chacune d'elles.

4 ET VOUS, QU'EN PENSEZ-VOUS ?

1 Pour ou contre les fêtes techno ?
Dites si les arguments suivants sont favorables ou défavorables aux fêtes techno.

 a Ça trouble l'ordre public.

 b Ça permet de se délivrer du stress et de se sentir en communion avec d'autres.

 c Les nuisances sonores sont insupportables.

 d On peut danser sans complexe jusqu'à la fin de la nuit.

 e Il faut dédramatiser ce phénomène. C'est une sorte de passage initiatique à la vie adulte.

 f Cette musique répétitive est agressive et envahissante comme un lavage de cerveau.

 g On peut réaliser ses premiers morceaux en quelques semaines et on peut le faire à la maison avec quelques vieux disques et des platines.

 h Cette musique n'est pas si éloignée que ça d'une certaine musique contemporaine.

 i C'est une incitation à la consommation de boissons alcoolisées et de drogues.

2 Les fêtes techno existent-elles dans votre pays ? Comment sont-elles perçues ? Qu'est-ce qui est nouveau dans ce type de rassemblement ? Discutez-en.

3 Quelle sorte de fête préférez-vous : fête techno ou fest-noz ?
Répartissez-vous en deux groupes selon vos préférences. Faites la liste des points communs et des différences entre ces deux types de fêtes (lieux, musique, atmosphère, danses, participants...). Reprenez les arguments vus en 1, ajoutez-en d'autres et discutez-en.

4 La musique est un moyen d'évasion.
Quels autres moyens préférez-vous pour vous évader de la vie quotidienne ?
Quels autres modes d'évasion les photos ci-dessous vous inspirent-elles ?

 a Formez quatre groupes. Choisissez parmi les quatre domaines d'activités proposés celui que vous préférez pour vous évader. Dressez une liste d'activités possibles dans le domaine choisi. Aidez-vous des photos.
– Activités plutôt artistiques : *peindre...*
– Activités plutôt manuelles et domestiques : *jardiner...*
– Activités plutôt physiques : *faire du sport...*
– Activités plutôt culturelles : *visiter un musée, aller au cinéma...*

 b Mettez-vous d'accord, dans chaque groupe, sur la meilleure activité pour s'évader de la vie quotidienne et présentez-la en argumentant votre choix.
Pour nous, c'est aller au cinéma qui permet le mieux de s'évader du quotidien. C'est l'activité qui fait oublier tout ce qui vous ennuie en un minimum de temps...

Du temps libre, pour quoi faire ?

1 OCCUPER SON TEMPS.

1 Lisez le document 1.
2 Expliquez l'importance grandissante des loisirs dans la vie des Français.
3 Deux tendances s'opposent : esprit collectif et individualisme.
Relevez, dans les paragraphes 2 et 4, les expressions qui illustrent ces deux tendances.

1 Les Français aspirent à un mode de vie moins agité, plus équilibré ; ils souhaitent partager plus harmonieusement temps de travail et temps libre. De nombreux facteurs modifient les attitudes et les mentalités à cet égard : l'augmentation de l'espérance de vie, la persistance du chômage et l'aspiration à d'autres modes de vie ont entraîné une relativisation de la place du travail, qui reste pourtant l'une des valeurs fondamentales de notre société.

Lassés des restrictions et des contraintes, les gens expriment de plus en plus l'envie de renouer avec leurs désirs, de faire ce qui leur plaît, quand et comme cela leur plaît. Ils cessent de se replier sur eux-mêmes, souhaitent de nouveau s'amuser, faire des choses ensemble, signe d'un désir de convivialité.

L'expression de la personnalité est désormais de plus en plus présente au cœur des comportements de consommation. Pour leurs activités de temps libre, 71 % des consommateurs recherchent des produits adaptés à leur personnalité. La consommation de temps libre s'adapte aux nouvelles attentes : la réalisation de soi, le sens de la vie… On achète désormais des valeurs qui répondent à ces nouvelles attentes d'harmonie psychologique et physique : le confort, le bien-être, la consommation au service de la forme, de la santé, de l'équilibre, tournée vers l'épanouissement de la personne.

Le temps libre est l'occasion de dévoiler ses goûts, ses affinités (les gens éprouvent, du reste, de plus en plus le besoin de se regrouper par affinités). Il s'accompagne également d'une soif de savoir et d'apprendre.

2 LES ACTIVITÉS DE LOISIR EN FRANCE.

1 Lisez la liste ci-contre d'activités de loisir que les Français aimeraient développer.
  a Choisissez les trois premières activités que vous aimeriez pratiquer ou développer.
  b Laquelle viendrait en dernière position ? Justifiez votre réponse.
2 Comparez vos réponses avec celles des Français (document 2).
3 Êtes-vous surpris(e) par leurs réponses ?

> Bricoler ou jardiner – coudre ou tricoter – aller au cinéma – faire du sport – cuisiner – lire – partir en voyage ou en week-end – s'occuper de soi (coiffeur, masseur, esthéticienne) – pratiquer un instrument de musique – visiter des expositions, des musées, des monuments – écouter de la musique.

dossier 2

② PRATIQUE DE CONSOMMATION ET DE LOISIR

Question posée aux Français :
Avec la mise en place des 35 heures, vous allez disposer de temps libre supplémentaire.
Dites si vous envisageriez de consacrer une partie de ce temps libre à chacune
des activités suivantes.

Partir en vacances ou en week-end	77 %
Faire du sport	74 %
Bricoler ou jardiner	74 %
Lire	72 %
Écouter de la musique	72 %
Visiter des expositions, musées, monuments	58 %
Aller au cinéma	58 %
Cuisiner	54 %
Vous occuper de vous (coiffeur, masseur, esthéticienne)	44 %
Pratiquer un instrument de musique	18 %
Coudre, broder, tricoter	14 %

Canal Ipsos, 06/10/1999.

③ L'ACTIVITÉ DE LOISIR QUI A LE PLUS PROGRESSÉ EN FRANCE.

③ L'écoute de la musique est le loisir qui a le plus progressé depuis une vingtaine d'années. L'augmentation de l'écoute a touché toutes les catégories de la population sans exception. Elle concerne aussi tous les genres de musique, du jazz au rock en passant par la musique classique et l'opéra.

La hiérarchie reste sensiblement la même : la chanson ou la variété française est le genre musical le plus souvent écouté (44 % en 1997), devant les variétés internationales (22 %), la musique classique (18 %), les « musiques du monde » (reggae, salsa, musique africaine...) (11 %), le rock (10 %) et le jazz (7 %).

La musique fait partie de la vie quotidienne que ce soit à la maison, en voiture, dans la rue, dans les magasins ou même sur le lieu de travail. À la radio, la fonction musicale a pris le pas sur la fonction d'information, grâce à la multiplication des « radios libres » de la bande FM. Les sorties qui concernent la musique (concerts, discothèques) sont les seules à avoir progressé de façon sensible depuis une vingtaine d'années. Enfin, la pratique du chant et celle des instruments se sont développées.

D'après Gérard Mermet, *Francoscopie* 1999, Larousse-Bordas, 1998.

1 Selon vous, quelles sont les quatre informations essentielles apportées par ce texte ? Résumez-les en quatre phrases.

2 a En groupes, présentez les différentes façons de consommer le temps libre dans votre pays. Inspirez-vous :
– du document 1 pour présenter les tendances actuelles (vers l'individualisme ou/et l'esprit collectif) ;
– du document 2 pour nommer les activités de loisir les plus pratiquées ;
– du document 3 pour identifier celle qui a le plus progressé.

b Comparez avec ce qui se passe en France.

Utiliser des procédés de substitution

1 *Lisez le texte.*

Actives ou non, les femmes disposent en moyenne de moins de temps libre que les hommes : 4 h 12 par jour pour celles-ci contre 4 h 52 pour ceux-là. Parmi les activités de loisir, certaines restent différenciées. L'une est le sport, qui reste une occupation plutôt masculine, même si les femmes s'y intéressent de plus en plus. L'autre est le bricolage. Dans le domaine des médias, parmi les femmes inactives, les unes préfèrent écouter la radio, d'autres regarder la télévision. Mais, d'une manière générale, elles la regardent moins que les hommes et, surtout, elles n'aiment pas regarder n'importe quoi. La civilisation des loisirs devrait être, d'ici quelques années, une réalité pour tout le monde.

D'après Gérard Mermet, *Francoscopie* 2001, Larousse/HER, 2000.

2 *Relevez les procédés utilisés pour éviter la répétition du nom et classez-les.*

1 Pronoms personnels	2 Pronoms démonstratifs	3 Pronoms indéfinis
…	…	…

---

1 Substituer un nom par un pronom personnel
• Observez l'ordre des pronoms dans ces phrases :
Il me l'a donné. Il ne le lui a pas dit.
Il les y amènera. Il ne leur en a pas offert.
• Quand il y a deux verbes, les pronoms se placent devant le verbe dont ils sont compléments :
– Tu me dois 20 € ! – C'est vrai, je te les dois depuis longtemps, je dois te les rendre.

! Avec l'impératif affirmatif, l'ordre des pronoms change :
Dis-le-moi ! Donne-lui-en ! Apporte-m'en !

---

3 *Complétez librement les phrases. Utilisez deux pronoms.*

1 Ta tarte est délicieuse. Tu peux…
2 J'ai oublié ma brosse à dents chez vous, vous pourriez…
3 Excusez-moi. Vous avez gardé mon stylo. Vous avez oublié de…
4 Ah ! Vous n'avez pas reçu le document ? Je vais…
5 Tu n'as plus besoin de la voiture ? Rends-…
6 Tu as gardé les clés de Philippe. Rapporte-… sans faute demain.
7 Tes parents ne connaissent pas le musée Picasso ? Je vais…

Les doubles pronoms				
je	me			
tu	te	le		
on, il, elle	se	la	lui	
nous	nous	les	leur	y en
vous	vous			
ils, elles				

Emplois particuliers de *y* et *en*

4 *Trouvez une suite possible aux phrases. Utilisez l'une des expressions suivantes :* **s'en empêcher, s'y mettre, s'y habituer, s'en faire[1], s'en passer[2], s'y connaître[3].** *Utilisez les verbes* **vouloir, pouvoir, aller, devoir, penser, croire** *comme premiers verbes.*

Exemple : Il déteste le climat de Moscou.
Il ne peut pas s'y habituer.

1 Je n'ai toujours pas arrêté de fumer. Je…
2 Il est très intéressé par la politique et il…
3 Les Français ne savent pas encore calculer en euros. Bientôt, ils…
4 Je connais mon cours sur le bout des doigts. Je ne… pour l'examen.

1 Se faire du souci pour quelque chose.
2 Ne pas être dépendant de quelque chose.
3 Être spécialiste dans quelque chose.

Les pronoms indéfinis

5 *Complétez le texte à l'aide de pronoms indéfinis choisis dans le tableau ci-dessus.*

Conseils d'un photographe
Vous cherchez des personnages à photographier ? Choisissez … que vous voyez souvent mais dont vous ignorez la vie. … dans votre quartier peut servir de modèle. Moi, j'ai choisi un vieillard de ma rue que … ne semble ignorer, que … salue amicalement mais à qui … parle jamais longuement. J'imagine pourtant que … ont eu envie d'engager la conversation en disant des paroles quelconques, peut-être même … . Mais, apparemment, … n'a persévéré. Ils ont été empêchés par … de mystérieux qui fait que le contact n'a pas pu s'établir entre eux. Qu'importe ! C'est ce genre de personnage que j'aime photographier.

2 Substituer un nom par un pronom indéfini

	Sens positif		Sens négatif
	Unité	Ensemble	
Personnes	quelqu'un n'importe qui/lequel qui que ce soit quiconque	tou(te)s/tout le monde chacun(e)/certain(e)s/quelques-un(e)s d'autres, les un(e)s, les autres, autrui	personne… ne aucun(e) pas un(e), nul(le) … ne
Choses	quelque chose n'importe quoi/lequel	tout tou(te)s	rien ne aucun(e)/pas un(e)… ne
Lieux	quelque part/n'importe où	partout	ne… nulle part

6 *Répondez aux questions. Utilisez les pronoms indéfinis **tout, tous, toutes**.*

Exemple : – Tu connais bien les élèves de ta classe ?
➜ **– Non je ne les connais pas tous.**

1 – Les voleurs n'ont rien laissé ? – Non, ils…
2 – Tu as envoyé tes cartes pour Noël ? – Non, je…
3 – Tes amies sont restées ici pendant les vacances ? – Non, elles…
4 – Vous avez vu la série complète des films de Spielberg ? – Non, mais je…

VOCABULAIRE ②

Les mots en fête

FÊTE [fɛt] *n. f.* (*Feste*, 1080 ; lat. pop. *festa*, de *festa dies*,« jour de fête »)
Solennité, ensemble de réjouissances de caractère commémoratif ; jour consacré à cette solennité.
1 Solennité religieuse célébrée à certains jours de l'année. *Fêtes de l'Église, fête de la Vierge…*
2 Jour de la fête du saint dont quelqu'un porte le nom. Souhaiter sa fête à quelqu'un. LOC. POP. *Ça va être ta fête !* (« Gare à toi ! »)
3 Réjouissance publique et périodique en mémoire d'un événement, d'un personnage. *La fête nationale du 14 Juillet. Les fêtes de fin d'année. La fête des Mères.*
4 Ensemble de réjouissances organisées occasionnellement. *Fête de famille.* LOC. PROV. *Ce n'est pas tous les jours fête.* (« Ce n'est pas toujours drôle, agréable. »)
5 LOC. *Faire la fête* : mener une vie de plaisir et de désordre. – *Un air de fête. Il se fait une fête de* : il s'en réjouit. – « *Le premier mérite d'un tableau est d'être une fête pour l'œil.* » (Delacroix.) – *En fête* : gai. *La nature semble en fête.* – *Faire la fête à quelqu'un* : lui réserver un accueil, un traitement chaleureux. « *Ce joli enfant à qui chacun faisait fête, à qui tout le monde voulait plaire.* » (Baudelaire.) – *Être à la fête* : éprouver la plus grande satisfaction. – *Ne pas être à la fête* : être dans une situation pénible.

1 a Lisez l'article du dictionnaire et relevez :
   – l'étymologie du mot ;
   – les différents sens du mot ;
   – une citation littéraire ;
   – les expressions construites à partir de ce mot.
b Notez celles que vous ne pouvez pas traduire littéralement dans votre langue.

2 À partir des différents emplois du mot fête, rédigez un texte court et humoristique (sous forme de poème ou de petit mot) pour inviter un(e) ami(e) à participer à une fête dont vous êtes l'un(e) des organisateurs/organisatrices.

3 En vous inspirant de la structure de l'article du dictionnaire, rédigez une définition fantaisiste de mots que vous associez au mot fête *(feu d'artifice, cadeau, petits-fours…)*.
Travaillez sur deux ou trois mots de votre choix : imaginez l'étymologie du mot choisi, ses différents sens, les citations autour de ce mot et les expressions construites à partir de ce mot. Constituez ainsi le *Petit Dictionnaire festif de la classe.*

dossier 2

UNE PAGE D'HISTOIRE

La fête de l'Ours à Prats-de-Mollo-la-Preste

Non loin de Perpignan, à quelques kilomètres de la frontière espagnole, la petite ville catalane de Prats-de-Mollo-la-Preste et les villages voisins célèbrent la fête de l'Ours qui se déroulait traditionnellement le 2 février, jour du réveil de l'ours après son hibernation. De nos jours, cette fête se prolonge par le carnaval.

La fête de l'Ours remonte à la nuit des temps. À cette époque, les bêtes sauvages étaient nombreuses et attaquaient les troupeaux et leurs bergers. Celle que redoutaient le plus les paysans, les bûcherons et les bergers était l'ours des montagnes. Certains disaient même que l'ours était le diable en personne… Avec le temps et les nombreuses battues (chasses à l'ours), les loups et les ours ont disparu, mais il reste les vieilles légendes transmises par les anciens.

D'après une de ces légendes, un ours qui cherchait une compagne avait enlevé une bergère qu'il gardait prisonnière pour lui voler son âme et sa virginité… Chasseurs, paysans et bûcherons furent alors lancés par le maire du village à la poursuite de cet animal. Une grande chasse à l'ours commença… Il fallut des jours et des nuits pour trouver trace de l'ours… Enfin, un beau jour, ils découvrirent sa tanière. La jeune bergère était là, saine et sauve, mais terriblement effrayée… Avant que les villageois n'aient le temps de repartir, l'ours revint de sa chasse. Un grand affrontement commença et beaucoup d'entre eux furent tués… Enfin, certains réussirent à enchaîner la bête. Ils repartirent victorieux, accompagnés de leur diable et de la jolie bergère, vers le village. Le maire ordonna alors une grande fête pour célébrer leur victoire ; pour humilier l'ours, ils décidèrent de le raser à l'aide d'une hache, lui donnant ainsi une apparence plus humaine…

Au fil du temps, ils réussirent à l'apprivoiser et le chargèrent des plus grandes tâches pour le village.

....

La fête est célébrée un dimanche et commémore la victoire de l'homme sur la bête et les puissances du mal. Tout commence et s'achève par de la musique. Elle débute par une danse, le contrapadas, qui réunit tous les âges. Puis, les jeunes hommes vont s'habiller, les uns en ours (noir), les autres en chasseurs (blanc).

Les préparatifs ont lieu sur une colline au-dessus du village. On commence par partager quelques grillades dans une ambiance joyeuse. Puis c'est l'habillage, qui dure assez longtemps, car des peaux de moutons sont cousues directement sur les ours. Les visages sont enduits de suie[1] et d'huile. On entend les premiers coups de fusil qui sont tirés à blanc[2] et les ours s'élancent à l'assaut du village où la foule les attend. Ils poursuivent les habitants et marquent de leurs pattes noircies les peaux blanches. Mais les chasseurs sont là et tirent sur les ours qui s'écroulent pour simuler la mort. En fait, ce ne sont que des ruses pour attraper d'autres victimes et reprendre son souffle.

1 *Suie* (n.f.) : résidu du charbon. 2 *Tirer à blanc* : tirer sans balle.

Lisez le texte.
1 De quel type de fête s'agit-il ?
  a Familiale. **b** Religieuse. **c** Populaire.
2 À quelle époque et où a-t-elle lieu ? Pour quelles raisons ?
3 Mémorisez la légende et reformulez-la en quelques mots à votre voisin(e).
4 Connaissez-vous une légende sur des animaux qui a donné lieu à une fête traditionnelle dans un village ou une région de votre pays ? Racontez-la.

EXPOSÉ

Une fête traditionnelle de votre pays.
Présentez la fête de votre choix (familiale, religieuse, populaire) : son origine, le lieu où elle se déroule, ses différents moments, le rôle joué par les classes d'âge (enfants, jeunes, anciens) et l'importance de la musique.

1 RYTHME ET INTONATION.

1 Écoutez les phrases. Parmi la liste d'activités de loisir suivante, relevez celles qui sont évoquées. Ajoutez le signe + si la personne aime cette activité ou – si elle ne l'aime pas. Répétez ensuite chacune des phrases avec la bonne intonation.

a Sport. **c** Jardinage. **e** Musique. **g** Cinéma.
b Lecture. **d** Couture. **f** Tourisme. **h** Voyage.

2 Réécoutez et remettez ces réactions dans l'ordre.
a Ça a tendance à m'endormir, ça me fait bâiller.
b Je ne supporte pas ça !
c Ça me détend !
d Ça m'enrichit.
e Ça a le don de m'énerver !

3 Réutilisez ces expressions et exprimez vos goûts sur les activités suivantes.
a Aller chez le coiffeur.
b Faire de la natation.
c Regarder un film à la télé.
d Surfer sur Internet.
e Écouter de la musique techno.

4 Échangez vos réactions avec votre voisin(e).

2 RADIO REFLETS.

Séquence 1
1 Qui Cécile Caron interroge-t-elle aujourd'hui ? Sur quel sujet ? Quel est l'état d'esprit du jeune homme : déçu, enthousiaste, indifférent ou hostile ?

2 Prenez des notes et relevez :
a les lieux dans lesquels Joël retrouve ses copains ;
b ses sensations : le moment qu'il préfère, ce qu'il entend, fait, voit, ressent ;
c les expressions de Joël.

Séquence 2
3 Écoutez et dites si ces affirmations sont vraies ou fausses, puis justifiez vos réponses.
a Céline a toujours aimé la musique techno.
b Elle l'apprécie car, pour elle, ce n'est pas une musique agressive.
c Elle n'est plus stressée après les raves.
d Elle y fait connaissance avec beaucoup de gens.

Séquence 3
4 Écoutez et remettez ces explications sur le phénomène techno dans le bon ordre.
a La musique est répétitive.
b Elle ressemble à des battements de cœur.
c On oublie l'autre quand on danse.
d Tout le monde danse ensemble.
e Chacun évolue dans sa « bulle ».

5 **a** Et vous, que pensez-vous de ces explications ? En avez-vous d'autres ?
b Quels genres de musiques écoutez-vous dans les fêtes ? Exposez en quelques phrases à votre voisin(e) les sensations que vous procurent ces musiques.

> **Manifester des sensations**
> J'ai/J'éprouve un sentiment de bien-être/d'angoisse…
> La techno procure une sensation de…
> Quand j'écoute cette musique, je me sens/ je ressens/je perçois…

3 SITUATION VÉCUE.

1 Écoutez une première fois et répondez aux questions.
a Où se passe la scène ?
b Qui demande des informations ? Sur quoi ? Dans quelles régions leur conseille-t-on d'aller ? Pour voir quoi ?

2 Écoutez une deuxième fois et remplissez la fiche.

Nom	Raymond Isidore
Date de naissance	
Profession	
Activité de loisir	
Créations	
Matériau	
Date de rachat de la maison	

3 Écoutez une troisième fois et relevez :
a trois expressions utilisées pour qualifier l'histoire racontée : *Une histoire qui a fait couler…*
b les mots employés par le narrateur pour parler de la situation modeste du personnage ;
c les expressions utilisées pour inciter à la visite.

4 JEU DE RÔLES.

Vous connaissez l'histoire d'un personnage de votre ville ou région qui a ou avait une façon originale d'occuper son temps libre. Vous racontez son histoire à un(e) touriste de passage. Utilisez les expressions relevées dans l'activité 3.

> **Stimuler l'attention, susciter l'intérêt**
> C'est une histoire qui ne manque pas de saveur/ de piquant… qui a fait couler beaucoup d'encre…
> C'est une histoire à dormir debout/pas banale.
> Vous ne regretterez pas !
> C'est à voir absolument !/Ça vaut le détour !
> Il ne faut pas laisser passer cette occasion…

dossier 2

« FRANCE SECRÈTE »

une sélection
de séjours insolites
pour découvrir la France...

Hébergement
Gastronomie
Nature et découverte
Détente et remise en forme

Ce sont 3 600 offices de tourisme et syndicats d'initiative à votre service, désireux de vous accueillir dans leur région, en vous faisant partager les produits insolites empreints de l'authenticité de leur terroir.

« FRANCE SECRÈTE »
vous propose
des séjours de qualité
et des hébergements de charme.

Avec **« FRANCE SECRÈTE »**, **portez un regard nouveau** sur la richesse du patrimoine français. Des propositions attrayantes vous invitent à la découverte des sites méconnus et à l'approfondissement de vos visites, à la recherche de nouveaux horizons…
Notre catalogue vous propose différentes formules pour la qualité de vos séjours.

« FRANCE SECRÈTE »,
pour le plaisir de tous
ceux qui ont envie d'une France
hors des sentiers battus[1]…

1 *Hors des sentiers battus* : endroits peu connus des touristes. **1**

Week-end gastronomique en Périgord noir

Vous êtes gourmet et gourmand ? Nous vous invitons à découvrir nos meilleures recettes et à déguster les produits authentiques qui font la renommée de notre terroir.
Faites-vous un régal de chaque jour !

Déroulement
• Arrivée le samedi dans la matinée. Découverte du marché de Sarlat au cœur de la cité médiévale. Déjeuner périgourdin traditionnel dans la vieille ville.
• L'après-midi, au gré de votre humeur, des circuits vous seront proposés (châteaux, préhistoire, jardins, bastides…).
• Le soir, dîner gastronomique autour d'une table généreuse et raffinée où nous vous invitons à savourer les délices du Périgord.
• Dimanche, matinée libre. Déjeuner dans le cadre rustique d'une ferme-auberge. **2**

Forfait hôtel + cure
Charente-Maritime
Saint-Trojan-les-bains

Sur la côte charentaise, au pays des huîtres de Marennes-Oléron, entre l'estuaire de la Gironde et celui de la Charente, Thalassa Oléron se découvre entre mer et pinède.

La cure de remise en forme inclut quatre soins de thalassothérapie par jour pendant six jours ; elle vous permet une relaxation totale, loin des bruits et des odeurs des villes.
Prendre le temps de vivre, de se faire « cocooner » par une équipe tout entière à votre service, tel est le programme que nous vous proposons.
En complément des soins, vous pourrez tout à loisir profiter de la piscine en eau de mer où sont dispensés les cours d'aquagym, du sauna, du hammam, du solarium. Vous aurez la possibilité de suivre des cours de tai-chi, de yoga, de stretching…
Nous vous offrons un séjour diététique ou encore l'opportunité de découvrir les produits locaux au travers de dégustations et conférences. **3**

Vous allez réaliser une brochure touristique à l'intention de tous ceux qui veulent découvrir une région de votre pays « hors des sentiers battus »...

Poitou-Charentes Camping des Peupliers

Situé au bord d'une rivière limpide et très poissonneuse dans l'une des vallées verdoyantes à 25 minutes au sud de Poitiers et du Futuroscope[1], le camping les Peupliers vous invite à découvrir et à visiter les nombreux sites touristiques environnants : la vallée des Singes, le château des Aigles, Cognac, le Marais poitevin...

Vous apprécierez pleinement les sanitaires tout confort, la piscine chauffée ouverte jusqu'à minuit, ainsi que le toboggan aquatique géant de 80 mètres, d'accès aisé pour les jeunes enfants par une allée.

Et, toujours pour vos loisirs, vous profiterez des pédalos, salle de jeux, ping-pong, volley, minigolf, étang privé pour la pêche et salle TV.

Côté services, vous trouverez alimentation, bar, restaurant, plats cuisinés et lave-linge.

Le camping vous propose également de nombreuses animations et soirées à thème.

1 *Futuroscope* (n. m.) : Parc européen de l'image. **4**

Vosges – Gérardmer

Au cœur des hautes Vosges et de la vallée des Lacs, à deux pas de l'Alsace, dans un paysage montagneux tout en douceur, Gérardmer, nichée au bord de son lac, offre l'avantage d'associer les activités d'une petite ville animée et sportive avec celui d'une station de moyenne montagne pour les amateurs de ski mais aussi pour les amoureux de la nature.

Nous vous proposons un séjour de huit jours et sept nuits (du samedi au samedi) pendant lequel vous pourrez allier nature et découvertes artisanales. En effet, du musée de la Cristallerie de Baccarat, à la visite de la scierie[1], du Lançoir en passant par d'autres richesses locales, vous serez baignés de traditions lorraines.

1 *Scierie* (n. f.) : usine où l'on coupe les arbres en planches. **5**

Fédération nationale des offices de tourisme et syndicats d'initiative. Site internet : Tourisme en France

1 LISEZ.

DOCUMENT 1

1 Quelle est la nature du document ? Quelle est l'intention qui domine ? Quels sont les signes qui le montrent ? Trouvez des exemples :
   a Mise en pages : ...
   b Typographie : ...
   c Manière de s'adresser au lecteur : ...
   d Mots pour attirer le lecteur : ...
   e Slogan : ...

DOCUMENTS 2 À 5

2 Le document 1 constitue la première double page du catalogue. Cette page indique différentes rubriques. Lisez les documents 2 à 5 et associez chaque rubrique à un document.
   a Hébergement : document...
   b Gastronomie : document...
   c Nature et découverte : document...
   d Détente et remise en forme : document...

3 Situez sur la carte p. 6 les régions et les villes dont on parle.

4 Relevez les mots se rapportant à chacune des rubriques.
   a Document 2 : *gastronomique, gourmet, gourmand, recettes...*
   b Document 3 : *remise en forme...*
   c Document 4 : *sanitaires tout confort...*
   d Document 5 : *paysage montagneux, lac...*

2 PRÉPAREZ VOTRE PRODUCTION.

Relevez dans les documents 2 à 5 les procédés choisis pour attirer le lecteur.
   a Originalité du programme : ...
   b Style adopté : ...

3 ÉCRIVEZ.

1 Mettez-vous en groupes et répartissez-vous les activités suivantes dans chaque groupe :
   – Recherche de lieux passionnants et peu fréquentés par les touristes ;
   – Rédaction de la page de garde et de quatre articles proposant un séjour insolite avec un programme détaillé dans une région de votre pays.
   Votre brochure s'appellera *Tourisme insolite en/à...*
   La deuxième page sera consacrée à l'hébergement et à la gastronomie, la troisième page à l'aspect insolite ou pittoresque du lieu et la dernière aux activités de loisir proposées dans ce site.

2 Exposez vos brochures sur les murs de la classe. Un jury donnera le prix de la brochure :
   – qui a la meilleure mise en pages ;
   – qui contient le programme le plus attrayant ;
   – qui présente les activités les plus originales.

dossier 2

DELF

Unité A3 – Oral : Analyse du contenu d'un document simple

Durée de l'épreuve : 15 minutes.
Temps de préparation : 30 minutes maximum.
Coefficient : 1 (noté sur 20).
Objectif : présenter et commenter oralement un document authentique écrit.

PRINCIPAUX SAVOIR-FAIRE REQUIS

• Identifier et caractériser oralement la nature et la fonction du document, son thème, la position de l'auteur, l'organisation d'ensemble.
• Extraire les informations essentielles.

• Reformuler oralement ces informations.
• Mettre (sommairement) le document en relation avec des pratiques culturelles.
• Exprimer une opinion personnelle à son sujet.

CONSIGNE

Faites une présentation orale du document ci-dessous en vous aidant du questionnaire.

TAMBOUR BATTANT
Le déballage aura lieu place Marulaz
Les dix leçons du vide-grenier
Le dimanche 30 avril à partir de 9 heures, c'est un vide-grenier et pas une brocante, puisqu'il est réservé aux particuliers dans un objectif de recyclage des objets.
1. Récupérez des cartons et des cagettes.
2. Armez-vous d'un peu de courage et rangez votre maison : cave, garage, placards, cagibis, débarras et grenier. À votre grand effarement, vous allez constater que, depuis des années, vous accumulez fatras, bazar… (baromètre, souvenirs de Chamonix, boule à neige, tour Eiffel).
3. Placez toutes ces merveilles qui vous encombrent dans des cartons récupérés en prévoyant leur prix de vente.
4. Inscrivez-vous au vide-grenier de Tambour battant.
5. Le 30 avril, réglez votre réveil sur 6 heures. Le jeu en vaut la chandelle.
6. Chargez votre voiture avec les cartons précédemment préparés. Ajoutez-y une crème solaire écran total (il fait toujours beau au vide-grenier de Tambour battant), une table et une chaise de camping (pour le confort), une glacière avec un pique-nique (ça dure toute la journée).
7. Arrivez avant 9 heures. De gentils animateurs vous indiqueront un emplacement de rêve.
8. Installez-vous confortablement. Mettez vos merveilles en valeur sur le trottoir.
9 heures : les clients affluent déjà et dévalisent votre stand. L'ambiance est très conviviale. Sur le stand de votre voisin(e) (avec qui vous sympathisez), vous trouvez l'objet de vos rêves à un prix défiant toute concurrence. Vous rencontrez plein de gens intéressants (curieux, chineurs, collectionneurs saugrenus et variés).
9. En fin de journée, fatigué(e) mais heureux(se), vous débarrassez votre emplacement des derniers objets qui l'encombrent (vous les vendrez l'an prochain !). Vous allez prendre un apéritif bien mérité avec votre voisin(e) de stand (je vous rappelle que vous avez sympathisé).
10. Parce que le lendemain est férié (1er Mai), vous avez même le temps d'aller vous dégourdir les jambes en dansant au petit bal organisé pour clôturer cette merveilleuse journée.

QUESTIONS

1 *De quel genre de document s'agit-il ?*
À qui s'adresse-t-il ?
Quelle est sa fonction ?
Qui sont les auteurs ?
On vous demande d'identifier le document (lettre, article, annonce, publicité…) ; de dire à quel public il s'adresse ; de définir son but (informer, solliciter, promouvoir) ; de dire qui a rédigé le document (personne, groupe de personnes…).

2 *Commentez sa présentation.*
Vous devez relever son organisation, son style et ses repères chronologiques.

3 *Définissez ce qu'est un vide-grenier.*
Notez les éléments clés qui définissent ce mot.

4 *Résumez les informations essentielles contenues dans le texte.*
Sur quel ton et dans quel registre de langue sont-elles données ?
Illustrez votre propos d'exemples.
Donnez deux caractéristiques de cette manifestation.
Dégagez le type d'activité, la durée, l'organisation, l'objectif ; le niveau de langue, le ton.
Citez des exemples du texte.
Trouvez deux mots clés (*conviviale, fête…*).

5 *Ce texte vous paraît-il intéressant ? convaincant ?*
Avez-vous envie de participer à cet événement ?
Pour quelles raisons ?
Donnez votre opinion personnelle sur l'impact qu'il a.

6 *Vous vous entretiendrez ensuite avec le professeur qui vous posera des questions.*
Précisez certains points, mettez en relation le document avec des pratiques culturelles de votre pays.

DOSSIER

CHOIX **DE VIE**

③

SAVOIR-FAIRE
- Rendre compte de cadres et de modes de vie.
- Présenter une situation passée et les étapes de son évolution.
- Évoquer un souvenir.
- Préciser des termes démographiques, géographiques et administratifs.
- Décrire un espace, un lieu, sa ville, et en apprécier les transformations.
- Exprimer :
  – des choix personnels, savoir les justifier ;
  – le changement, l'évolution ;
  – un jugement personnel sur une situation objective.
- Comparer des modes de vie et des espaces urbains en France et dans son pays.

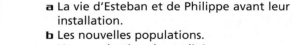

1 OBSERVEZ LES PHOTOS
ET FAITES DES HYPOTHÈSES.

1 De quelle région de France va-t-on parler :
Nord ? Sud ? Justifiez votre réponse.

2 Photos 2 et 4 :
a Quelles sont les activités des personnes ?
À votre avis, quel âge ont-ils ?
b Quel va être le thème du document ?

2 DÉCOUVREZ LE DOCUMENT.

PREMIÈRE ÉCOUTE
Visionnez la séquence 1 avec le son.

1 Qui est René ?
(Donnez son nom, son âge, sa profession.)
2 De quelle époque parle-t-il ? Situez-la
approximativement.
3 Quel était son problème ?
4 Qu'ont fait les jeunes de sa génération ?
5 Pour aller où ?
6 Quelles professions exercent-ils maintenant ?
7 À votre avis, quel choix René a-t-il fait ?

Visionnez les séquences 2 à 5 avec le son.
8 Associez les titres et les lieux suivants à chaque
séquence.
Titres
a La vie d'Esteban et de Philippe avant leur
installation.
b Les nouvelles populations.
c Une production de qualité.
d Le choix d'une nouvelle vie.
Lieux
e À la ferme.
f Dans un village.
g Dans l'oliveraie et à la maison.
h Dans les champs.

Séquence	Qui	Titre	Lieu
2	Voix off	b	…
3	Esteban et Philippe	…	…
4	Esteban et Philippe	…	…
5	Jean-François et sa femme	c.	g.

Transcriptions en fin d'ouvrage.

dossier 3

DE VIE

DEUXIÈME ÉCOUTE
Visionnez la séquence 2 avec le son.

9 Qui sont les nouveaux habitants
de la région ?

10 Dites ce qui destinait Esteban et Philippe à
faire ce choix.
La journaliste utilise deux expressions qui
signifient :
a tout abandonner ;
b aller au-delà des difficultés.
Notez-les.

Visionnez la séquence 3 avec le son.

11 Relevez les raisons des choix d'Esteban et de
Philippe.

12 Pourquoi leur entourage est-il sceptique ?

Visionnez la séquence 4 avec le son.

13 Relevez dans la liste ci-dessous les priorités
actuelles d'Esteban et de Philippe.
Argent – qualité de vie – réussite de
l'entreprise – qualité de la production –
liberté – temps libre.

Visionnez la séquence 5 avec le son.

14 Quel produit Jean-François fabrique-t-il ?

15 A-t-il les mêmes priorités que les trois
personnes précédentes ?

16 À quels fruits compare-t-il son produit ?

17 Quels sentiments éprouve-t-il à l'égard de
celui-ci ? Relevez les expressions qu'il emploie
quand il parle de son huile.

18 La femme de Jean-François a-t-elle les mêmes
priorités que Esteban et Philippe ?

3 FAITES LA SYNTHÈSE.

Ces jeunes gens sont de « nouveaux agriculteurs ».
Donnez deux raisons de les appeler ainsi.

4 ET VOUS, À QUEL MODE DE VIE ASPIREZ-VOUS ?

1 Choisissez le lieu dans lequel vous aimeriez
vivre : dans une grande ville, dans une ville
moyenne, dans la périphérie d'une grande
ville ou à la campagne.

2 Regroupez-vous par affinités et choisissez
votre cadre de travail : entreprise privée,
service public ou travail à la maison.

3 Parmi la liste suivante, dites quels sacrifices
vous seriez prêt(e) à faire pour mener la vie
que vous désirez.
a Travailler plus.
b Quitter vos proches.
c Avoir moins de sécurité.
d Gagner moins d'argent.
e Réduire votre espace de vie.
f Perdre une situation sociale établie.
g Faire de longs trajets.
h Se lever tôt le matin.
i Avoir moins de confort.
j Avoir des horaires fixes/variables.

4 Préparez cinq phrases pour opposer ce que
vous êtes prêt(e) à faire et ce que vous n'êtes
pas prêt(e) à faire dans votre choix de vie.
Mettez ensuite en commun.
*Je veux bien vivre loin de mes proches mais
en aucun cas je ne réduirai mon espace de vie…*

dossier 3

POUR OPPOSER

Ce que je suis prêt(e) à faire	Ce que je ne suis pas prêt(e) à faire
Je veux bien…	mais en aucun cas je ne… + futur/conditionnel
Je suis d'accord pour…	mais pas pour…
Pour moi, ce ne serait pas un problème de…	mais ce serait impossible de…
Je pourrais…	mais je serais incapable de…

INFOS

Ville ou campagne ?

1 POPULATION.

A Croissance ou décroissance ?

1 Lisez ces informations.

■ Les premiers résultats du recensement font apparaître qu'en 1999, 60 082 000 personnes résident en France métropolitaine (l'Hexagone et la Corse) et dans les départements d'outre-mer (Guadeloupe, Guyane, Martinique, Réunion, Saint-Pierre-et-Miquelon).

■ Le phénomène d'urbanisation continue.

■ C'est surtout l'espace périurbain, aux limites de la ville et de la campagne, qui croît.

■ Paris et les villes de la « petite couronne » (immédiate périphérie) perdent des habitants.

2 Notez le chiffre de la population française actuelle.

3 Dites si la population augmente ou diminue :
  a à Paris ;
  b dans la proche banlieue ;
  c dans la banlieue éloignée.

B Vrai ou faux ?

1 Lisez les affirmations ci-dessous. Écoutez ensuite le document sonore, puis dites si ces affirmations sont vraies ou fausses en justifiant vos réponses.
  a Plus de 70 % des Français vivent dans les villes.
  b Le même pourcentage de Français souhaite continuer à vivre en ville dans les prochaines années.
  c L'installation en milieu rural concerne surtout les jeunes.
  d Le mouvement migratoire vers la campagne est dû en partie à la recherche d'une vie plus saine et plus équilibrée.
  e C'est un phénomène principalement français.
  f Les communes s'opposent à ces nouvelles installations.
  g On déménage, mais près de chez soi.

2 Ces phénomènes existent-ils chez vous ? Avez-vous déjà changé de région, de ville ? Pour quelles raisons ?

2 TERRITOIRE.

A Région, département, commune.

1 Observez le tableau.

Rappelez-vous : la France est divisée en régions, départements et communes responsables de l'aménagement territorial, de l'urbanisme et de l'environnement.
- **État** : protection du patrimoine architectural (monuments, églises) et naturel (parcs nationaux).
- **Région** : gestion des parcs naturels régionaux.
- **Département** : définition d'itinéraires de promenade. Gestion du patrimoine écologique.
- **Commune** : élaboration des schémas de plan d'occupation des sols. Délivrance du permis de construire.

2 Cherchez les verbes qui correspondent aux noms suivants.
  a Protection.   d Élaboration.
  b Gestion.   e Délivrance.
  c Définition.

3 Décrivez en une phrase les compétences de chaque division administrative en matière d'environnement.

dossier 3

Le Vieux-Lille, la vitrine reconquise

Didier et Michèle Larue sont les paysagistes qui ont rénové la Grand'Place. Ils ont acheté leur maison de la rue d'Angleterre en plein Vieux-Lille en 1973. À l'époque, les maisons tombaient en ruines, la vie de quartier tournant autour des nombreux troquets et épiceries. Aujourd'hui, le Vieux-Lille, rénové, propre, beau, attire le luxe et ses marques. Il est plus difficile d'y acheter ses légumes ou son pain. Ils y vivent avec leurs trois filles et assistent aux changements du quartier : « Les quincailleries, drogueries, petits troquets ont disparu. Aujourd'hui, les nouveaux cafés sont pour les jeunes, on ne sait plus où aller, constate Michèle. Je regrette un peu la vie du Vieux-Lille avant, avec les petits vieux à leur fenêtre toute la journée qui m'appelaient quand je rentrais pour dire : "Y a vot' maman qu'est passée." »

Ce pan de ville – longtemps abandonné avec ses entrepôts, ses abattoirs…– a été peu à peu reconquis par une nouvelle population, plus jeune, plus aisée. Les Larue ont créé leur agence en 1980, installée à trois rues de chez eux, dix minutes à pied à peine, dans une ancienne usine textile réhabilitée. Locaux superbes, clairs et spacieux. Michèle rentre déjeuner chez elle tous les midis. Didier donne des cours à l'école d'architecture de Paris, à Blois, travaille à Lyon, Grenoble, Dijon… Il prend le TGV au moins une fois par semaine. « Avant, je ne bougeais quasiment pas, et s'il fallait aller à Paris, c'était en voiture. »

D'après *Libération*, 10/03/2000.

B La ville de Lille.

1 Situez la ville de Lille sur la carte de la France administrative (p. 36).

2 Trouvez les équivalents des lieux de la ville évoqués dans l'article.

a	Troquet.	1	Lieu destiné à l'abattage des animaux.
b	Quincaillerie.	2	Café.
c	Droguerie.	3	Magasin d'outillage.
d	Entrepôt.	4	Magasin de produits d'entretien.
e	Abattoir.	5	Dépôt de marchandises.

3 Relevez les informations concernant le quartier du Vieux-Lille.

	Avant	Maintenant
a Types de commerces		
b Habitants		
c Bâtiments		

4 Quels avantages ce quartier avait-il avant sa rénovation ? Et maintenant ?

	Avant	Maintenant
a Plaisir des magasins chics		x
b Facilité pour faire des achats quotidiens		
c Relations familiales avec les voisins		
d Proximité du lieu de travail		
e Accès aux moyens de transport		

5 Résumez en deux ou trois phrases ce qui s'est passé à Lille entre 1973 et aujourd'hui. Dites si ces phénomènes se sont produits aussi dans les grandes villes de votre pays.

6 Préférez-vous le choix de vie des nouveaux agriculteurs ou celui de la famille Larue de Lille ? Formez deux groupes et écrivez vos arguments sur une fiche. Discutez.

		Les nouveaux agriculteurs	La famille Larue
a	Lieu	campagne	ville
b	Activité	agriculture	activité créative
c	Mode de vie	– travail sur place – production personnelle	– déplacements fréquents – quartier résidentiel – loisirs de la ville
d	Avantages	…	…
e	Inconvénients	…	…

Évoquer le passé

1 *Lisez la transcription de la séquence 1 page 165, relevez les verbes au passé et justifiez leur emploi.*

Verbe	Temps	Explication
arrivait	*imparfait*	*habitude*
suivaient	*imparfait*	…
…	*passé simple*	…

L'opposition imparfait/passé composé

• **L'imparfait** permet de décrire :
– une action en cours d'accomplissement dans le passé :
*Hier à 14 heures ? Je **téléphonais**.*
– des habitudes passées :
*Autrefois, tous les Parisiens **dansaient** avec les filles du coin.*
– et, de façon générale, un fait non limité dans le temps :
*Hier, il **neigeait**.*

! Usage particulier après *si* pour exprimer une hypothèse irréelle :
***Si j'avais** assez d'argent, je rachèterais d'autres oliveraies.*

• **Le passé composé** :
– décrit une action passée présentée comme accomplie :
*Les Larue **ont créé** leur agence en 1980.*
– rapporte un événement ou une succession d'événements :
*Je **suis arrivé** à la maison, j'**ai lu** le journal et j'**ai pris** une douche.*
– souligne un fait déterminé dans le temps :
*Il **a travaillé** pendant toute sa vie.*

• **La succession imparfait/passé composé** marque souvent :
– une conséquence :
*Il **neigeait**, j'**ai glissé** et je **suis tombé**.*
– une rupture signalée par *soudain/tout à coup/un jour/quand…* :
*Il ne **travaillait** pas quand je l'**ai connu**.*
– peut avoir une valeur explicative :
*On **a tout arrêté** : on **voulait** travailler pour nous.*

2 *Évoquez oralement les vies d'Esteban et de Philippe. Opposez leur vie d'« avant » et celle de « maintenant ».*

1 Avant	**2** Entre-temps	**3** Maintenant
• Avoir un bon travail • Être salarié • Gagner de l'argent • Vivre en ville	• Se marier • Tout laisser tomber • Franchir le pas • Changer de vie • Vivre heureux	• Être installé à la campagne • Avoir des responsabilités différentes • Travailler à la ferme

Le plus-que-parfait exprime une action terminée et antérieure à l'imparfait ou au passé composé :
*Jean-François est allé vivre dans le village où il **avait passé** toute son enfance.*
*Jean-François connaissait bien les oliviers. Son grand-père lui en **avait** souvent **parlé**.*

3 *Racontez au passé (passé composé, imparfait et plus-que-parfait).*
Complétez ce récit sur la vie de Théodore Monod, célèbre naturaliste, grand nomade et amoureux du désert, décédé en 2000.

Je (naître) à Rouen, en ce début du XXe siècle, le 9 avril 1902, dans une famille de pasteurs protestants. Nous (s'établir) à Paris, en 1907. Ma famille me (transmettre) un « idéal moral ». C'est vrai, à 18 ans, je (écrire) déjà les *Carnets* que mon fils Cyrille (publier) par la suite. Après le baccalauréat, je (avoir) la chance d'être recruté très rapidement au Muséum, dans un laboratoire consacré à l'étude des pêches d'outre-mer. Je (effectuer) une première mission, en 1922, qui me (conduire) en Mauritanie, pays que je (découvrir) et auquel je (rester toujours) fidèle. C'est là que je (connaître) ma première expérience du désert…

Le passé simple, temps de l'histoire et du récit littéraire

Le passé simple met une distance entre les faits, la personne qui les raconte et le lecteur. Il éloigne du présent de celui qui écrit, c'est pourquoi il est utilisé dans le récit historique. Il est presque toujours employé avec *il(s)* et *elle(s)*, sujets les plus fréquents de la narration. La langue orale utilise plutôt le passé composé.

dossier 3

Comparer

1 Pour marquer le degré
• **Pour insister**, la comparaison se combine avec les constructions adverbiales *légèrement, un peu, beaucoup, bien, encore* + *moins/plus* + adjectif et *tout* + *aussi/autant* + adjectif :
*Vivre à la campagne, c'est **bien plus** sain, c'est **beaucoup moins** cher que je ne* le pensais, mais c'est **tout aussi** difficile et il y a **tout autant** d'obstacles (qu'en province)**.*
* Présence d'un *ne* non négatif, dit explétif.
** Le deuxième terme de la comparaison est souvent sous-entendu.
• **Pour souligner une préférence :**
*Il a choisi la campagne **plutôt que** Paris.*

2 Pour marquer une progression ou un affaiblissement
– *plus/moins* + verbe + *plus/moins* + verbe :
***Plus** on vit à Paris, **plus** on aime cette ville.*
– *de plus/moins en plus/moins, toujours plus/moins* et *chaque fois plus/moins de* :
*La ville attire **de plus en plus** les jeunes.*
*Quand je retourne dans mon village natal, il y a **chaque fois moins de** petits commerces.*

3 Pour marquer l'intensité
verbe + *d'autant plus/moins* + nom + *que* :
*J'aime **d'autant plus** Paris **que** j'y ai un travail intéressant.*

4 Pour faire une comparaison hypothétique
Comme si + imparfait/plus-que-parfait :
*Il parle de son huile **comme si c'était** de l'or.*

4 *Faites part de vos goûts et complétez librement en vous aidant du tableau ci-contre.*

> *Exemple :* **Je lis autant de bandes dessinées que de romans.**

1 Je déteste tout autant… que…
2 Je passe beaucoup plus de temps à… qu'à…
3 Je n'ai pas autant de chances de… que de…
4 Je n'ai jamais vu pire que…
5 Plus on vit à l'étranger…

5 *Progression, affaiblissement ou intensité ? À partir des éléments suivants, marquez la nuance.*

> *Exemple : Je suis heureuse à Paris **d'autant plus que** j'y ai un travail intéressant.*

1 Elle n'aime pas la vie en ville – elle a passé son enfance à la campagne.
2 Je le vois – je l'apprécie – j'ai envie de le revoir.
3 Je ne souhaite pas vivre en ville – les loyers sont très chers.
4 Il ne veut pas vivre à l'étranger – il apprend difficilement les langues.
5 Le nombre de résidents diminue chaque année dans mon village.

6 *Mettez en évidence les différences entre les vies d'Esteban et Philippe et celle de Jean-François. (Voir les Transcriptions p. 165.)*

VOCABULAIRE (3)

Lieu de vie

1 Classez ces mots désignant des agglomérations par ordre croissant d'importance.
  a Un bourg.   **c** Une mégapole/mégalopole.
  b Un village.   **d** Une ville.

2 Trouvez le(s) nom(s) qui correspond(ent) à chacun de ces verbes signifiant « vivre dans un lieu ».

> *Exemple :* Habiter → **une habitation.**

  a Résider.   **d** Séjourner.   **g** Loger.
  b Demeurer.   **e** Gîter.
  c Être domicilié. **f** Crécher *(argot)*.

3 Aménagez la ville idéale.
  a En groupes, faites la liste des problèmes actuels de votre ville ou quartier : manque de parkings, embouteillages, absence d'espaces verts, vétusté des lycées…

  b Proposez des solutions à chacun des problèmes en utilisant le vocabulaire du tableau ci-dessous.

> **Aménager :** rénover, restaurer, refaire, construire, édifier, tracer, détourner, dévier, redessiner, améliorer.
> **Démolir :** faire tomber, détruire, abattre, remplacer.
> **Créer :** mettre en place un système, installer, inciter à, organiser, développer.

4 Voici des adjectifs qui peuvent qualifier un lieu de vie. Choisissez-en cinq et classez-les par ordre de préférence. Comparez vos réponses et justifiez vos choix.
Intime – coquet – petit – spacieux – vaste – vide – décoré – ouvert – clos – ancien – moderne – isolé – individuel – collectif – confortable – lumineux – calme.

UNE PAGE D'HISTOIRE

L'exode rural

L'exode rural au XIXᵉ siècle : migration des provinciaux

L'urbanisation qui s'est accélérée après la guerre de 14-18 a commencé au XIXᵉ siècle. Elle a plusieurs causes : l'industrialisation des centres urbains avec la disparition des petits ateliers familiaux, comme à Lyon où chaque famille de tisserands avait, dans la cave souvent, un métier à tisser. Toute la famille y travaillait. L'apparition du métier à tisser Jacquard[1] provoqua la création de manufactures (usines utilisant la force mécanique de la vapeur et du charbon) et donc un abaissement considérable du prix de revient. Cela provoqua la famine dans les familles dont les hommes, les femmes et les enfants n'eurent d'autre choix que d'aller travailler à la « manu ». Le chemin de fer facilita aussi le déplacement. Le service militaire[2] obligatoire permit le contact entre le monde rural et celui des villes. Les familles rurales, avec leurs nombreux enfants, donnèrent moins de prêtres ou de soldats mais plus de main-d'œuvre en usine, de valets et servantes (bretonnes, par exemple). L'attrait du gaz et de l'électricité en ville, de l'eau courante, les progrès de l'hygiène, l'espoir de mieux « s'en sortir » contribuèrent à cet exode, qui fit passer le monde rural de 85 % de la population française en 1850 à 25 % vers 1930.

1 Du nom de son inventeur, M. Jacquard.
2 *Service militaire* : temps de service pour l'armée.

1 Parcourez le texte et dites quelle est sa nature : extrait de roman, d'ouvrage scientifique, historique ou récit personnel de vie ?
2 Lisez attentivement le texte et répondez aux questions.
  a Quelles inventions ont accéléré l'exode rural ?
  b Faites la liste des causes de l'exode rural au XIXᵉ siècle.
  c Quelles professions ont exercées les paysans venus à la ville ?
3 Relevez les verbes. À quels temps sont-ils employés ?
4 Expliquez pourquoi la première phrase est écrite au passé composé.
5 Faites un récit de l'histoire de l'exode rural à votre voisin(e).
  Utilisez le passé composé.

EXPOSÉ

Présentez les grands changements de la ville où vous vivez.

Faites-le en trois parties en suivant cette structure :

Avant…	Puis…	Actuellement…
Auparavant…	Au XVIIIᵉ siècle …	Aujourd'hui…
Autrefois…	En 1889…	De nos jours…
Jadis…	Pendant des années…	Maintenant…

Pour indiquer un changement
Démolir, restaurer, remplacer, modifier… (Voir *Vocabulaire* p. 39.)

ORAL

1 RYTHME ET INTONATION. 🔲

Ville ou campagne ?

1 Écoutez et classez les opinions favorables à la ville, favorables à la campagne, indifférentes.

- **a** Pour la ville : 3, …
- **b** Pour la campagne : …
- **c** Indifférent : …

2 Écoutez une deuxième fois et notez les expressions qui marquent :

- **a** l'adhésion ;
- **b** le refus ;
- **c** le libre choix.

3 Répétez les phrases en respectant l'intonation.

4 Jeux de rôles : faire un choix.

Un couple doit faire un choix entre :

- **a** acheter une maison ou acheter un appartement ;
- **b** adopter un chat ou un chien ;
- **c** aller en vacances à l'hôtel ou faire du camping.

Préparez vos arguments et discutez. Votre partenaire a une opinion différente de la vôtre. Chacun essaie de convaincre l'autre.

– *Moi, je préférerais avoir une maison parce que c'est beaucoup plus convivial et bien plus spacieux. On peut inviter des amis, organiser des fêtes…*
– *Pour moi, une maison, c'est hors de question. Cela demande beaucoup plus de travail qu'un appartement. Même s'il y a un peu moins d'espace…*

2 RADIO REFLETS. 🔲

Une page d'infos sur le logement des jeunes.

Voici le reportage de notre envoyée spéciale à Dijon. Cécile Caron a rencontré Jean et Murielle.

1 Écoutez le document complet.

- **a** Qui sont Jean et Murielle ?
- **b** Pourquoi Cécile Caron les a-t-elle interrogés ?

2 Écoutez la séquence 1. Répondez.

- **a** Murielle et Jean habitent :
  - – en appartement ;
  - – en pavillon de ville ;
  - – en maison individuelle en banlieue.
- **b** Ils gagnent à eux deux :
  - – 770 € ;
  - – 200 € ;
  - – 2 465 €.
- **c** Ils sont actuellement :
  - – chez leurs parents ;
  - – propriétaires ;
  - – locataires.
- **d** Quels sont leurs projets ?

3 Écoutez la séquence 2. Répondez.

- **a** 43 % des Français souhaitent :
  - – s'éloigner du bruit ;
  - – avoir plus de confort ;
  - – payer un loyer moins élevé.
- **b** À quoi 73 % des citadins aspirent-ils ?
- **c** Que veulent les habitants des banlieues ?
- **d** Quel est le rêve des habitants des centres-ville ?

4 Vous êtes chargé(e) par Radio reflets de faire un reportage sur les raisons qui ont guidé un couple à choisir sa résidence actuelle. Faites votre enquête à deux dans votre quartier.

Vous voulez savoir :
– depuis quand ils y habitent ;
– quelles ont été leurs résidences antérieures ;
– les éléments qui ont le plus compté dans le choix de ce lieu ;
– ce qu'ils attendent de leur quartier ;

Rapportez les informations obtenues à votre classe (type de logement, âge du couple, quartier, raisons de son choix, aspirations…).

3 SITUATION VÉCUE. 🔲

Évoquer le souvenir d'un espace aimé.

Écoutez et notez les éléments qui évoquent :
1 la lumière ;
2 les odeurs ;
3 le bruit.

4 JEU DE RÔLES.

Racontez un souvenir d'enfance lié à un lieu dont vous vous souvenez bien.

Commencez par noter tous les éléments concernant la lumière, les odeurs et les bruits que vous avez envie d'évoquer. Donnez votre liste à votre voisin(e) qui devra les rayer au fur et à mesure que vous les évoquerez.

ÉCRIT

Sur l'autre rive débutent les beaux quartiers. Ouest paisible, coupé d'arbres, aux édifices bien peignés et clairs dont les volets de fer laissent passer à leurs fentes supérieures la joie et la chaleur, la sécurité, la richesse. […] Ici sommeillent de grandes ambitions, de hautes pensées, des mélancolies pleines de grâce.

Louis Aragon, *Les Beaux Quartiers*, éd. Denoël, 1936.

1

Paris ne serait pas Paris sans les Champs-Élysées…

L'architecture de ce huitième arrondissement fait assez bon ménage avec le luxe. La rue du Faubourg-Saint-Honoré est entièrement consacrée à ce commerce : boutiques de mode, galeries, antiquaires. Tous les grands couturiers français et étrangers cherchent à s'installer dans ce quartier. On y trouve aussi les plus prestigieux hôtels de Paris, par exemple le Ritz, le Vendôme, le George V, le Claridge… et les meilleurs restaurants : Lasserre, Prunier… Le Tout-Paris de la mode et du spectacle se donne rendez-vous chez Maxim's, chez Régine, au Ritz, au Lido…

Hélas, « les Champs », comme on dit, sont en train de devenir une curiosité, un but de promenade du dimanche. L'imagination en matière de création est ailleurs désormais : aux Halles, autour du carré des Antiquaires, dans le quartier Latin ou vers la Bastille.

2

Saint-Germain-des-Prés

Il a été jusqu'à la Seconde Guerre mondiale un autre beau quartier. Les hôtels particuliers du faubourg Saint-Germain étaient encore habités par toute une aristocratie[1] parisienne qui aimait flirter[2] avec l'intelligentsia du quartier Latin. Aujourd'hui, des mécènes[3] disparus, pour la plupart ruinés, ont dû céder leurs trop coûteuses demeures aux ministères, ambassades, grands commerces.

Des « hauts lieux de l'existentialisme[4] », il ne reste plus que deux cafés, le Flore et les Deux-Magots : mais personne n'écrit plus à leur terrasse. Restent les boutiques de mode et les galeries d'art qui continuent à attirer beaucoup de monde.

1 *Aristocratie* (n.f.) : les grands, le grand monde, l'élite.
2 *Flirter* (v) : se rapprocher de façon amicale, amoureuse le plus souvent.
3 *Mécène* (n.m.) : celui qui aime les arts et protège les artistes.
4 *Existentialisme* (n.m.) : courant philosophique d'après guerre représenté par Jean-Paul Sartre et Simone de Beauvoir.

3

Vous allez, à l'aide d'une matrice, rédiger une page de guide touristique pour faire connaître un aspect de la ville où vous habitez.

1 LISEZ.

De quel type de document ces textes sont-ils extraits ?

- **a** un récit de souvenirs sur Paris ;
- **b** une publicité promotionnelle pour visiter Paris ;
- **c** un guide pour faire connaître Paris.

2 COMMENTEZ.

- **1 a** Retrouvez dans les textes les éléments qui justifient que l'on range les deux arrondissements décrits dans la catégorie des « beaux quartiers » de luxe.
  - **b** Trouvez quatre adjectifs pour résumer l'atmosphère de ces deux quartiers.
  - **c** En quoi la description qu'en fait Louis Aragon en 1936 dans le texte 1 se retrouve-t-elle dans les descriptions récentes des textes 2 et 3 ?
- **2 a** *Les Champs* : qualifiez en une phrase les activités de ce quartier.
  - **b** *Saint-Germain-des-Prés* : résumez les caractéristiques du faubourg Saint-Germain avant et maintenant.
- **3** Quelles ressemblances et différences peut-on trouver entre ces deux quartiers ?
- **4** Ces textes apportent-ils une présentation :
  - **a** neutre, distanciée et objective ;
  - **b** positive mais comportant des réserves ;
  - **c** négative avec des nuances positives. Justifiez votre réponse.

3 PRÉPAREZ VOTRE PRODUCTION.

- **1** Les textes 2 et 3 comprennent chacun deux parties :
  - **a** les centres d'intérêt du quartier ;
  - **b** son évolution récente.
    Retrouvez-les.
- **2** Relevez les expressions qui permettent :
  - **a** de souligner le changement ;
  - **b** d'exprimer un regret.

4 ÉCRIVEZ.

Présentez, pour un petit guide français, un aspect de votre ville que vous estimez valoir la peine d'être connu.

- **1** Regardez le plan de votre ville et réorganisez-le, en petits groupes, selon ses grands centres d'intérêt (les quartiers chics, les zones historiques, les hauts lieux de la musique, les jardins…).

- **2** Chaque groupe se chargera ensuite de présenter un des sites constituant cette visite.
- **3** Rédigez votre propre texte.
  Une première partie présentera :
  - **a** l'intérêt majeur de la visite ;
  - **b** l'impression générale qui se dégage du lieu et les activités qu'il propose ;
  - **c** les quelques noms incontournables (boutiques, restaurants, rues, monuments, personnages célèbres y ayant habité, chanté…).
  Une deuxième partie vous permettra :
  - **d** de nuancer ;
  - **e** d'exprimer votre approbation/désapprobation sur le site ou sur son évolution et/ou de regretter son charme passé.

- **a** Impossible de ne pas connaître…/X ne serait pas X sans…/On ne peut venir à X sans…
- **b** Il est/a été…/La disposition… révèle, s'allie à, montre…/L'architecture… impose, annonce, permet de…/La grandeur/l'étroitesse… rend, donne, produit…/On y trouve/trouvait…
- **c** Tous les… cherchent à/aiment/se donnent rendez-vous…/Il est/était habité/hanté par…/Il a connu…
- **d** S'il est vrai que…/Cependant…
- **e** Hélas/Malheureusement… il n'y a plus…/Les anciens… ont dû…/Heureusement/Par bonheur/Par chance…

---

5 AFFICHEZ VOS TEXTES.

Trouvez des illustrations, faites-les circuler dans la classe, puis comparez vos productions.

6 ÉVALUEZ VOS TEXTES.

Chaque groupe évaluera la production d'un autre groupe en se référant aux critères suivants :

- La présentation formelle est-elle respectée ?
- La progression du texte est-elle logique ?
- Les phrases sont-elles bien construites ?
- Les formes verbales sont-elles correctes ?
- Les structures proposées sont-elles bien utilisées ?
- Le vocabulaire est-il varié et approprié ?
- L'orthographe et la présentation sont-elles respectées ?

dossier **3**

BILAN

1 Mettez les verbes à un temps du passé.

La fête de Douarnenez.
La sardine et Douarnenez, c'est une vieille histoire que le port breton fête en juillet.

Au XIXᵉ siècle, à Douarnenez, 1 000 bateaux de pêche … (approvisionner) trente-quatre conserveries. Nicolas Appert … (venir) de découvrir qu'en mettant les sardines dans l'huile, on les … (conserver) plus long-temps. Cet homme … (travailler) pour Napoléon. Ce dernier … (penser) que s'il … (rendre) son armée autonome sur le plan alimentaire, elle serait supérieure à toutes les autres. Alors, il … (choisir) l'aliment le plus simple et le plus riche en protéines, la sardine, et, dans le plus grand secret, … (demander) à l'industriel français de faire des recherches pour en assurer la conservation.

Quelques années plus tard, le monde civil … (appli-quer) ce procédé. Les pêcheurs … (comprendre) très vite l'intérêt de cette découverte. À Douarnenez, ils … (s'en-traider) pour acheter des bateaux. Ceux qui … (habiter) loin de la mer et qui … (souhaiter) faire du commerce … (investir) dans les usines. Les Douarnenistes … (devenir) indépendants. Malheureusement, le bonheur ne … (durer) qu'un temps. Au début du siècle, les sardines … (disparaître) complètement de leur côte. On … (ne jamais comprendre) pourquoi. Les plus grands scienti-fiques … (se pencher) sur la question, ils … (ne jamais trouver) de réponse.

2 Complétez les minidialogues avec des pronoms personnels.

a – Où sont les glaces ?
– Claire est venue. Je … ai offert une et, après, je … ai remises dans le congélateur.

b – Qui peut me conduire à l'aéroport ?
– Je peux … emmener. Mais je ne connais pas bien le chemin. Il faudra que vous … expliquiez.

c – Qui est-ce qui t'a offert cette bague ?
– C'est ma grand-mère qui … a fait cadeau. Elle … a donnée pour mes seize ans. C'est mon grand-père qui … avait offerte pour leur dixième anniversaire de mariage. J'… tiens beaucoup !

d – J'aurais besoin de votre dossier dans les plus brefs délais.
– D'accord , je … envoie tout de suite. Je … fais parvenir par un coursier qui … remettra dans la matinée.

e – Tu as demandé à tes parents s'ils voulaient venir ?
– Oui, je … ai envoyé un mail. Mais ils ne … ont pas encore répondu. Je pense que Delphine … avait déjà parlé et qu'ils ne sont pas libres.

3 Faites des comparaisons.

D'après vos connaissances sur la famille en France, complétez ce texte avec les éléments de comparaison qui conviennent.

Dans les années 70, … jeunes se sont mis à vivre en couple sans être mariés ; les adultes ont divorcé de … souvent ; les hommes ont été contraints de partager avec les femmes … le travail salarié … l'autorité dans la famille.
La moitié des premières naissances ont lieu aujourd'hui en France hors mariage. Les couples sont … fragiles qu'autrefois. Ces bouleversements trahissent l'importance d'une … grande attention accordée au développement personnel. La famille a … pour objectif de produire des êtres obéissants car elle crée une ambiance où les petits sont … reconnus que les grands. L'individu en tant que personne est respecté.

4 Exprimez votre jugement.

Voici les résultats d'une enquête sur l'autorité parentale. Lisez-la et donnez votre opinion. Variez les formulations : **il me paraît normal/anormal que – je trouve surprenant – inquiétant – dommage – explicable – compréhensible – aberrant que…**

> Aujourd'hui, 58 % des parents interrogés affirment dire à leur enfant ce qu'il doit faire, mais seulement « après en avoir discuté avec lui ». Mieux, pour plus du tiers des parents, la décision ne leur appartient pas et leur autorité se réduit à un simple rôle de conseil. Seulement 5 % des parents interrogés affirment dire à leur enfant ce qu'il doit faire, sans discuter.

5 Testez vos connaissances lexicales et culturelles.

Séparez-vous en trois groupes. Chaque équipe prépare six questions : quatre questions à partir du contenu culturel et deux à partir du contenu lexical d'un des trois dossiers. Chaque groupe pose ses questions aux deux autres groupes qui marquent deux points par bonne réponse.

Équipe 1 : dossier 1
Équipe 2 : dossier 2
Équipe 3 : dossier 3
Exemple pour le contenu lexical : *Donnez deux définitions de la famille, l'une au sens propre, l'autre au sens figuré.*
Exemple pour le contenu culturel : *Donnez trois facteurs qui ont contribué à l'exode rural en France.*

dossier 3

RIRA BIEN **QUI RIRA LE DERNIER...**

SAVOIR-FAIRE

- Rendre compte des spectacles comiques et des types de comique en France.
- Analyser les effets comiques utilisés et les différentes sortes d'humour.
- Reconnaître les niveaux de langue.
- Savoir raconter une histoire drôle, ménager le suspense et préparer la chute de l'histoire.
- Exprimer des opinions personnelles sur les styles, les modes, le ridicule.
- Argumenter sur la validité de l'humour dans différentes circonstances.
- Réorganiser et résumer un texte long.
- Comparer l'humour français à l'humour de son pays.

GABS.

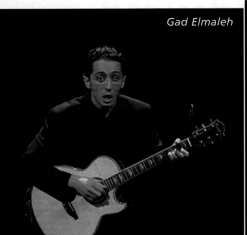
Gad Elmaleh

Raymond Devos

Les Deschiens

1 OBSERVEZ LES PHOTOS
ET FAITES DES HYPOTHÈSES.

1 Que font les personnages ?
2 Qu'est-ce qu'ils ont en commun ?
3 À votre avis, quelle est leur spécialité ?
4 Connaissez-vous l'un d'entre eux ?

2 DÉCOUVREZ LES DOCUMENTS.

DOCUMENT 1 : Gad Elmaleh
Visionnez la séquence 1 avec le son.
1 Quel personnage Gad Elmaleh met-il en scène ? Décrivez-le.
2 Quel objet a-t-il choisi pour faire rire le public ?
3 Avez-vous ri en même temps que le public ? Pourquoi ?

Visionnez de nouveau la séquence 1.
4 Dites si ces affirmations sont vraies ou fausses et justifiez votre réponse.
   a Quand les gens appellent sur un portable, ils disent d'abord *Bonjour*.
   b La question suivante est : *Comment ça va ?*
   c Avant, quand les gens appelaient, ils étaient sûrs de vous trouver à la maison.
   d Avec le portable, les gens qui appellent ont peur que vous ne disiez pas la vérité.
5 Parmi les effets comiques suivants, quels sont ceux utilisés par Gad Elmaleh ?
   Jeu de mots – accent – comique de situation – calembours – répétitions – malentendus.
6 Voici la transcription de la séquence 1.
   a Notez les caractéristiques de la langue familière.

qu'est-ce qu'y a tout le monde il est dans l'portable et j'ai pas le droit la technologie elle a enlevé la politesse la preuve c'est quand les gens i t'appellent sur ton portable i t'disent même pas bonjour i disent allo la question d'après t'es où mais qu'est-ce que tu t'en fous j'suis où laisse-moi tranquille parce qu'avant quand i t'appelaient à la maison i's étaient sûrs que t'étais à la maison tu bougeais pas ça les rassurait maintenant comme tu peux bouger avec le portable i's ont peur que tu les feintes

   b Réécrivez le texte en langue standard : supprimez les contractions, les répétitions, restituez les éléments tronqués et mettez la ponctuation.
   Qu'est-ce qu'il y a ? Tout le monde a un téléphone portable et moi, je n'ai pas le droit d'en avoir un ?...

Visionnez la séquence 2 avec le son.
7 Décrivez le personnage.
   a Genre, nationalité, goûts.
   b Physique et attitudes.
8 À quels moments est-ce que le public rit ?

Visionnez de nouveau la séquence 2.
9 Si vous n'avez pas ri en même temps que le public, lisez ci-dessous la définition du mot *crépi*.
10 D'où provient l'effet le plus comique ?
   a Du surnom du personnage.
   b De la juxtaposition des mots *impressionnisme* et *crépi*.
   c Du jeu de l'acteur.

Crépi (n. m.) : couche de ciment d'aspect irrégulier dont on recouvre un mur de jardin.

Transcriptions en fin d'ouvrage.

dossier 4

RIRA LE DERNIER...

DOCUMENT 2 : Raymond Devos
Visionnez les séquences 3 à 5 sans le son.

1 Retrouvez l'ordre des sketches.
   a Un concert de violoncelle : séquence n° …
   b Conversation : séquence n° …
   c Le revolver : séquence n° …
2 Décrivez le personnage (son costume, ses accessoires, ses interlocuteurs, son physique, ses attitudes) et faites des hypothèses sur les éléments qui provoquent le rire du public.

Visionnez la séquence 3 avec le son.

3 Relevez les deux mots sur lesquels joue Raymond Devos dans ce sketch.
4 Qu'est-ce qui est comique dans le choix de ces deux mots ?

Visionnez de nouveau la séquence 3.

5 Si vous deviez trouver un titre, lequel choisiriez-vous ? Pourquoi ?
   a Plus on est de fous, plus on rit.
   b Qui est le plus fou ?
   c Une histoire de fous.
6 **a** Pourquoi le narrateur a-t-il crié *Au fou !* ?
   b Qui a mis le feu ? Pourquoi ?
   c Qui a éteint le feu ?
   d Qui a été enfermé ? Pourquoi ?
7 Expliquez la réplique finale : *On peut bien crier au feu, je m'en fous !*
8 Relevez deux expressions contenant le mot *fou*.
9 Le niveau de langue de ce sketch est-il familier ? Justifiez votre réponse.

Visionnez la séquence 4 avec le son.

10 À l'aide des mots suivants, décrivez ce que fait l'acteur dans cette scène de la façon la plus précise possible : *archet – corde – yoyo – violoncelle – faire vibrer.*
11 Comment qualifieriez-vous ce sketch ? Drôle ou plat – inventif ou ordinaire – original ou classique ?
12 Sur quelles qualités de l'acteur est-il fondé ?

Visionnez la séquence 5 avec le son.

13 Le premier moment comique vient-il :
   a d'un jeu avec plusieurs mots ?
   b d'un mot à double sens ?
   c d'une erreur d'interprétation du partenaire ?
14 Caractérisez le rôle du partenaire :
   a un interlocuteur de dialogue ;
   b un homme à tout faire ;
   c un clown de service ;
   d un partenaire silencieux.

15 Le deuxième moment comique vient-il :
   a du commentaire ?
   b du mime ?
   c de l'expression du visage ?
   d du rôle du partenaire ?
16 Le dernier moment comique vient-il :
   a d'une « chute » imprévue ?
   b d'un gag prévu mais retardé ?
   c d'une maladresse du tireur ?

3 FAITES LA SYNTHÈSE.

1 Étudiez l'art du comique face à son public. Parmi les éléments suivants, quels sont ceux utilisés par Gad Elmaleh et par Raymond Devos ?
   1 Varier le rythme et l'intonation de la voix.
   2 Mimer des sentiments par le regard.
   3 Mimer des attitudes avec le corps.
   4 Prendre le public à témoin.
   5 Jouer sur des effets de surprise.
   6 Exploiter une situation absurde.
   7 Utiliser des attitudes stéréotypées.
   8 Faire des jeux de mots.
   9 Mettre en scène des quiproquos.

DOCUMENT 3 : Les Deschiens
Visionnez la séquence 6 avec le son.

2 Pourquoi la fin est-elle drôle ?
3 Attribuez son rôle à chacun des personnages.
   1 L'homme au pull bleu.   **a** Attardé mental.
   2 L'homme au pull marron.   **b** Idiot sympathique.
   3 La femme.   **c** Dirigeant.

Visionnez de nouveau la séquence 6.

4 Parmi les sentiments proposés, retrouvez ceux qui sont exprimés par chacun des trois personnages.
   Confusion – soulagement – espoir – irritation – incompréhension – timidité – enthousiasme – exaspération – embarras – hésitation.
5 Parmi les éléments comiques proposés ci-dessus, relevez ceux utilisés par les Deschiens et classez-les du plus employé au moins employé.
   1 *Mimer des attitudes avec le corps.*
   2 …

4 ET VOUS, QU'EN PENSEZ-VOUS ?

De ces extraits de spectacles, lequel avez-vous préféré ? Pourquoi ?
Vous rappellent-ils des comiques de votre pays ? Lesquels ?
Faites-en part à la classe.

INFOS

Rire en France

1 DESSINS D'HUMOUR.

1 Observez les dessins.
  a Quels sont ceux dont l'humour résulte :
    – de l'absurde ?
    – d'une situation stéréotypée ?
  b Qu'est-ce qui provoque la situation absurde ?
  c Quel est le stéréotype ?

2 a Selon vous, en quoi ces dessins illustrent-ils la définition suivante du mot *humour* ?

HUMOUR. – Prise de distance qui essaie de jeter un œil neuf sur les conventions en usage pour dénoncer les dysfonctionnements, mais sans agressivité.

  b Que vous révèlent-ils sur les Français ?
3 Quel dessin trouvez-vous le plus drôle ? Pourquoi ?

2 FAIT DIVERS.

1 Lisez le texte suivant.

---

5 **ENCORE DES BICYCLETTES**

1 Monsieur le préfet de police, au lieu de pourchasser les bookmakers[1] et les petites marchandes de fleurs, ferait beaucoup mieux de songer à réglementer les bicyclettes qui, par ces temps de chaleur, constituent un véritable danger public.

2 Encore, hier matin, une bicyclette s'est échappée de son hangar et a parcouru à toute vitesse la rue Vivienne, bousculant tout et semant la terreur sur son passage.

3 Elle était arrivée au coin du boulevard Montparnasse et de la rue Lepic, quand un brave agent l'abattit d'une balle dans la pédale gauche.

4 L'autopsie a démontré qu'elle était atteinte de rage.

5 Une voiture à bras qu'elle avait mordue a été immédiatement conduite à l'Institut Pasteur.

Alphonse Allais (1854-1905), *Vive la vie !*

1 *Bookmaker* (n. m.) : personne qui prend et inscrit les paris sur les courses de chevaux.

---

2 À quels phrases ou paragraphes du texte correspondent ces reformulations ?
  a Des mesures ont été prises pour éviter la propagation du mal.
  b Un excès de vitesse provoque des désordres graves.

  c La force publique ne fait pas bien son travail.
  d Un policier élimine le danger public.
3 a Qui a commis l'excès de vitesse ?
  b Comment le policier élimine-t-il le danger ?
  c De quelle maladie s'agissait-il ?
  d Qui a été la victime ?

4

dossier

4 Quels sont les traits comiques de ce texte ? Qu'est-ce qui provoque le rire ?

5 Par groupes, rédigez un fait divers grotesque ou ridicule à la manière d'Alphonse Allais que vous présenterez ensuite à la classe.
– Imaginez un fait divers ordinaire.

– Substituez aux acteurs « normaux » des objets ou des personnages insolites.
– Présentez les faits.
– Soignez la chute du récit.
– Trouvez un titre accrocheur.

3 LES FRANÇAIS S'AMUSENT…

1 Lisez les deux textes suivants et répondez aux questions.

6 L'humour goujat

La tendance à la transgression concerne aussi l'humour contemporain.

La plupart des humoristes sont issus de l'« école » Canal +, qui a permis à la chaîne de télévision de se doter d'une identité forte et d'attirer les jeunes.

Inaugurée par Coluche, cette forme de comique consiste à tout dire et à ne rien respecter, à casser systématiquement les codes sociaux sans craindre de se montrer vulgaire. Elle se donne pour mission ou pour alibi de dénoncer les défauts de la société et de se faire le porte-parole de tous ceux qui se sentent oubliés, frustrés ou scandalisés par un système social qui profite aux puissants et laisse de côté les faibles (corruption, inégalités, injustices…).

On peut voir dans cette forme moderne de goujaterie une preuve de la décadence de la société et de la civilisation. On peut aussi y trouver la manifestation d'une avancée dans la démocratie, avec l'émergence d'un nouveau contre-pouvoir. Le refus de la politesse et du savoir-vivre peut être une façon de dénoncer le mensonge et les faux-semblants. C'est en tout cas le rôle que pourraient jouer ces nouveaux « fous du roi[1] ».

D'après Gérard Mermet, *Francoscopie 2001*, Larousse/HER, 2000.

1 Les rois étaient accompagnés de bouffons qui pouvaient se permettre de critiquer leur politique.

7 De Molière aux Guignols de l'info

Outre son pouvoir de libération des angoisses et des peurs, le rire ouvre les portes à la critique. À côté du rire bon enfant, il y a des rires grinçants, des rires dévastateurs. L'insolence a une fonction sociale qui devient « satire » de la société. Satire des mœurs et satire du pouvoir ont trouvé leur porte-parole. Aristophane chez les Grecs, Plaute pour les Romains, Molière au XVIIe siècle, les chansonniers jusqu'aux années 1970 et les Guignols de l'info aujourd'hui jouent du rire pour contester et critiquer les hommes au pouvoir. Des graffitis de Rome aux tags[1], le dessin a montré sa puissance de contestation.

Pour être comprise, la caricature joue sur une complicité avec le public et c'est cela qui forge l'opinion publique. Le caricaturiste ridiculise les ennemis communs de ses lecteurs : ils rient ensemble et exorcisent ainsi les menaces de la vie politique et sociale. La caricature est donc un contre-pouvoir mais, pour plaire, pour être achetée, elle doit être en phase avec ses lecteurs : amuser, certes, critiquer, bien sûr, mais en respectant les limites acceptables par le lectorat du journal.

D'après *Historia*, n° 651, mars 2001.

1 *Tag* (n. m.) : inscription peinte sur les murs dans les rues.

Document 6
a Définissez le mot *goujat* d'après le texte.

b Citez l'humoriste qui a initié ce style et le média qui l'a diffusé.

c Que prétend dénoncer cette forme de dérision ?

d Résumez les deux attitudes que les Français peuvent avoir face à ces moqueries.

Document 7
e D'après ce texte, quelle est la fonction fondamentale du rire ?

f Définissez le mot *satire*.

g Quel média particulier est évoqué ici ?

h À quelles conditions la caricature est-elle un contre-pouvoir ?

2 Comparez les deux textes.

a Quel est leur thème commun ?

b Quelles sont les formes de comique évoquées ? Notez trois points communs entre les deux textes.

c De quelle façon la relation au public est-elle suggérée dans chacun des textes ?

d Présentez des caricatures ou dessins d'humour. Expliquez les formes de comique employées.

dossier 4

GRAMMAIRE

Jouer avec les accords des participes passés

1 *Lisez ces petites histoires ou « brèves de comptoir » et relevez les participes passés.*

> **1** – Garçon, la portion de saumon que vous m'avez servie est moins fraîche que celle de dimanche !
> – Comment monsieur ? Elle provient du même poisson. Je me souviens que votre femme est venue avec vous ce soir-là. Elle a pris du saumon aussi et s'est servie deux fois !
> **2** Figurez-vous que Jacques et Claudette se sont mariés samedi. Et juste après la cérémonie, la jeune femme a dit au maire « À la prochaine fois » puis ils se sont souri avec ironie, puis se sont serré la main avec chaleur et se sont quittés à regret. Ils nous ont fait bien rire, je vous assure.
> **3** Quels efforts il vous a fallu faire pour comprendre ces histoires, combien de cheveux avez-vous perdus, et quelle force de caractère avez-vous montrée !

2 *Classez les participes passés relevés dans le tableau ci-dessous.*

> **1** **Avec** *avoir*
> *La portion de saumon que vous m'avez* **servie**. …
> **2** **Avec** *être*
> …
> **3** **Avec un verbe pronominal**
> *Ils se sont* **serré** *la main.* …

3 *Lorsqu'il y a accord du participe passé :*

– précisez avec quel élément l'accord se fait ;
– expliquez pourquoi.

Exemple : La portion de saumon que vous m'avez **servie**…
➔ *La portion* est reprise par le pronom *que*, COD placé <u>avant</u> le verbe.

Le participe passé
• **Avec** *être*
Il s'accorde avec le sujet : *Ils sont* **venus**. *Elle est* **tombée**.
• **Avec** *avoir*
Il ne s'accorde pas avec le sujet mais avec le complément d'objet direct si celui-ci est placé avant le verbe :
Ces/tes/les lettres ? Elle les a **timbrées** *et* **postées** *hier.*
! On ne peut jamais accorder le participe passé avec le pronom COD *en* :
Des spectacles comiques ? Elle n'en a jamais **vu** !
! Les verbes impersonnels employés avec *avoir* restent invariables :
Quelle température il a **fait** !
• **Avec les verbes pronominaux**
Il s'accorde avec le complément si celui-ci est complément d'objet direct et placé avant le verbe :
Ils **se** *sont* **embrassés** (COD). *Ils* **se** *sont* **parlé** (COI).
– *Elle s'est* **cassé** *la jambe ?* (COI). – *Oui, elle se* **l'est cassée** (COD).
! Il s'accorde avec le sujet :
  – avec les verbes toujours pronominaux : *Elle s'est* **évanouie**.
  – avec les verbes qui changent de sens à la forme pronominale *(apercevoir/s'apercevoir)* :
  Elle s'est **aperçue** *de son erreur.*
Exceptions : *se rendre compte, se plaire à, s'en prendre à, s'y prendre* restent invariables :
Elle s'en est **pris** *à lui. Nous nous sommes* **rendu** *compte de la difficulté.*

---

4 *Mettez le verbe entre parenthèses à la forme qui convient.*

Un fou rire mémorable : « Je donnais une conférence, quand, en plein exercice de persuasion, je vois deux auditeurs qui se sont (effondrer) sous leur chaise devant moi. Patatras! Ils se sont (relever) puis (rasseoir) dignement. Heureusement, ils ne s'étaient pas (faire) mal, ils ne s'étaient rien (casser). Un peu plus tard, même scénario ! Deux cris se sont (élever) en même temps dans la salle. Deux autres chaises s'étaient (casser). Cette fois, c'était deux auditrices. Elles se sont (rendre) compte de leur situation ridicule et se sont (mettre) à rire. Là, c'était trop pour moi... J'avais sûrement dit des choses renversantes ! »

dossier **4**

Jouer avec la place des adjectifs

Pour vivre heureux, rions joyeux !

Le conservateur d'un musée d'Ethnographie est un bel homme discret d'une intelligence certaine qui vit dans la philosophie du rire. Observateur bienveillant, il aime le spectacle quotidien que lui offrent certains contemporains. « C'est prodigieusement amusant ! Il y a tant de situations simples mais cocasses ; moi, j'aime regarder comment les gens s'habillent de jolis vêtements bizarres, comment ils se comportent dans les petits bistrots parisiens environnants. J'ai aussi appris à rire de moi. Cette simple qualité permet de porter un regard indulgent sur les autres. »
Du discret sourire à l'éclat de rire intempestif, ce grand homme utilise tout avec une belle santé.

5 *1 Lisez le texte, relevez les adjectifs et classez-les selon leur place dans la phrase.*

Avant le nom	Après le nom	Avant ou après le nom
…	…	…

2 Quels adjectifs classés dans la troisième colonne changent de sens selon leur place ?
3 Quel est l'adjectif que vous ne pouvez pas classer dans le tableau ? Pourquoi ? Que qualifie-t-il ?

6 *Retrouvez les trois adjectifs qui se placent toujours après le nom et reconstituez le début d'un compte rendu d'un spectacle comique. Utilisez tous les mots. Accordez les adjectifs.*

Merveilleux – quotidien – énorme – français – différent – comique.
Histoire – succès – vie – aspects – spectacle.

> • Adjectif + nom
> Adjectifs pour qualifier : *beau, grand, petit, vieux, bon, mauvais, joli, nouveau, vilain…*
> *Un **mauvais** humoriste.*
> • Nom + adjectif
> Adjectifs pour caractériser : *Un bistrot **parisien**.*
> • Adjectif + nom ou nom + adjectif avec changement de sens : *ancien, certain, pauvre, cher, dernier, seul, simple, différent…*
> *Un **pauvre** homme (qui n'a pas de chance).*
> *Un homme **pauvre** (un homme qui n'est pas riche).*
> • Adjectif + nom ou nom + adjectif sans changement de sens
> Adjectifs pour apprécier : *amusant, formidable, essentiel, merveilleux…*
> *Une histoire **merveilleuse**./Une **merveilleuse** histoire.*

VOCABULAIRE ④

Façons de rire !

1 Les rires élégants. La grille ci-dessous contient tous les mots suivants. Retrouvez-les.
Vous pouvez les lire dans tous les sens (vertical, horizontal, diagonal, à l'endroit, à l'envers).
Ricaner, rire, rictus, ri, ris, hilarité, (s')esclaffer, (se) gausser, (se) moquer, ironiser, éclater (de rire), railler, fou (rire), pouffer (de rire).

V	I	E	T	I	R	A	L	I	H
T	A	R	I	T	O	S	E	M	R
R	R	I	O	N	T	I	P	O	E
E	E	R	A	N	T	R	N	Q	F
L	T	E	M	H	I	F	O	U	F
L	A	N	O	C	R	S	H	E	U
I	L	G	A	U	S	S	E	R	O
A	C	N	E	I	N	O	R	R	P
R	E	F	F	A	L	C	S	E	Z
R	I	C	T	U	S	N	P	Z	U

2 Les rires familiers. Par deux, construisez une grille analogue dans laquelle vous introduirez les mots de la liste suivante.
(se) boyauter, (se) tordre, rigolade, rigoler, (se) marrer, (se) fendre, fou (rire), éclat (de rire).

3 Les gammes du rire.
On peut rire de nombreuses façons. À votre avis, que signalent ces rires ? Associez chaque rire de la colonne gauche à sa définition en colonne droite.

1 Rire du bout des lèvres.
2 Rire triomphant.
3 Ricanement.
4 Rire menaçant.
5 Rire jaune.
6 Rire de politesse.

a Se moquer des autres.
b Se montrer sociable.
c Être embarrassé.
d Manifester sa violence.
e Ne pas partager l'humour des autres.
f Avoir un complexe de supériorité.

UNE PAGE D'HISTOIRE

Les caprices de la mode

Le Persan Rica a quitté Ispahan pour découvrir Paris. Dans ses lettres à ses amis, il fait part de ses expériences en Europe. Montesquieu prend prétexte de la fausse naïveté du Persan pour dénoncer des faits ridicules ou choquants de la « civilisation » occidentale...

France – XVIᵉ siècle : bal à la cour des Valois.

Lettre XCIX (99)

Je trouve les caprices de la mode, chez les Français, étonnants. Ils ont oublié comment ils étaient habillés cet été ; ils ignorent encore comment ils le seront cet hiver. Mais, surtout, on ne saurait croire combien il en coûte à un mari pour mettre sa femme à la mode. (...)

Une femme qui quitte Paris pour aller passer six mois à la campagne en revient aussi antique que si elle s'y était oubliée trente ans. Le fils méconnaît le portrait de sa mère, tant l'habit avec lequel elle est peinte lui paraît étranger. (...)

Quelquefois, les coiffures montent insensiblement, et une révolution les fait descendre tout à coup. Il a été un temps que leur hauteur immense mettait le visage d'une femme au milieu d'elle-même. Dans un autre, c'étaient les pieds qui occupaient cette place : les talons faisaient un piédestal qui les tenaient en l'air. Qui pourrait le croire ? Les architectes ont été souvent obligés de hausser, de baisser et d'élargir leurs portes, selon que les parures des femmes exigeaient d'eux ce changement, et les règles de leur art ont été asservies[1] à ces caprices. On voit quelquefois sur un visage une quantité prodigieuse de mouches[2], et elles disparaissent toutes le lendemain. Autrefois, les femmes avaient de la taille et des dents ; aujourd'hui, il n'en est pas question. Dans cette changeante nation, quoi qu'en disent les mauvais plaisants[3], les filles se trouvent autrement faites que leurs mères.

Montesquieu, *Lettres persanes* (1721).

1 *Asservies* (adj.) : soumises, rendues esclaves. 2 *Mouche* (n. f.) : petite décoration de tissu sombre que les femmes se collaient sur la peau pour rehausser la blancheur de leur teint (ou pour dissimuler une imperfection). 3 *Mauvais plaisants* : ceux qui se moquent avec méchanceté.

1 Lisez le texte.
2 Choisissez la bonne réponse.
   1 Dans les deux premières lignes, Montesquieu veut dire que :
      a les Français n'ont pas de mémoire ;
      b la mode change d'un jour à l'autre.
   2 Dans les deux dernières lignes, il précise que :
      a la race des Européennes se modifie avec le temps ;
      b les modes font changer l'apparence du corps féminin.
3 a Relevez trois exemples de transformations physiques exigées par la mode.
   b Relevez un exemple de transformation d'architecture intérieure.

4 Trouvez dans le texte les phrases correspondant à ces affirmations.
   a Les Français sont frivoles.
   b Les impératifs de la mode altèrent le corps.
   c La mode change tellement vite à Paris qu'on est dépassé si on vit ailleurs.
   d La mode pousse à la consommation.
   e La mode oblige à transformer son environnement.
5 Reformulez trois des critiques de Montesquieu envers la société française.
   Quelles sont celles qui sont toujours actuelles ?
   Les gens suivent la mode sans réfléchir...

ESSAI PERSONNEL

Un philosophe contemporain a dit que la mode ne transforme pas seulement les vêtements et les visages mais aussi les opinions sur le monde et sur la société. Qu'en pensez-vous ?
Développez cette idée en donnant quelques exemples du passé et du présent.
Montrez en quoi, selon vous, cette réflexion est vraie.
Donnez votre opinion personnelle sur le sujet.

Pour présenter votre composition écrite
Cette phrase souligne que... (reformulation du sujet)
Il est vrai que dans le passé... par exemple...
Aujourd'hui, les choses ont bien changé/n'ont pas beaucoup changé... parce que/en effet...
Pour ma part/pour moi/selon moi... cette réflexion est juste/n'est pas exacte/n'a pas de sens...

ORAL

1 RYTHME ET INTONATION.

Histoires drôles…

> Dans les soirées entre amis, on raconte parfois des histoires drôles. Elles peuvent être politiques, sociales, mais jouent plus souvent sur les relations amoureuses ou familiales. Les histoires classiques utilisent beaucoup les rôles stéréotypés (parents/enfants, mari/femme…).

1 Écoutez cette histoire.
2 Quelle est la situation et quels sont les personnages mis en cause ?
3 Qu'est-ce qui fait rire ?

> La première phrase présente la **situation** (les rôles de chacun). La dernière phrase est la **chute** : elle doit faire sourire ou rire l'interlocuteur et être gardée comme une surprise, sinon l'effet est raté. Entre la situation et la chute, on ne donne pas de détails inutiles, juste ce qui permet d'amener la fin.

4 Notez les intonations, puis racontez l'histoire en soignant le rythme et le ton.
5 Racontez à la classe une histoire de ce genre en ménageant bien votre chute.

2 RADIO REFLETS.

Impressionnée par les dernières collections des créateurs de mode, Cécile Caron a interrogé des Français et des Françaises sur leurs réactions face à la mode. Elle leur a montré les deux photos ci-contre et leur a demandé de répondre aux trois questions suivantes.

    a Vous aimez ?
    b *Aux femmes :* Vous le porteriez ?
    Aux hommes : Vous l'offririez à la femme de votre vie ?
    c Selon vous, combien ça coûte ?

1 Écoutez les réponses et classez-les dans le tableau.

	a	b	c
Alexandra		n'a pas le physique pour ça	
Jérôme			
Jean-Pierre			80 euros
Monique			
Jean-Jacques	aime le côté oriental et les couleurs		

2 Et vous, qu'en pensez-vous ? Répondez aux trois questions. Ne regardez les prix (ci-contre) qu'après vous être exprimés.

3 Trouvez deux points communs dans les réponses des Français interrogés. Si vous deviez répondre au questionnaire, vos réponses correspondraient-elles à celles des Français ?
4 Écoutez de nouveau et notez les expressions exprimant :

    a une appréciation positive ;
    b un rejet total ;
    c une hésitation.

3 DÉBAT.

Peut-on rire de tout ?

1 Écoutez ces remarques de comiques français et dites si vous êtes d'accord ou non avec ces opinions.
2 Mettez-vous en petits groupes. Parmi les sujets proposés, choisissez ceux que vous jugez impropres à faire rire. Ajoutez-en d'autres, éventuellement. Si vous considérez qu'on peut rire de tout, préparez vos arguments pour justifier votre position.

    La maladie – la mort – les personnes handicapées – la religion – la vie privée – la vie politique…

3 Mettez en commun vos réponses et débattez-en dans la classe.

4 JEU DE RÔLES.

Vous trouvez que votre (grand-)père/mère n'est pas assez à la page et vous lui apportez un joli cadeau : une tenue à la mode. Si l'attention que vous lui portez lui fait très plaisir, le costume l'enchante moins. Il/Elle détaille les éléments du vêtement et apporte, de façon nuancée, quelques remarques critiques. Vous essayez de le/la convaincre que c'est la mode et qu'il/elle serait très bien s'il/si elle le portait.

Photo n° 2 : petit haut : 1 300 euros – pantalon : 1 500 euros – veste longue : 1 695 euros. Total : 4 495 euros.

Photo n° 1 : chemise : 310 euros – petit haut en cuir : 577 euros – jupe : 1 125 euros. Total : 2 012 euros.

DANS LA PEAU D'UNE VICTIME DE LA MODE

Rien qu'une fois, se glisser dans les fringues[1] les plus créatives du moment, déambuler sur des talons vertigineux et, de la tête aux pieds, jouer la bête de mode. Élizabeth Alexandre l'a fait. Pendant deux jours, elle a vécu dans la peau d'une victime de la mode…

1 Au sous-sol de l'immeuble du journal, il y a de grands studios de prises de vue où, chaque mois, sont photographiées les créatures des pages de mode.

Aujourd'hui, c'est moi qu'on habille et qu'on photographie. Pendant deux jours, je vais être déguisée en « victime de la mode », en fille qui suit la mode à la lettre, qui est prête à se ruiner pour acheter les fringues et les accessoires qu'il « faut avoir » pour se sentir appartenir à une élite définie par les magazines de mode. Pendant deux jours, je vais donc vivre à l'extrême pointe de la tendance[2], dans une peau qui n'est pas la mienne.

2 L'image que me renvoie le miroir est assez traumatisante[3]. Le jean roulé et les ceintures aux hanches me donnent une silhouette peu flatteuse, le petit béret fait ressortir mon nez d'une manière impressionnante. Cramponnée à la maquilleuse, je sors en titubant sur mes échasses[4] avec l'assurance gracieuse d'un éléphant qui fait des pointes[5]. Impossible de marcher, de courir, de prendre le métro sous peine d'embrocher[6] mes talons dans les escaliers mécaniques.

3 L'après-midi, un taxi m'emmène jusqu'à la Nation chez une amie, couturière. Je suis au bord de la dépression. Elle m'examine du béret fluo à la pointe des bottes irisées[7] et secoue la tête. « Ce que je n'aime pas, c'est qu'on voit les marques… Et puis, ma chérie, tu n'as plus l'âge… » Elle me prête un pantalon et un pull, on s'écroule devant la télé. On se branche sur… les collections de haute couture, Ungaro, Gaultier, Saint Laurent. C'est tellement beau, tellement sublime qu'on a envie de se mettre à genoux. Si j'avais 6 500 euros, alors… J'adapterais ces splendeurs à mon 1 mètre 64 et à mes 49 ans. Je mettrais non pas ce que je « dois », mais ce que je « veux » porter. « Mode », oui, « victime », non !

4 Le soir, lorsque j'enlève mes bottes, le changement d'altitude est tellement brutal que j'ai l'impression d'être devenue naine. Quand je me lève le lendemain, je me rends compte que j'ai le dos en compote. J'enfile ma seconde tenue, aussi pointue que la première, en essayant tant bien que mal de l'adapter à mon style. C'est-à-dire en refusant ces incroyables bottes irisées violet, à gros revers de fourrure. Mais ma conscience professionnelle me rappelle à l'ordre. La tendance, c'est la tendance. Va donc pour les bottes, pour le béret rose fluo, les lunettes parme[8], le pantacourt noir et la veste assortie.

5 Je poursuis mon calvaire : direction salle Gaveau où se tiennent les soldes Hermès ; la file de clientes s'allonge et à l'intérieur c'est la folie, on s'arrache les foulards, les serviettes-éponges et les accessoires en cuir. À la sortie, un garde vérifie soigneusement que je ne dissimule aucun objet volé sous mon top orange.

6 J'arrive d'abord devant le Trocadéro où doit se dérouler le défilé printemps-été de la maison Chanel. Les privilégiés agitent leur carton d'invitation sous le regard indifférent des agents de sécurité. Je me sens aussi décontractée qu'une fille à qui la mode commande de montrer ses jambes et qui tire sans arrêt sur sa minijupe. Un photographe se met à me mitrailler[9] : soit il me trouve grotesque, soit il est totalement fasciné par les marques que je porte.

7 Dans la cabine d'essayage du studio, j'enlève le caleçon et le T-shirt qui composent mon ordinaire. La styliste m'a préparé deux tenues dans le style qui fait fureur[10] ce printemps. Pour aujourd'hui, un T-shirt transparent orange, un jean à l'ourlet retourné, des ceintures en cuir et chaînes portées sur la pointe des hanches, un long manteau à carreaux vert clair et beige, qui semble taillé dans une vieille couverture, des bottes à talons de douze centimètres et, avec ça : un foulard, des bagues tellement encombrantes que je n'arrive pas à tenir mes cigarettes, un béret noir et un sac à main en cuir blanc, avec une inscription en lettres de cuir beige rosé, façon tag. J'ai pour 4 600 euros de vêtements sur le dos.

8 Je tourne autour de chez moi dans l'indifférence générale. Je passe chez ma boulangère qui me tend ma baguette. En me rendant ma monnaie, elle remarque enfin que je n'ai pas la même allure que d'habitude : « Mais qu'est-ce qui vous arrive ? » « Ben, je suis à la dernière mode », dis-je d'un ton lugubre comme si je lui annonçais une maladie incurable. « C'est joli, tout ce rose, c'est marrant. Les bottes violettes, très sympa », conclut-elle avec une molle conviction.

Je clopine[11] ensuite chez ma marchande de journaux. Son chien me fait la fête en ratissant[12] consciencieusement le devant du pantacourt à 460 euros. Lorsqu'elle me voit, la marchande éclate d'un fou rire qui ne cesse que lorsque je lui apprends que ma tenue coûte plus de 1 530 euros. Comme elle est tolérante, elle dit que les gens font ce qu'ils veulent avec leur argent.

D'après Élizabeth Alexandre,
Marie-Claire, avril 2001.

AVANT

APRÈS

Vous allez retrouver l'ordre d'un texte long en vous fondant sur des indices textuels variés.
Vous allez le résumer en reformulant ses moments principaux.

1 LISEZ.

1 Lisez le titre et le chapeau et reformulez le thème de cet article.
Il s'agit d'un article sur... dans lequel...

2 Remettez le texte dans l'ordre. Il est découpé en huit parties. Le premier paragraphe est l'introduction. Retrouvez les sept autres parties.

   a Chercher d'abord le dernier paragraphe (la conclusion) en vous appuyant sur le titre et le chapeau. Dans un article de presse, la cohérence textuelle est forte, la conclusion reprend les termes essentiels de la présentation.

   b Retrouvez ensuite l'ordre chronologique de ces deux journées à l'aide des indices :
   – vestimentaires (ce qu'elle porte avant sa transformation, les deux tenues qu'elle porte après : vêtements, accessoires, couleurs...) ;
   – temporels (les indications de déroulement : *d'abord/ensuite... le soir/le matin...*).

2 PRÉPAREZ VOTRE PRODUCTION.

Compréhension du texte.

1 Retrouvez les deux tenues à la mode portées par la journaliste et relevez les termes ironiques qui en montrent le ridicule.

2 Notez les lieux qu'elle visite le premier jour puis le deuxième jour. Qu'est-ce qui les oppose ? Où est-elle remarquée positivement ? Négativement ? Dites pourquoi.
Qualifiez l'atmosphère des lieux de la mode.

3 En suivant les étapes de son expérience, dégagez les différents sentiments par lesquels elle passe jusqu'à la conclusion.

4 Retrouvez les différentes attitudes du public à l'égard des créateurs de mode.

5 En vous attachant à la conclusion, dégagez la morale de l'histoire.

Résumé des différents moments du texte.

6 Rappelez le **thème** général du texte (reportez-vous à votre reformulation du titre et du chapeau).

7 Identifiez le **type** de texte. Classez-le dans une des catégories suivantes :
   a Informatif.   **c** Incitatif.
   b Narratif.   **d** Argumentatif.

8 Déterminez le **ton** du texte (très important pour dégager ensuite l'**intention** de l'auteur).

Sérieux, indifférent/dramatique/humoristique, grave/neutre.
Dans votre résumé, il faudra tenir compte de ces données qui soutiennent le développement.

9 Dégagez et reformulez les idées paragraphe par paragraphe. Soulignez vos reformulations.

Exemple : 1 : Introduction, présentation de la situation : <u>se changer en consommatrice de mode et jouer le jeu pendant deux jours</u>.
2 : ...
8 : Conclusion, l'expérience donne la morale de l'histoire : <u>la mode, c'est bien quand on la choisit soi-même</u>.

3 ÉCRIVEZ

Par deux, mettez en commun votre travail.

1 Reprenez les formulations, confrontez-les avec celles de votre partenaire et choisissez celles qui vous semblent les meilleures.

2 Liez-les ensuite entre elles par des articulateurs du discours. Trouvez les relations logiques qui unissent les parties entre elles, ainsi que les idées dans les paragraphes. Marquez-les par des mots d'articulation (cause/conséquence, temps, but).

3 Reprenez vos formulations et harmonisez-les avec vos articulateurs (structure, emploi des temps...).

Exemple : Introduction : La journaliste s'est transformée en consommatrice <u>de mode dans l'intention de...</u>
Conclusion : <u>Après avoir vécu</u> cette expérience...

4 Rédigez. Respectez le ton du texte, n'oubliez pas que l'intention est ironique à l'égard de la mode ainsi qu'à l'égard de la rédactrice elle-même.

Les productions, après correction éventuelle des erreurs linguistiques, seront soumises à la classe pour sélectionner les plus claires et proches :
– du récit dans son déroulement ;
– des contenus apportés par le texte ;
– de l'intention de la rédactrice.
Votre résumé ne doit pas excéder la moitié du texte d'origine (300 mots au maximum).

---

1 *Fringue* (n. f.) : un vêtement *(argot).* **2** *Tendance* (n. f.) : le courant à la mode. **3** *Traumatisante* (adj.) : choquante. **4** *Échasses* (n. f. pl.) : hauts bâtons sur lesquels on avance. **5** *Faire des pointes* : danser sur l'extrémité des pieds. **6** *Embrocher* (v.) : enfoncer. **7** *Irisé* (adj.) : avec des reflets. **8** *Parme* (adj.) : violet-mauve. **9** *Mitrailler* : photographier sans arrêt, de tous les côtés. **10** *Faire fureur* (v.) : exciter des passions. **11** *Clopiner* (v.) : marcher en boitant. – **12** *Ratisser* (v.) : râcler en grattant.

DELF

Unité A3 – Écrit 2 : Rédaction d'une lettre formelle

d'environ 150 mots à partir d'une situation de la vie quotidienne
(demande d'informations, lettre de motivation, etc.).
Épreuve d'expression écrite s'appuyant sur une brève compréhension écrite.

Durée de l'épreuve : 45 minutes.
Coefficient : 1 (noté sur 20).
Objectif : rédiger une lettre formelle.

PRINCIPAUX SAVOIR-FAIRE REQUIS

• Comprendre les informations contenues dans un document bref (une annonce).
• Maîtriser le rituel et le registre de la lettre formelle.
• Demander des informations en posant des questions précises et pertinentes.
• Produire un texte clair et cohérent.

MÉTHODE ET CONSEILS DE RÉDACTION

– Organisez votre temps : vous disposez de 45 minutes.
– Respectez la longueur demandée.
– Faites un effort d'imagination pour vous mettre dans la peau du demandeur.
– Respectez la consigne : distinguez ce qui est imposé de ce que vous avez la liberté d'ajouter.
– Écrivez une première lettre au brouillon.
– Améliorez-la pour qu'elle soit comprise et efficace.

CONSIGNE

Vous avez lu l'annonce ci-contre et vous souhaitez avoir davantage d'informations sur ce festival auquel vous aimeriez participer.
Vous écrivez une lettre dans laquelle :
– vous demandez des précisions sur le lieu, la date et le programme ;
– vous formulez une question sur les possibilités d'hébergement sur place ;
– vous concluez en vous informant sur les modalités d'inscription et de réservation et en formulant votre besoin d'une réponse rapide.
Vous présentez la lettre dans son intégralité (nom et adresse de l'auteur, du destinataire, lieu et date, formule d'ouverture, formule de clôture, signature).
Vous choisissez et respectez tout au long de la lettre un ton et un registre de langue adaptés au destinataire et à la situation.
Votre lettre devra comporter environ 160 mots.
Chaque point demandé sera évalué. Vérifiez que vous avez bien suivi toute la consigne.
Corrigez la syntaxe (formes verbales, construction de vos phrases…) et contrôlez l'orthographe, la ponctuation et le nombre de mots.

FESTIVAL DU RIRE DE ROCHEFORT

Le centre culturel des Roches, le cabaret Bourse aux Artistes, le chapiteau Ardennes Joyeuses et les rues de Rochefort...
Quatre lieux où vous pourrez participer à ce qui s'annonce déjà comme étant l'événement culturel le plus délirant et humoristique du troisième millénaire !
Pas moins de 120 artistes venus des quatre coins du monde et sélectionnés pour vous par les organisateurs vous feront passer des moments inoubliables pendant les trois semaines que durera cette 21e édition.
Le festival international du rire de Rochefort se réaffirmera cette année encore comme étant le tremplin culturel incontournable des jeunes humoristes. La (re)création du cabaret Bourse aux Artistes leur permettra de vous présenter leurs spectacles dans un décor du plus pur style café-théâtre, et ce, sous les regards avisés des professionnels belges et étrangers et de la presse.
Pendant toute la durée du festival, plus de 130 bénévoles se dépenseront sans compter pour vous offrir un séjour de rêves et d'émotions dans notre capitale du rire. L'organisation d'une telle manifestation serait impossible sans cette débauche d'énergie et de bonne humeur !
La thérapie par le rire... Existe-t-il plus doux remède à nos soucis quotidiens ? !

Bonne visite sur notre site et bienvenue au festival !

dossier 4

LES INNOVATIONS **DE DEMAIN**

SAVOIR-FAIRE

- Parler du futur : objets et espaces de vie.
- Présenter les avantages et les inconvénients du développement technologique.
- Rendre compte des progrès techniques dans l'histoire, en France et dans son pays.
- Articuler son discours en structurant des phrases complexes (propositions relatives).
- Décrire un objet et débattre sur son utilité pour le futur.
- Exprimer une opinion, un jugement sur l'avenir, ses craintes et ses espoirs.
- Débattre et argumenter sur les progrès scientifiques.
- Comprendre et rédiger un texte descriptif.
- Comparer des avancées technologiques en France et dans son pays.

JE SUIS VIDE ! JE SUIS VIDE ! JE SUIS VIDE !

ÇA VA ! J'AI COMPRIS !

GABS.

LES INNOVATIONS

DÉCOUVERTE

⑤

1

2

Je vous écoute

3

![image]
4

| 1 OBSERVEZ LES PHOTOS

ET FAITES DES HYPOTHÈSES.

1 De quels objets du futur va-t-on parler ?
2 D'après vous, quelles innovations va-t-on
apporter à ces objets ?
Mettez-vous par groupes de quatre et imaginez
deux innovations par objet présenté.

| 2 DÉCOUVREZ LE DOCUMENT. 🖵

Visionnez le document complet sans le son.
1 Repérez les différentes séquences et donnez-
leur un titre.
2 D'après les images, dites quelles nouveautés
sont en préparation pour notre future vie
quotidienne.

Visionnez la séquence 1.
Sans le son.
3 Identifiez l'objet qui vous est présenté.
4 Relevez les différentes innovations dont il est
doté.
5 Dites à quoi elles peuvent servir.

Avec le son.
6 Confirmez vos hypothèses, complétez si
nécessaire les différentes fonctions de cet objet
du futur.
7 Relevez le vocabulaire technique qui le concerne.

Visionnez la séquence 2 avec le son.
8 Dites quelle entreprise commercialise la machine.
9 Que peut faire cette machine ?
10 En quoi est-elle innovante ? Relevez
l'expression technique qui la définit.
11 Notez les deux difficultés auxquelles sont
confrontés les chercheurs.
12 La fin de la séquence présente la faiblesse de
ces technologies. Transcrivez-la.
Hélas, il arrive que la machine déraille...

Transcriptions en fin d'ouvrage.

dossier **5**

☞

DE DEMAIN

Visionnez la séquence 3.
Sans le son.

13 Interprétez les informations de la séquence.

a Premières images : selon vous, qu'indique le rectangle vert qui encadre les visages dans la foule ?

b Quel procédé d'identification semble dominer dans les images suivantes ?

Avec le son.

14 Confirmez vos impressions.

15 Citez tous les procédés d'identification énumérés en résumant leur point commun.

16 Retrouvez l'expression scientifique qui qualifie ces procédés.

17 Selon vous, ces procédés permettront plutôt :
a de faciliter la vie des utilisateurs ?
b de gagner du temps ?
c de renforcer la sécurité ?
Justifiez votre opinion.

Big Brother est la désignation du pouvoir totalitaire qui surveille les hommes dans le roman *1984* de George Orwell. Que signifie cette allusion ? À quels risques serons-nous exposés ? Dites ce que vous en pensez.

▎3 FAITES LA SYNTHÈSE.

1 Les trois séquences présentent des points technologiques communs. Citez-en deux.

2 Quels inconvénients pourrait rencontrer l'utilisateur de ces différentes innovations de la technologie ?
a Avec son réfrigérateur, dans chacune de ses fonctions.
b Devant la machine à reconnaissance vocale.
c Dans sa voiture qui démarre à l'empreinte digitale.

▎4 ET VOUS, QU'EN PENSEZ-VOUS ?

A *Échangez.*
Discutez en petits groupes pour classer les objets du futur que vous venez de découvrir :
a du plus utile au moins utile ;
b du plus intéressant au moins intéressant (selon vous) ;
c du plus créatif au moins créatif.

B *Créez.*

1 Lisez le sommaire ci-contre de la revue *Capital* sur la vie du xxie siècle. Dites à quelles rubriques appartiennent les descriptifs suivants.

> *Exemple :* La voiture de demain sera sûre, propre et intelligente. → **Automobile.**

a Des WC au séjour, l'ordinateur règne sans partage.

b On vivra plus vieux et en meilleure forme qu'aujourd'hui. Et le mal de dents n'existera plus !

c Sécurité, santé et facilité d'utilisation seront les mots d'ordre du consommateur, et donc des industriels.

d Les nouveaux tissus vont révolutionner la mode.

e Fini, les sports ennuyeux aux règles et aux techniques dures à assimiler ! Place à l'imagination et au fun.

f Le super Airbus aura 800 places et l'aile volante de 2050 plus de 1 000.

2 Formez six groupes et choisissez une rubrique par groupe. Développez le contenu de votre rubrique en imaginant les innovations.
Habillement : les nouveaux tissus vont révolutionner la mode. Ils seront adaptés à toutes les saisons : été comme hiver, on portera les mêmes vêtements. Pleins de petites puces électroniques, ils permettront d'être branché multimédia et de travailler les mains dans les poches !

3 Chaque groupe présente ensuite les qualités de son produit.
Après avoir pris des notes, la classe fera des critiques en soulignant les inconvénients que peut présenter le produit et en formulant des hypothèses plausibles sur le futur.

DES HYPOTHÈSES PROBABLES

Si + présent… *on/tu/nous* + futur :
*Si les tissus **permettent** de travailler partout,*
***on pourra** vous demander de travailler la nuit,*
avec des puces intégrées à votre pyjama !
*Si les avions **transportent**…*
*Si on **va** sur Mars…*

5
dossier

Voyages dans le futur

1 LE FUTUR QU'ON AVAIT IMAGINÉ.

❶ Écoutez les futurologues, ne les croyez pas !

Avec le recul, comment les prévisions d'il y a trente ans supportent-elles l'épreuve de la réalité ? À l'époque, le futurologue américain Herman Kahn était persuadé qu'en 1999 la pharmacopée[1] nous permettrait de contrôler nos rêves et de maîtriser nos états d'âme. Il pensait que l'éclairage nocturne serait assuré par des lunes artificielles et qu'il était inévitable que les États-Unis et l'URSS s'entre-détruisent avec l'arme nucléaire.

Aujourd'hui, bien des prédictions de 1969 nous semblent d'une naïveté qui frise le ridicule[2]. Beaucoup anticipaient sur les progrès des technologies censées[3] travailler à notre place – tels les robots domestiques – et sur les systèmes de transports futuristes, les embouteillages et la pollution atmosphérique. Il y a trente ans, beaucoup étaient persuadés que l'humanité abordait une ère nouvelle et fabuleuse d'exploration spatiale. On pensait alors volontiers à l'établissement d'une colonie permanente sur la Lune. Au lieu de quoi, les vols habités vers la Lune ont connu un coup d'arrêt après 1972. L'exploration est aujourd'hui l'affaire de sondes robotisées.

On ne pensait pratiquement pas à la miniaturisation ou aux logiciels informatiques. Pourtant, la puce électronique a tout changé. Grâce à la vitesse et à la capacité des ordinateurs actuels, les chercheurs disposent d'une puissance et d'une précision de calcul encore inconcevables il y a trente ans. Sans oublier, bien entendu, Internet, sur lequel circule en permanence et en toute liberté un flux de résultats de travaux scientifiques.

Dans les airs, des appareils de pointe, comme l'avion-fusée, devaient relier Londres et Sydney en quatre-vingt-dix minutes. Trente ans plus tard, la plupart des voyageurs semblent se satisfaire d'une vitesse de croisière d'environ 850 km/h, selon les vents.

On s'attendait à ce que les premiers lasers deviennent des armes. Mais on ne se doutait pas qu'ils seraient utilisés en chirurgie oculaire et qu'avec l'avènement du disque compact ils constitueraient la clé de voûte[4] des systèmes audio et informatiques.

Il y a fort à parier que les technologies qui seront à l'honneur en 2029 sembleront tout aussi inattendues pour la plupart des adultes d'aujourd'hui.

D'après Graeme Leech, *The Australian*, dans *Courrier International,* 28 oct.-3 nov. 1999.

1 *Pharmacopée* (n.f.) : l'ensemble des médicaments.
2 *Friser le ridicule* : être au bord, à la limite du ridicule.
3 *Censées* (adj.) : supposées.
4 *Clé de voûte* : élément essentiel.

Réorganisez les informations de l'article et présentez-les à la classe.

1 Regroupez le contenu de l'article selon les deux axes en relevant les phrases ou les mots importants.

Ce à quoi on s'attendait en 1969 et qui n'est pas arrivé	Ce qui n'était pas prévu et qui est arrivé en 1999
a Les médicaments devaient nous permettre de contrôler nos rêves.	1 La miniaturisation. … …

2 Répartissez-vous en deux groupes.
  a Le premier groupe présentera ce à quoi on s'attendait et qui n'est pas arrivé.
  b Le deuxième groupe présentera ce qui n'était pas prévu et qui est arrivé.
  Aidez-vous des formes employées dans le texte. Ajoutez d'autres exemples.

> À l'époque/En 1969…
> Les futurologues étaient persuadés que…/ pensaient que…/ne se doutaient pas que…
> Aujourd'hui/Trente ans plus tard…
> Au lieu de quoi…/Pourtant…/Mais…/
> En réalité…

dossier 5

②COULEURS DU TEMPS.

❷Orange, couleur d'époque. Sous les ponts, le train est d'abord passé sur la ligne du Sud-Est qui rapprochait deux villes Lyon et Paris à deux heures. Très fin des années 70. Et puis, les temps ont changé. La vitesse aussi, qui a augmenté, stabilisée à 300 km/h en exploitation commerciale. La teinte a changé aussi. Le bleu métallique va désormais mieux au profil du train à roues le plus rapide du monde. Le rouge habille une version dite « Thalys » qui irrigue la Belgique et l'Allemagne. Pratiquement vingt ans après sa mise sur rails, le TGV a même pris de la hauteur : un étage. Mais le « duplex » est beau et bleu, va joliment vite et transporte mille passagers d'un coup.

Libération, hors-série, 18-19 décembre 1999, Rémi Fière.

1 Formez trois groupes et relevez dans les documents 2 et 3 les informations sur :
– Groupe 1 : Les premiers TGV :
Autrefois, ils étaient de couleur…
– Groupe 2 : Les TGV d'aujourd'hui :
Aujourd'hui, ils ont changé de…
– Groupe 3 : Le TGV de demain :
Demain, il sera…
Rapportez-les à la classe en vous aidant de l'encadré ci-dessous.

Pour vous préparer à la description
- Donner :
  – une précision : *En ce qui concerne/Quant à/À propos de…*
  – la couleur, la teinte, la taille, la dimension, la hauteur, la capacité, la vitesse…
- Décrire une évolution : *La tendance/L'orientation/La direction/Le courant actuel est devenu(e)/a été amené(e) à/a enfin adopté/a choisi…*
- Souligner une contradiction : *Le problème, le paradoxe, la contradiction…*

---

2 Faites la synthèse des trois documents que vous avez lus et vérifiez vos connaissances. Dites si, selon les articles, les propositions suivantes sont vraies ou fausses. Justifiez vos réponses.
  a Nous allons vers plus de rapidité dans les moyens de transport.
  b Les médias d'information se multiplient et s'accélèrent.
  c On vise à transporter moins de voyageurs avec un meilleur confort.
  d La conquête spatiale ne cherche plus la colonisation d'autres planètes.
  e La médecine profite de recherches destinées à l'armement.
  f Une révolution technologique dans un pays entraîne des mutations dans les pays proches.
  g L'esthétique et la propreté écologique ne sont plus des priorités.
  h Les robots sont sur le point de nous remplacer dans le quotidien.

❸ ## Des progrès à petite vitesse
L'amélioration du réseau européen prime sur une révolution technologique.

■ *Peut-on imaginer le TGV d'après-demain qui relierait par exemple Paris à Lyon en une heure ?*
Pierre Delfosse, ingénieur : Je vais avoir du mal à vous faire rêver. Se demander quel sera le TGV demain n'est pas la question centrale. Il est toujours un peu hasardeux de vouloir se projeter dans l'avenir, qu'il s'agisse de 2020, 2030 ou 2050. Il vaut mieux d'abord mettre en perspective le passé récent, rappeler que la SNCF a été la première au monde à mettre en service une relation commerciale à des vitesses supérieures à 200 km/h.

Puis à la fin des années 80, cela a été la maîtrise du 300 km/h, les essais à très grande vitesse et le record du monde de 515,3 km/h en mai 1990. Aujourd'hui, nous avons autre chose à faire que de battre des records. Travailler sur des moteurs plus puissants n'est donc pas notre objectif principal. Parce que le gain de temps est inversement proportionnel à l'accroissement de la vitesse. Sur la future ligne Est, entre Paris et Strasbourg, on s'est aperçu qu'augmenter la vitesse moyenne de 320 à 350 ne faisait gagner que cinq minutes. Pour un coût démesuré. Si on veut encore diminuer de moitié le temps de parcours, il faudrait peut-être rouler à 800 km/h.

■ *Comment, dès lors, faire évoluer le concept TGV ?*
La vraie question, c'est quel système de transport demain pour satisfaire notre clientèle ? Alors, on réfléchit notamment sur le matériel. Comment améliorer le confort, réduire les nuisances sonores. On peut imaginer des architectures de rames qui évoluent, une meilleure maîtrise aérodynamique, l'aménagement d'un système de signalisation unifié. Mais c'est surtout dans le domaine de l'interopérabilité que nous travaillons. Au moment de son lancement, le TGV n'avait pas que des amis mais il est pourtant devenu l'acteur principal de la mutation du système ferroviaire français et européen. Ainsi, pour leurs projets à grande vitesse, les Espagnols ont enfin adopté l'écartement européen ; des pays qui construisent de nouvelles lignes, comme l'Italie, ont choisi la norme du TGV. En Italie, les « Pendolini » sont destinés à rouler à 300 km/h, l'AVE espagnol ou l'ICE allemand seront un jour ou l'autre amenés à débarquer leurs passagers chez nous. C'est cette interopérabilité que nous recherchons.

■ *Ce qui signifierait que l'avenir du TGV passe par la création d'un vaste réseau européen ?*
Oui, la plaque tournante aujourd'hui de la grande vitesse, c'est le réseau qui offre déjà plus de 1 200 kilomètres de lignes en Europe.

D'après *Libération*, « Les objets du siècle », 18-19 décembre 1999, Rémi Fière.

dossier 5

Décrire et caractériser : la reprise du nom par les relatives

1 *Lisez le texte. Pour caractériser les noms, de nombreuses constructions relatives sont utilisées. Relevez les mots caractérisés et dites quelle information apporte la proposition.*

LE LAVE-LINGE À MICRO-ONDES

Dans les laboratoires de l'électroménager, on cherche à inventer la machine qui ne demande ni eau ni lessive. La recherche à laquelle les ingénieurs consacrent la majorité de leur temps est l'économie d'eau. Ils planchent[1] donc sur le moyen de « nettoyer » l'eau de rinçage qu'on pourrait réutiliser plusieurs fois. Ils ont pensé aussi à des ondes dont la longueur pourrait être réglée, et qui pulvériseraient[2] la saleté sans abîmer le tissu. Le lave-linge reconnaîtrait lui-même la fibre du tissu grâce à un faisceau lumineux dont les rayons se réfléchiraient différemment selon la qualité. Mais, à l'autre bout de la chaîne, chez les fabricants de textile, on planche sur le tissu insalissable, qu'on recouvrirait de matière genre Téflon, sur laquelle la crasse n'adhérerait pas. Qui va l'emporter ?

1 *Plancher* (v. fam.) : travailler sur.
2 *Pulvériser* (v.) : vaporiser.

Mots	Relatifs simples	Relatifs composés	Information
machine	qui		sur le fonctionnement de la machine
...	...	...	...

1 Les pronoms relatifs simples
• Ils sont invariables. Leur forme dépend de leur fonction dans la phrase.
qui sujet du verbe
que complément d'objet direct et attribut
dont toujours en rapport avec la préposition *de*
– complément de nom : *Les ondes **dont** la longueur (la longueur de) pourrait être réglée...*
– complément d'un verbe : *C'est un appareil **dont** je me sers souvent.* (Je me sers de...)
– complément d'un adjectif : *C'est un appareil **dont** je suis content.* (Je suis content de...)
où complément de lieu ou de temps

• **Pronom démonstratif + pronom relatif**
Ce/celui/celle qui/que/dont
*Cet appareil est exactement **celui qu**'il me fallait, **celui dont** je rêvais.*
Ce remplace *quelque chose* ou toute une phrase :
***Ce qu**'il me faut, c'est de l'argent.*

2 *Repérez les pronoms de reprise ou les possessifs et reformulez en utilisant **qui, que, où, dont.***

> **Exemple :** Cet objet culinaire. Je ne m'en sers jamais. Mais mon amie adore l'utiliser.
> ➜ **C'est un objet dont je ne me sers jamais mais que mon amie adore utiliser.**

1 Cette statue. Je l'ai rapportée d'Afrique. Elle me porte bonheur.
2 Marc est un ami. J'ai un très bon souvenir de lui. Il te donnera des adresses utiles.
3 Je suis allé en vacances dans un endroit. Mon père y a habité pendant quelques années. Je voulais le connaître.
4 Il s'agit d'une langue très difficile. Sa prononciation est complexe. Elle est en voie de disparition, malheureusement !

3 *Complétez les dialogues avec **ce/celui/celle qui/que, dont...***

1 – Qu'est-ce que tu veux comme cadeau pour Noël ?
– Je ne sais pas encore ... me ferait plaisir ni ... tu pourrais m'offrir. Fais ... tu as l'habitude de faire ! Une surprise, c'est ... il y a de mieux !
2 Tu sais, parmi les inventions de ce siècle, l'ordinateur est ... est la plus révolutionnaire ; parmi les nouveaux objets, le portable est ... on utilise le plus. Et toi, quels sont ... tu apprécies le plus et ... tu ne pourrais plus te passer ?

2 Les pronoms relatifs composés
• Ils sont utilisés après une préposition
+ *lequel/lesquels/laquelle/lesquelles* :
*L'ordinateur **avec lequel** je travaille est très performant.*

• Après la préposition à, le pronom relatif se transforme en *auquel/à laquelle/auxquel(le)s*.

! Quand l'antécédent est un être animé, on peut aussi utiliser le relatif *qui* :
*La personne **à laquelle/à qui** j'ai donné ta lettre est quelqu'un de très fiable.*

• Après la préposition de *(au cours/au sujet/ à côté/autour/en dehors/à l'issue/à l'occasion/ au nom/auprès de...)*, le relatif se transforme en *duquel/de laquelle/desquel(le)s/de qui*.

5 dossier

GRAMMAIRE ⑤

4 *1 Complétez avec un pronom relatif simple ou composé et trouvez le mot défini.*

C'est une invention américaine … date des années 40, … on peut mettre toutes sortes de choses, et … on fait les courses au supermarché.

2 Mettez-vous par groupes de deux ou trois. Choisissez trois objets marquants du xxe siècle. Rédigez une définition pour chacun d'eux en vous inspirant de l'exercice précédent.

Anticiper et faire des hypothèses sur le futur

1 Le futur proche *aller* + infinitif et la construction *être sur le point de* + infinitif marquent une réalisation **probable** : *Un vaccin **va être** commercialisé.*

2 Le futur simple :
– formule un programme, des prévisions : *Toutes ces évolutions **se feront** en douceur.*
– exprime un ordre, une consigne, une directive : *Vous me **rendrez** le livre demain.*

3 Le futur antérieur marque :
– l'antériorité d'un événement futur sur un autre événement futur : *Quand/Lorsque/Dès que/Une fois que/Le jour où on **aura développé** l'intelligence des robots, il faudra s'en méfier.*
– une action accomplie dans le futur : *Dans vingt ans, on **aura installé** une base sur la Lune.*

4 Le conditionnel est utilisé :
– pour faire une hypothèse sur l'avenir **possible** : *Si on pouvait trouver un vaccin contre le sida, de nombreuses vies humaines **seraient sauvées**.*
– pour faire des **projets** hypothétiques : *Le lave-linge de demain **reconnaîtrait** lui-même la qualité du tissu.*
– pour exprimer le **futur dans le passé** : *Personne ne se doutait alors qu'on **pourrait** effectuer ces recherches.*

5 *Selon vous, qu'est-ce qui est sur le point de disparaître aujourd'hui et qu'est-ce qui aura complètement disparu dans un avenir proche dans les domaines suivants : médecine, écologie, transport, alimentation, langues ? Pourquoi ?*

6 *Dans chacun des domaines suivants : informatique, génétique, culture transgénique, recherche spatiale, faites deux hypothèses, une sur ce qui pourrait arriver d'inquiétant et une sur ce qui pourrait arriver de positif.*

VOCABULAIRE ⑤

L'informatique et Internet

1 L'ordinateur. Retrouvez dans la liste suivante le nom de chacun des éléments qui forment l'ensemble informatique p. 59.

- **a** Unité centrale/disque dur.
- **b** Clavier.
- **c** Écran.
- **d** Haut-parleur.
- **e** Souris.
- **f** Tapis.
- **g** CD.
- **h** Graveur de CD.
- **i** Imprimante.

Mettre en route	Pirater
Se brancher/Se connecter au réseau	Couper
Cliquer	Copier
Sauvegarder/mettre en mémoire	Coller
Effacer/supprimer	Imprimer
Ouvrir/fermer un fichier	Surfer
Formater	Télécharger
Saisir	Taper
Insérer/déplacer un document	Scanner

2 Les opérations. Complétez la conversation de Martin et Éric avec des verbes de l'encadré ci-contre.

MARTIN : Comment tu fais tes recherches ?

ÉRIC : Je n'ai pas d'ordinateur à la maison. Alors je vais dans un cybercafé. Je peux … au réseau de vingt minutes à cinq heures pour dix francs. J'ai la possibilité aussi de … une disquette. Pour le reste, rien ne change. Quand tu as ouvert ton …, avec la souris, tu peux … tes documents comme tu veux. Je … sur Internet, je … sur les sites qui m'intéressent et je … tous les documents que je veux garder. Je n'ai même pas besoin de les … ! Pour être sûr de ne pas les …, je les … sur papier.

MARTIN : Tu n'as jamais eu de problème ?

ÉRIC : Bien sûr que si ! Hier, il y a eu une panne, je n'avais pas … . Tout a été … et j'ai dû recommencer. Deux heures de boulot !

MARTIN : Et tu peux … les photos aussi ?

ÉRIC : Il suffit de … l'appareil. Rien de plus simple. Si tu veux, viens avec moi demain. Il faut que je … la deuxième partie de mon travail. Je te montrerai !

UNE PAGE D'HISTOIRE

Les innovations d'hier

Après avoir regardé les photos, associez chacune d'elles à une invention, à un inventeur, à une date d'invention et à un domaine de découverte.

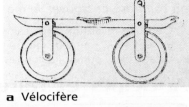
a Vélocifère

Photo	Invention	Inventeur	Date	Domaine
c	5	Pasteur	1884	santé (vaccin)
…	…	…	…	…

1 Les premières, confectionnées par Jean Bureau, grand maître de l'artillerie de Charles VII, seront utilisées au siège de Bordeaux contre les Anglais en 1452.

2 L'écrivain Pierre Augustin Caron de Beaumarchais (1732-1799) inventera la première montre se remontant sans clef.

3 Après avoir longtemps cherché à reproduire des images, le Français Nicéphore Nièpce réalisera la première photo en chambre noire en mai 1816.

4 Les frères Lumière, qui se sont orientés dès 1894 vers la photographie animée, décideront de l'appliquer à la projection sur écran. La première séance a eu lieu le 22 mars 1895.

5 C'est Pasteur, l'inventeur de la microbiologie, qui découvrira le vaccin contre la rage et effectuera la première vaccination humaine en 1884.

6 Le premier, dit « optique », a été conçu par Guillaume Amontons (1663-1705), physicien français atteint de surdité. Son appareil se fonde sur l'observation à la longue vue de signaux sur des bras articulés.

7 Son histoire commence avec l'invention du célérifère par le comte de Sivrac vers 1790. Il s'agit d'un simple cadre en bois monté sur deux roues.

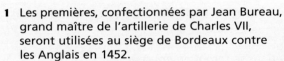
b Chambre noire

d Télégraphe optique

e Projecteur

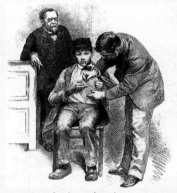
c Inoculation du virus de la rage

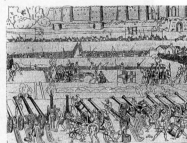
f Bombe

g Montre

dossier **5**

EXPOSÉ

Choisissez l'un des thèmes proposés.
1 Les inventeurs célèbres de votre pays.
2 Les grandes inventions qui ont marqué des changements notables dans votre pays.

Pour faire un exposé

1 Avant votre présentation, vous relèverez dans le document tous les verbes permettant d'évoquer de façon variée l'invention *(avoir l'idée, concevoir…)* pour les réemployer.

2 Vous travaillerez, comme peut le faire l'historien qui situe son discours avant le temps des différentes découvertes, en employant le futur (futur simple, futur antérieur) et le présent.

Le… siècle sera marqué par différentes innovations dont…
Parmi les grandes inventions de notre pays, on peut citer…
Les découvertes de… et de… transformeront l'agriculture/l'industrie/les transports…
… effectueront des recherches indispensables pour…
C'est en… que… aura l'idée de…
Après que… aura trouvé…, le… sera conçu en… par…

ORAL

1 RYTHME ET INTONATION.

Séquence 1

1 Écoutez les informations et remplissez la grille.

De quoi parle-t-on ?	De quoi sera-t-il capable ?
1 *D'un réfrigérateur.*	*Il commandera . . .*

Séquence 2

2 Écoutez et lisez en même temps les réactions à ces innovations. Classez-les dans le tableau ci-dessous.

  a J'en reste baba, non vraiment, les bras m'en tombent… Toi qui ne répares jamais rien !

  b Moi, je trouve que c'est des trucs qui ne servent absolument à rien…

  c Ça, je trouve que c'est formidable ! Je n'aurai plus besoin de sortir le matin.

  d Mais qu'est-ce que c'est que ça ? C'est inimaginable quand même ! On est tout le temps surveillé alors ?

  e Je n'en crois pas mes oreilles, moi qui ne sais jamais quoi faire à manger !

  f Pffut ! Encore du bluff… dix ans, tu parles !

  g Ah, mais c'est dégoûtant, pourquoi on nous raconte ça ?

  h Génial, mais vraiment hyper-génial, non ? Pourvu qu'il y ait encore des épiciers…

Surprise	Admiration	Dégoût	Mépris
a			

3 Réécoutez la séquence 1 et réagissez à chaque information. Utilisez une des réactions ci-dessus.

Exemple : **1** Dès que les stocks diminueront, votre
réfrigérateur commandera du ravitaillement…
→ **Trois réactions possibles : b, c ou h.**

2 RADIO REFLETS.

Écoutez une première fois.

1 Parmi les propositions suivantes, retrouvez la question que Cécile Caron a posée.
  a Selon vous, que va-t-il se produire à l'avenir ?
  b À votre avis, l'avenir sera-t-il amélioré par les avancées technologiques ?
  c Pour vous, quels progrès technologiques nous feront progresser dans l'avenir ?

2 Classez les interventions selon leur optimisme.

	a Optimiste	**b** Optimiste avec des réserves	**c** Pessimiste
1			*x*

Écoutez une deuxième fois.

3 Notez le thème des propositions faites par les intervenants.

3 SITUATION VÉCUE :
LE CONCOURS LÉPINE[1].

Écoutez l'un des candidats au concours Lépine présenter son invention et répondez individuellement aux questions suivantes.

1 De quel objet s'agit-il ?
2 De quoi est-il composé ?
3 En quoi est-il ?
4 Quelles sont ses qualités ?

1 Nom de l'initiateur de l'exposition annuelle organisée par l'Association des inventeurs et fabricants français.

4 JEUX DE RÔLES.

1 Par groupes de deux ou trois, imaginez et dessinez un objet révolutionnaire.
Rédigez une fiche de présentation : nom de l'objet, composition, matière, usage, fonctionnement, qualités.

2 Présentez votre objet devant un jury (groupe de quatre élèves tirés au sort) qui va retenir l'objet : le plus utile au monde futur ; le plus amusant ; le plus révolutionnaire ; le plus inutile…et lui attribuer un prix.

> **Décrire un objet**
> • **Usage :** C'est un instrument/outil/appareil qui sert à/On s'en sert pour…
> Il a l'avantage de/Il permet de…
> • **Description :** Il est composé de/Il a la forme de/À la partie inférieure/supérieure… se trouve…
> • **Fonctionnement :** Quand on… le/la… démarre/se déclenche/s'arrête/tourne…
> • **Intérêt :** Ce qui rend/Ce qui fait que…/ Il révolutionnera, transformera, bouleversera/ aidera à maîtriser/contrôler…

5 DÉBAT : DE L'UTILITÉ DE LA SCIENCE.

Quels sont les avantages et les inconvénients des avancées technologiques ? Nous rendent-elles plus humains et solidaires ? Les découvertes scientifiques apportent des progrès mais aussi des risques.
Mettez-vous par groupes de quatre. Choisissez un ou deux des domaines suivants : l'alimentation, la procréation artificielle, la recherche spatiale, l'énergie nucléaire.
Faites la liste des avantages et des inconvénients des progrès dans les domaines choisis.
Présentez-les à la classe et discutez-en.

dossier **5**

L'avenir... vu du passé

1. Quatre cercles concentriques[1] de voies ferrées formaient donc le réseau métropolitain… On pouvait circuler d'une extrémité de Paris à l'autre avec la plus grande rapidité. Ces railways existaient depuis 1913… ce système consistait en deux voies séparées, l'une d'aller, l'autre de retour ; de là, jamais de rencontre possible en sens inverse. Chacune de ces voies était établie suivant l'axe des boulevards, à cinq mètres des maisons, au-

L'Avenue de l'Opéra.

dessus de la bordure extérieure des trottoirs ; d'élégantes colonnes de bronze galvanisé[2] les supportaient et se rattachaient entre elles ; ces colonnes prenaient de distance en distance un point d'appui sur les maisons riveraines, au moyen d'arcades transversales[3]. Ainsi, ce long viaduc[4], supportant la voie ferrée, formait une galerie couverte, sous laquelle les promeneurs trouvaient un abri contre la pluie ou le soleil ; la chaussée bitumée[5] était réservée aux voitures…

Les maisons riveraines ne souffraient ni de la vapeur ni de la fumée, par cette raison bien simple qu'il n'y avait pas de locomotive. Les trains marchaient à l'aide de l'air comprimé…

2. La foule encombrait les rues ; la nuit commençait à venir, les magasins somptueux projetaient au loin des éclats de lumière électrique qui rayonnaient avec une incomparable clarté, et au même moment les cent mille lanternes de Paris s'allumaient d'un seul coup.

Des innombrables voitures qui sillonnaient la chaussée des boulevards, le plus grand nombre marchait sans chevaux ; elles se mouvaient par une force invisible au moyen d'un moteur à air dilaté[6] par la combustion du gaz…

3. Les moyens de transport étaient donc rapides dans les rues moins encombrées qu'autrefois, car une ordonnance du ministère de la Police interdisait à toute charrette[7] ou camion de circuler après dix heures du matin.

Vous allez imaginer et décrire une ville du futur.

Ces diverses améliorations convenaient bien à ce siècle fiévreux[8], où la multiplicité des affaires ne laissait aucun repos et ne permettait aucun retard.

4. Qu'eût dit[9] un de nos ancêtres à voir ces boulevards illuminés avec un éclat comparable à celui du soleil, ces mille voitures circulant sans bruit sur le sourd bitume des rues, ces magasins riches comme des palais d'où la lumière se répandait en blanches irradiations[10], ces voies de communication larges comme des places, ces places vastes comme des plaines, ces hôtels immenses dans lesquels se logeaient somptueusement vingt mille voyageurs… et enfin ces trains éclatants qui semblaient sillonner les airs avec une fantastique rapidité.

Il eût été fort surpris sans doute ; mais les hommes de 1960 n'en étaient plus à l'admiration de ces merveilles ; ils en profitaient tranquillement sans être plus heureux, car, à leur allure pressée, on sentait que le démon de la fortune les poussait en avant sans relâche ni merci[11].

Extraits de Jules Verne.
Paris au XXᵉ siècle (projet de roman de 1863), chap. II,
« Aperçu général des rues de Paris », Hachette, 1994.

1 *Concentriques* (adj.) : se dit de cercles qui ont le même centre. **2** *Galvanisé* (adj.) : recouvert d'un métal. **3** *Arcades transversales* : ensemble formé de plusieurs arcs reliant les maisons entre elles. **4** *Viaduc* (n. m.) : pont élevé ou long qui permet de franchir une vallée. **5** *Bitumé* (adj.) : recouvert de goudron. **6** *Dilaté* (adj.) : qui a augmenté de volume. **7** *Charrette* (n. f.) : voiture à deux roues. **8** *Fiévreux* (adj.) : dans l'agitation. **9** *Qu'eût dit* : qu'aurait dit. **10** *Irradiation* (n. f.) : effet rayonnant. **11** *Sans relâche ni merci* : sans interruption.

1 LISEZ.

L'histoire ci-contre se déroule dans un Paris futuriste inventé par le romancier Jules Verne.

2 COMMENTEZ.

1 Précisez la date d'écriture et notez la période dans laquelle Jules Verne s'est projeté.
2 De quel type de texte s'agit-il :
a narratif ? **b** descriptif ? **c** argumentatif.
3 Notez les adjectifs et les propositions relatives employés pour caractériser les nouveautés. Quelle impression contribuent-ils à donner ?
4 Relevez les comparaisons.
5 Relevez, dans les quatre paragraphes, les aspects du progrès envisagés par Jules Verne dans la ville et classez-les dans le tableau suivant.
a Transport   …
b Aménagements urbains   …
c Bâtiments   …
d Confort   …
6 Quel sentiment cela provoque-t-il chez l'écrivain ? Justifiez votre réponse.
7 Parmi les divers perfectionnements décrits, quels sont ceux qui ont été effectivement réalisés au xxᵉ siècle ? Et ceux qui n'ont pas eu lieu ?
8 Dégagez du dernier paragraphe la préoccupation majeure des hommes de l'avenir selon l'auteur. Pensez-vous qu'il ait eu raison de les imaginer ainsi ?

3 PRÉPAREZ VOTRE PRODUCTION :
MA VILLE EN 2500.

Comme Jules Verne, projetez la ville où vous vivez et ses habitants dans l'avenir, en 2500. Formez des groupes de trois et faites des hypothèses sur ce que pourrait devenir votre ville en l'an 2500. Envisagez :
– le transport collectif ;
– la circulation des véhicules ;
– les aménagements urbains ;
– la disposition et la construction des bâtiments ;
– le confort des habitants ;
– leurs préoccupations.

4 ÉCRIVEZ.

Imaginons : on serait à l'aube de l'année 2500…
Plan de votre texte :
1 *On pourrait circuler…*
Ces … existeraient depuis…
Ce système consisterait en…
2 *Les habitants, la nuit…*
3 …
4 …

Unité A6 : Expression spécialisée
Domaine de référence : Sciences de la vie

Objectif : comprendre un document écrit et s'exprimer oralement dans un domaine nécessitant des connaissances et des compétences plus spécifiques, en relation avec la spécialité, la profession ou l'intérêt du candidat.

Oral 1 : Compréhension écrite et expression orale

Durée de l'épreuve : préparation : 30 minutes – passation : 15 à 20 minutes.
Coefficient : 1 (noté sur 20).
Objectif : rendre compte d'un document écrit en synthétisant et reformulant les informations qu'il contient.

PRINCIPAUX SAVOIR-FAIRE REQUIS
- Saisir la nature et la spécificité du document.
- Dégager le thème principal et l'organisation d'ensemble.
- Extraire les informations essentielles.

- Synthétiser et reformuler les contenus de manière personnelle, sans introduire d'informations ou de commentaires étrangers au texte.
- Présenter un compte rendu cohérent et bien articulé.

Oral 2 : Expression orale

Durée de l'épreuve : préparation : 30 minutes – passation : 15 à 20 minutes.
Coefficient : 1 (noté sur 20).
Objectif : s'exprimer oralement (dialoguer et argumenter) dans le domaine de spécialité choisi sur des questions en relation avec le document proposé dans l'oral 1.

PRINCIPAUX SAVOIR-FAIRE REQUIS
- Préciser l'objet d'un débat.
- Mettre le document en relation avec des notions fondamentales dans la spécialité choisie.
- Porter une appréciation, exprimer une opinion personnelle, argumenter, donner des exemples, nuancer.
- Réagir aux sollicitations de l'interlocuteur, relancer le débat.

Remarque :
Ces deux oraux se font à partir du même support :
– **l'oral 1** se limite au compte rendu fait par le candidat (compte rendu objectif et non commentaire) suivi, si nécessaire, de demandes de précisions du jury.
– **l'oral 2** est un entretien plus libre, à partir des informations données par le document.

CONSIGNE

Le document suivant correspond à la spécialité que vous avez choisie : sciences de la vie.

La tentation de l'enfant parfait

1 Autorisé depuis mars 1998, déjà mis en œuvre en Belgique, en Grande-Bretagne et en Espagne, le diagnostic préimplantatoire (DPI) est un examen génétique[1] pratiqué sur un embryon[2], conçu par fécondation in vitro, avant son implantation dans l'utérus maternel. Cet examen, réalisé à partir d'une seule cellule, permet de s'assurer que l'embryon n'est atteint d'aucune anomalie et de vérifier, lorsque le gène impliqué dans une maladie héréditaire est connu, si ce gène est « sain » ou non.

2 Son usage est actuellement limité à de très rares indications. Mais les dérives[3] qu'autorise ce « tri » des embryons sont toujours possibles, pour ne pas dire probables. À mesure qu'on découvrira la fonction de nouveaux gènes, davantage de tests seront proposés, ne serait-ce que pour assurer des bénéfices aux industries pharmaceutiques. Et la technique pourrait s'étendre à diverses affections[4] génétiques de moindre gravité, voire à des composants héréditaires : aspect physique, comportement…

3 Avec le DPI, la médecine anténatale a donc franchi un premier pas vers un eugénisme[5] visant les « mauvais gènes » qui affectent l'espèce humaine. Louis Pasteur n'aurait pas désapprouvé, qui écrivait en 1884 : « *Dans notre état de civilisation qui est, je le crains, le complice de bien des barbaries inconscientes, nous sommes loin de l'époque où l'on s'occupera d'empêcher les fatales conséquences de l'hérédité des maladies, et où les mariages seront traités comme j'ai pu le faire pour l'espèce* Bombyx mori » – ce ver à soie dont il sut si bien éliminer les mauvais sujets.

4 La tentation n'est pas neuve, mais l'eugénisme à « *visage humain* » qui se profile aujourd'hui n'est plus le même : les couples simplement désireux de faire un bel enfant peuvent y consentir librement. Dans un monde meilleur… pour le médecin biologiste Jacques Testart, les dés sont déjà lancés. « Père » en 1982 avec René Frydman, du premier bébé éprouvette[6] français, celui qui n'eut de cesse[7], depuis lors, de mettre en garde contre les nouveaux pouvoirs de la procréation, en est convaincu : le DPI va nous conduire à une « *définition nouvelle de l'humanité* ». Et l'inventivité de l'homme, devenu artisan de lui-même, ne s'en tiendra sans doute pas à cet « *eugénisme bienveillant* ». Figure moderne du destin, la génétique attend son heure.

5 « *On s'oriente envers nos enfants vers une mentalité du type nouvelle voiture : on en choisit un et, si l'on n'est pas satisfait, on le rend* » : la prédiction aurait moins de poids si elle n'émanait de Francis Collins qui dirige, au puissant National Institute of Health (NIH) américain, le programme de recherche « génome humain ». Car ce projet international, qui vise à décrypter[8] l'intégralité de notre patrimoine héréditaire, avance à vive allure. D'ici quelques années, la localisation de tous les gènes humains et la fonction d'une grande partie d'entre eux seront connues. Rien techniquement n'interdira alors de choisir les embryons conçus in vitro selon leur carte génétique, optant ici pour une taille d'athlète, là pour une (supposée) sensibilité musicale…

6 Rien n'empêchera non plus, comme on le fait déjà sur les plantes transgéniques, de « greffer » des gènes sur ces embryons – le gène, par exemple, qui donnait aux yeux bleu lavande de l'arrière-grand-mère paternelle une telle intensité… Et lorsque de toutes ces éprouvettes sortira, comme d'un chapeau, un être d'une qualité plus exceptionnelle encore que les autres, rien n'empêchera de le cloner, comme Dolly la brebis, en autant d'exemplaires qu'on voudra.

7 En arriverons-nous à cette extrémité que le généticien Axel Kahn qualifie de « *crime contre la dignité de l'homme* » ? Le clonage et le génie génétique, techniques qui ne seront accessibles qu'au prix fort, transformeront-ils les riches et les pauvres « *en deux races différentes d'êtres humains, ceux qui ont été améliorés génétiquement et les autres* », comme le redoute le biologiste américain Lee Silver (Université de Princeton) ?

8 Une réflexion à la mesure du pouvoir que détient désormais l'espèce humaine : transformer sa propre évolution en choisissant les gènes qu'elle veut transmettre à ses enfants.

Catherine Vincent, *Le Monde*,
Dossiers et documents, n° 281.

1 *Génétique* : relatif à l'hérédité. **2** *Embryon* : état prénatal de l'enfant. **3** *Dérives* : déviations dangereuses. **4** *Affections* : maladies. **5** *Eugénisme* : science qui vise à l'amélioration de l'espèce humaine. **6** *Bébé éprouvette* : bébé né de façon artificielle. **7** *N'avoir de cesse* : continuer avec insistance, sans relâche. **8** *Décrypter* : décoder.

dossier 5

Oral 1 (20 minutes maximum)

CONSIGNE

Vous ferez devant le jury un compte rendu de ce texte en résumant et présentant de manière cohérente les idées et les informations importantes qu'il contient.

CONSEILS

– Concentrez-vous sur le contenu du texte.
– N'ajoutez pas d'informations ni de commentaires personnels.
– Exprimez-vous avec vos propres mots, ne vous contentez pas de lire des passages du texte.

1 Après une première lecture, notez le thème et l'idée générale qui se dégagent du texte :
   De quoi parle-t-on ? Comment en parle-t-on ? Quels problèmes sont posés ?
2 Une deuxième lecture vous permet de voir comment le texte s'organise :
   a Son **introduction** pose-t-elle un problème ? rappelle-t-elle le passé ? présente-t-elle des faits actuels ?
   b Son **développement** est-il structuré en une ou plusieurs parties ? S'il est constitué de plusieurs parties, essayez de dégager le thème principal de chacune d'entre elles.
       EXEMPLE :
       Lisez les paragraphes 1, 2 et 3 de ce texte. De quoi parlent-ils ?
       Lisez les paragraphes 4, 5, 6 et 7. Quel est leur thème commun ?
       Respectez cette articulation en deux parties lors de votre présentation orale.
   c Sa **conclusion** émet-elle un jugement ? pose-t-elle une question ? apporte-t-elle une solution au problème ? est-elle une réflexion ouverte ?
3 Enfin, au cours d'une nouvelle lecture, isolez les mots ou expressions du texte qui vous semblent des clés indispensables à sa compréhension.
   EXEMPLE :
   Paragraphe 1, introduction : *DPI, examen génétique, fécondation in vitro, une seule cellule, aucune anomalie, gène sain.*
   Paragraphe 2 : *usage, dérives, possibles, probables, s'étendre, moindre gravité, composants héréditaires.*
   Paragraphe 3 *: premier pas, eugénisme, mauvais gènes, espèce humaine.*
   À deux, reformulez ensuite les idées essentielles du texte.

Oral 2 (20 minutes maximum)

CONSIGNE

Vous aurez un entretien avec le jury qui vous demandera notamment :
– quel est, selon vous, l'intérêt de ce texte et quels sont les informations ou les problèmes soulevés qui vous paraissent les plus importants ;
– quelle est votre opinion personnelle sur ces questions (vous pouvez donner d'autres informations, soulever d'autres problèmes…)

CONSEILS

– Cernez bien la question car ce texte pose le problème des risques des manipulations génétiques qui sont désormais un fait accompli. Il n'en présente pas les avantages, mais seulement les dangers.
– Pour vous aider, listez les risques et les questions évoqués dans le texte, puis interrogez-vous sur les aspects positifs des découvertes dans ce domaine. Quels intérêts peuvent-ils présenter ?
EXEMPLE :
– Éviter la transmission de maladies héréditaires (*cf.* la citation de Pasteur).
– Améliorer l'espèce humaine.
– Donner aux parents la possibilité d'avoir l'enfant qu'ils désirent…
Vous pourrez ainsi mieux défendre votre opinion, en tenant compte des arguments contraires à votre position.

⑥

CULTURE **ET PATRIMOINE**

1 OBSERVEZ LES PHOTOS
ET FAITES DES HYPOTHÈSES.

1 À votre avis, de quoi va-t-on parler ?
2 À quel personnage célèbre fait-on référence ?
3 Quelle époque va-t-on évoquer ?
4 À quoi sert ce lieu aujourd'hui ?

2 DÉCOUVREZ LE DOCUMENT.

Visionnez le document complet.
Sans le son.

1 Retrouvez l'ordre de la visite du château.

> Exemple : **Présentation extérieure du château.**

a Les cuisines.
b La sortie.
c La visite intérieure.
d Présentation extérieure du château.
e Un illustre propriétaire, Talleyrand (1754-1838).
f Une scène de théâtre, reconstitution d'époque.
g Interview du gérant actuel.

Avec le son.

2 Relevez :
a depuis quand les visites du château ont été relancées ;
b le nombre actuel de visiteurs ;
c la région dans laquelle se situe Valençay ;
d le lieu où travaillait auparavant l'actuel directeur ;
e une activité qui a permis de « réveiller » le château ;
f le prix de l'entrée.

3 Dites si les affirmations suivantes sont vraies ou fausses. Justifiez vos réponses.
a Les actuels propriétaires ont cédé le château à l'État.
b Un produit culturel est différent d'un produit touristique.
c Un site historique est aussi un site de loisirs.
d 95 000 entrées suffiront à équilibrer sa gestion.
e Il faut 200 000 visiteurs pour rentabiliser un château.

4 Décrivez le public.

Transcriptions en fin d'ouvrage.

ET PATRIMOINE

Visionnez à nouveau le document avec le son en étant attentif aux données historiques.

5 Dites si les affirmations suivantes sont vraies ou fausses. Rectifiez si nécessaire.
   a Talleyrand fut au service de Napoléon Iᵉʳ.
   b C'était un diplomate.
   c Il a négocié pendant le célèbre congrès de Wellington en 1815.
   d Il se reposait à Valençay sans jamais y travailler.

6 Trouvez :
   a l'infirmité de Talleyrand ;
   b le surnom qu'on lui a attribué ;
   c le nom du vin et le nom du fromage que lui servait à table son célèbre cuisinier Carême.

3 FAITES LA SYNTHÈSE.

1 Dites qui a habité le château et ce qu'il s'y est passé.

2 Rappelez depuis quand et grâce à qui le château s'est « réveillé ».

3 Citez une activité présentée au château.

4 Sélectionnez trois mots, dans la liste suivante, qui résument les choix des gestionnaires actuels.
Souvenir – conservation – produit – tourisme – héritage – investissement – patrimoine.

4 ET VOUS, QU'EN PENSEZ-VOUS ?

Selon vous, les propriétaires actuels ont-ils eu raison de faire de Valençay un parc de loisirs comme les autres ?
Si oui, donnez trois raisons qui justifient votre choix.
Si non, faites deux propositions pour préserver l'authenticité du château.

• **VALENÇAY**, très beau château édifié selon les plans de Philibert Delorme. Habité par Talleyrand (enterré dans la chapelle) et par Ferdinand VII qui y signa avec son père Charles IV, roi d'Espagne, le traité de Valençay (11 déc. 1813).
• Construit aux XVIᵉ et XVIIᵉ siècles, Valençay fut la propriété de Talleyrand. Napoléon Iᵉʳ y assigna à résidence Ferdinand VII, roi détrôné d'Espagne, de 1806 à 1814. Musée Talleyrand.
• **Delorme ou de l'Orme (Philibert)**, architecte français (Lyon 1514–Paris 1570), constructeur et théoricien (château d'Anet, 1547-1555 ; nombreux travaux, dont le palais des Tuileries).
• **Charles Maurice de Talleyrand-Périgord**
(Paris 1754-1838). Évêque d'Autun en 1788, il participe à la Révolution et est exclu du clergé par le pape. Nommé diplomate en Angleterre pour la république, il est accusé de trahison. Il appuie Bonaparte dans sa prise du pouvoir, mais le trahit dès 1807. Partisan en 1814 du retour des Bourbons sur le trône, il intrigue contre eux et rallie la cause d'une famille rivale arrivée au pouvoir en 1830. Grand diplomate.
• La table de Valençay était réputée auprès d'illustres invités grâce à **Marie-Antoine Carême**, chef de bouche du prince de Talleyrand. Il écrivit de nombreux ouvrages sur l'art culinaire français et fit une carrière européenne après avoir cuisiné pour le congrès de Vienne. (Chef du roi George V d'Angleterre, des empereurs de Russie et d'Autriche.)

---

5 SUIVEZ LE GUIDE !

1 Observez la carte ci-dessous et situez Valençay. Nommez les villes proches de ce lieu et les intérêts touristiques de la région.

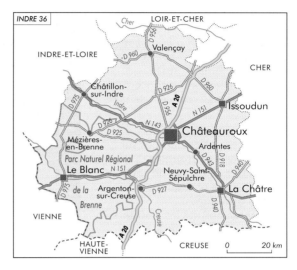

Châtillon-sur-Indre : église du XVᵉ siècle ; château de Nohant, propriété de George Sand.

Argenton-sur-Creuse : ruines gallo-romaines.

Ardentes : église du XIIᵉ siècle.

Mézières-en-Brenne : chapelle du XVIᵉ siècle ; pêche dans les étangs de Brenne.

Neuvy-Saint-Sépulchre : église (XIᵉ et XIIᵉ siècles) avec rotonde inspirée du Saint-Sépulcre de Jérusalem.

2 Vous avez été embauché(e) par la société Culture et Développement pour accueillir les visiteurs du château de Valençay.
À l'aide des connaissances acquises lors du visionnage du document vidéo et de quelques notes complémentaires (voir document ci-contre), préparez avec un(e) collègue une petite introduction à la visite du château.
Bonjour, Mesdames et Messieurs, vous allez entrer dans le..., construit au..., par..., qui fut aussi... Ce château fut habité par Charles Maurice de Talleyrand qui...

Le patrimoine culturel français

1 LES ACTIVITÉS CULTURELLES DES FRANÇAIS.

Énigme culturelle.

1 Lisez le document 1 et retrouvez, dans la liste ci-dessous, les sorties culturelles pratiquées par les Français. Classez-les par ordre décroissant d'importance. Concert classique – spectacle de danse – cinéma – musée – exposition – opéra – concert de rock – théâtre – concert de jazz.

Enquête.

2 Interrogez vos camarades sur leurs activités culturelles (pratiquées au cours de cette année – déjà pratiquées – jamais pratiquées). Comparez ensuite les résultats avec ceux des Français.

❶ 46 % des Français préfèrent regarder Carmen que de l'entendre chanter en chair et en os. Seuls 16 % l'ont fait. Si le livret se donnait sans musique, ils seraient 41 % à l'applaudir. Un quart iraient contempler son portrait dans une galerie alors que 44 % passeraient la voir dans un lieu d'exposition plus prestigieux. Jazzy, elle ne recueillerait que 12 % d'audience, 17 % en rockeuse de choc. La musique de son compositeur Georges Bizet pourrait être appréciée en salle par un cinquième du public français et un quart s'il s'agissait de ballet.

2 LES JOURNÉES DU PATRIMOINE.

1 Lisez le document 2.

❷

PLAN DE COUPE D'UN SIÈCLE FÉCOND

En mettant l'accent sur l'architecture et l'urbanisme du XXᵉ siècle, l'édition 2000 des journées du Patrimoine invite à se réapproprier notre époque.

Faut-il le rappeler une fois encore ? Le patrimoine, ce n'est pas seulement quelques vieilles pierres livrées à la nostalgie ; ce n'est pas un patchwork de toutes les catégories culturelles – traditions artistiques, littéraires, culinaires. Le « patrimoine », terme récent qui s'est substitué à celui de « monument historique », c'est d'abord et surtout de l'architecture. C'est elle qui régit notre espace sédentaire[1] . C'est elle qui donne naissance aux villes, c'est autour d'elle que s'articule le paysage. Et c'est dans ses réalisations les plus spectaculaires – châteaux ou opéras –, les plus partagées – mairies, églises, usines – que se reconnaît le public. Le public, le plus souvent, en admire seulement les façades. Les journées du Patrimoine sont l'occasion d'entrer dans l'intimité de nombreux palais nationaux d'habitude réservés à des fonctionnaires. C'est aussi, moins souvent, l'opportunité de faire disparaître la frontière du public et du privé, quelques propriétaires hospitaliers acceptant les visites. C'est enfin l'occasion de considérer d'un œil neuf des édifices connus ou ignorés, antiques ou récents, et de leur redonner leur sens.

Les journées du Patrimoine sont partagées par quarante pays d'Europe. En France, où le principe en a été inventé par le ministère de Jack Lang[2], il y a seize ans, l'édition 2000 de cette manifestation mettra l'accent sur le patrimoine du XXᵉ siècle. C'est donc un panorama complet de l'histoire de l'architecture que les Français auront le loisir de visiter. Ils étaient plusieurs millions, l'an dernier, à se déplacer pour découvrir le versant[3] passé de leur patrimoine. Seront-ils autant cette année à faire le lien avec le vif et le neuf[4], à s'approprier en définitive leur propre époque, si souvent et paradoxalement détestée depuis des siècles ? Le gothique vient bousculer le roman, et la tour Eiffel fut l'objet le plus détesté de l'intelligentsia française lors de sa construction.

D'après Frédéric Edelmann et Emmanuel de Roux, supplément « Patrimoine », *Le Monde*, 16 septembre 2000.

1 *Sédentaire* (adj.) : qui ne bouge pas. **2** Ministre de la Culture sous la présidence de François Mitterrand (1981-1995). **3** *Versant* (n.m.) : le côté, l'aspect. **4** *Le vif et le neuf* : le vivant et le nouveau.

Paragraphe 1

1 Les affirmations suivantes sont inexactes.
Rectifiez-les à l'aide de phrases du texte.

> *Exemple :* Le mot *patrimoine* désigne uniquement les vieilles pierres et les traditions.
> → **Non, il ne se limite pas à cette définition ; il « n'est pas seulement quelques vieilles pierres… ce n'est pas un patchwork de toutes les catégories culturelles ».**

  a Le mot *patrimoine* a été remplacé par l'expression *monument historique*.
  b L'architecture n'influe pas sur la vie du public.
  c L'architecture n'est reconnue par le public que quand elle est spectaculaire.
  d Les journées du Patrimoine ouvrent au public des édifices strictement privés.

2 Retrouvez les phrases du texte définissant le patrimoine.
Le patrimoine, c'est l'ensemble… mais surtout…

3 Dites en une phrase ce que représentent les journées du Patrimoine.
Ces journées sont l'occasion de… mais aussi de… et enfin de…

Paragraphe 2

4 Relevez :
  a combien de pays ont repris l'idée de cette manifestation ;
  b qui l'a initiée et quand ;
  c le thème de ces journées pour l'année 2000 ;
  d les objectifs pour le choix de ce thème.

5 Reformulez en une phrase l'importance de ces journées.
Créées en…, partagées par…, ces journées présentent cette année… afin de… et de… .

6 Les journées du Patrimoine existent-elles dans votre pays ?
  – Si oui, dites quel intérêt elles suscitent.
    a Un grand succès.
    b Un intérêt moyen…
  – Si non, pensez-vous qu'elles seraient utiles ? Pourquoi ?
    a Pour faire découvrir des lieux jamais ouverts au public.
    b Pour encourager la protection des monuments…
Proposez des thèmes de visites du patrimoine de votre pays.

③ L'ENGOUEMENT DES FRANÇAIS POUR LA CULTURE.

1 Lisez le document 3.
2 Relevez :
  a les différents domaines qui sont cités comme « culturels » ;
  b les mots et expressions qui expriment l'évolution positive : *faciliter l'accès, l'accroissement, plus nombreux…*
3 Cherchez :
  a les quatre raisons de cette progression ;
  b deux réserves apportées à cette description positive.
4 Présentez pour la classe un court compte rendu de ce texte.
  – Proposez d'abord la définition de la culture élargie.
  – Indiquez ensuite la tendance générale devant les pratiques culturelles.
  – Citez les raisons de cette évolution.
  – Notez enfin la réserve apportée à ce constat positif.

③ L'intérêt pour les activités culturelles

L'accroissement du niveau moyen d'éducation a facilité l'accès à la culture. L'évolution a concerné en particulier les femmes, dont le niveau d'études a considérablement progressé. Les Français sont dans leur ensemble plus nombreux à pratiquer la musique ou la peinture, à se rendre aux grandes expositions ou dans les festivals, à lire des livres d'histoire ou de philosophie, à consacrer une partie de leurs vacances à visiter des monuments ou à s'intéresser à la science. Ils recherchent de plus en plus dans l'art et dans la culture une émotion et une compréhension du monde qui leur apparaissent nécessaires dans une société où les repères tendent à disparaître.

L'amélioration de l'offre des services culturels a joué un rôle dans cette évolution ; 80 % des Français ont accès dans leur commune à une bibliothèque, 75 % à une école de musique, 70 % à une école de danse, 60 % à une troupe de théâtre, 50 % à une salle de spectacle ou à un centre culturel.

Les écarts entre les groupes sociaux restent sensibles, fortement liés au niveau d'instruction ; la hausse moyenne de ces pratiques s'explique davantage par un intérêt croissant des catégories qui étaient déjà concernées

(cadres, professions intellectuelles supérieures, professions intermédiaires, étudiants) que par un élargissement des publics. Ainsi, la part des ouvriers est restée stable. C'est le cas notamment pour les musées et les concerts de musique classique, qui restent des activités relativement élitistes.

Gérard Mermet, *Francoscopie 2001*, Larousse/HER, 2000.

L'organisation/L'articulation du discours

1 *Lisez le texte suivant.*

Valençay fut tout d'abord un château de famille, puis son acquisition par l'illustre Talleyrand en fit un célèbre lieu de rencontres. C'était, de plus, le siège de grandes décisions politiques. D'une part, le diplomate lui a donné l'éclat d'une résidence internationale mais, d'autre part, la personnalité trouble de son propriétaire transforma Valençay en lieu de défaite (signature du traité de Vienne en 1815). D'un côté, le château bénéficia de la présence de cet illustre traître ; de l'autre, il en subit le reflet négatif. Par ailleurs, la célébrité de Talleyrand a mis au second plan l'exil de Ferdinand VII, roi d'Espagne détrôné par Napoléon, passé à Valençay entre 1808 et 1814. Finalement, que savons-nous vraiment de Valençay aujourd'hui ? Nous en gardons le souvenir de la résidence d'un homme dont les motivations n'ont toujours pas été complètement élucidées.

2 *Relevez dans le texte les mots permettant :*

1 de classer des faits chronologiquement ;
2 d'ajouter une information ;
3 de montrer des aspects variés mais opposés de l'histoire de Valençay ;
4 d'ajouter une information d'un autre ordre.

Les négations

4 *1 Observez les phrases suivantes.*

1 Ne pas utiliser de flash. – Ne rien jeter sur la pelouse. – Ne jamais s'asseoir sur les fauteuils d'époque ! – Prière de ne plus photographier. – Vous êtes priés de ne solliciter personne après 18 heures.
2 Ce musée est trop grand : on ne voit rien, on n'y trouve personne, on n'a rien pu visiter, personne ne répond, rien ne se fait. Je n'en peux plus !
3 Nous n'étions jamais allés au Louvre, et c'était une visite trop longue. Les tableaux défilaient, je n'ai jamais rien compris de ce que le guide expliquait ! Certaines toiles n'avaient rien d'intéressant pour moi, même si le guide racontait qu'elles n'avaient jamais plus été présentées au public depuis la Révolution. Après une heure, je n'ai plus posé de questions, je n'ai plus rien demandé, plus écouté personne : c'était trop compliqué.

2 Quelle est la place de la négation avec un verbe à la forme infinitive ? Quelle est l'exception ?

Les mots du discours

• Chronologie : *(tout) d'abord, premièrement, en (tout) premier lieu/(et) puis, ensuite, alors/ finalement, enfin, en conclusion.*

• Ajout d'informations : *de plus, en outre, de surcroît* (littéraire).

• Contradictions ou complémentarités : *d'un côté/d'un autre côté, d'une part/d'autre part.*

• Ajout d'informations annexes : *d'ailleurs, par ailleurs, quant à, en ce qui concerne...*

3 *Présentez la ville de Marseille à l'aide des notes suivantes. Utilisez différents articulateurs.*

Marseille
• Colonie fondée au VIe siècle avant J.-C par les Phocéens – prospère sous l'Empire romain – grande activité au temps des croisades – devient française en 1481.
• Premier port de commerce français pour les produits coloniaux et, après 1960, pour les hydrocarbures – un des plus grands ports de passagers du monde – troisième aéroport de France – grand centre industriel : constructions navales, fabrique de textiles et de maroquinerie.
• Marseille compte plusieurs sites célèbres : Notre-Dame-de-la-Garde – des forts du XVIIe siècle, de nombreux musées – La Canebière est son artère la plus célèbre.

3 Où se place-t-elle avec un verbe conjugué à un temps simple ? Et à un temps composé ?
4 Quelles négations peuvent se combiner entre elles ?

L'ordre des mots dans une phrase négative à un temps composé
• Sujet + *ne* (+ pronoms) + auxiliaire + autres termes de la négation + participe (sauf *personne* placé après le participe) : *Je **ne** lui en ai **plus jamais** offert. Je **n**'y ai rencontré **personne**.*

! *Ne ... jamais*, négation absolue, se distingue de *ne ... pas toujours*, négation relative et de *ne ... toujours pas* (= *pas encore*) : *Il **ne** visite **jamais** les musées. Il **ne** visite **pas toujours** les musées quand il voyage. Il **n**'a **toujours pas** visité Venise.*

! *Ne ... pas* ou *ne ...* se combinent uniquement avec *ni* : *Il **ne** veut **pas** voir Chambord **ni** Blois. Il **ne** veut voir **ni** Chambord **ni** Blois.*

6
dossier

5 *Transformez cette présentation positive en commentaire négatif.*

Visiter les Hauts-de-Servan : le château **présente** des aspects pittoresques. Il **reste encore**, dans ce vieux village, des pierres qui rappellent son origine antique. La chapelle Saint-Francis, érigée en 1560, **a longtemps été** un lieu de visite prisé par le public qui **s'est toujours plu** à en escalader les hauteurs. En saison, vous **croisez des gens** qui vous renseignent sur ce site où il **se passe toujours quelque chose**.

6 *Répondez négativement aux questions d'un touriste sur le village des Hauts-de-Servan.*

1 Vous y avez déjà vu quelqu'un, vous ?
2 Vous croyez qu'on peut y faire quelque chose d'intéressant ?
3 Ce village a beaucoup été visité ?
4 Il reste quelques vieilles pierres ?
5 Et vous, personnellement, vous l'avez visité et photographié ?
6 Vous voudriez y retourner un jour ?

Nuancer un jugement avec des adverbes

7 *1 Lisez ces impressions sur des films récemment sortis.*

1 *Les Démons à ma porte*, de et avec Jian Wen.
Une énorme farce remarquablement montée mais qui n'est pas toujours facile à supporter.
2 *Trois Huit*, de Philippe Leguay.
Un drame qui est admirablement interprété et auquel on adhère entièrement malgré l'austérité un peu lourde du thème. À voir absolument.
3 *Intimité*, de Patrice Chéreau, Ours d'or à Berlin.
Corps à corps torrides entre deux acteurs magnifiques, mais qui restent légèrement décalés dans la lourde atmosphère du film.
4 *Presque célèbre*, de Cameron Crowe.
L'univers du show-biz y est assez bien restitué.
5 *Félix et Lola*, de Patrice Leconte.
Une belle rencontre entre deux acteurs qui se donnent totalement. Mais le scénario n'est pas complètement abouti.

2 Relevez les adverbes qui permettent :
1 de valoriser le film : *remarquablement…*
2 d'émettre des réserves : …

> **Les adverbes de manière** (*difficilement, légèrement, agréablement…*), **de quantité** (*un peu, très peu, beaucoup, assez…*) ou **de temps** (*souvent, toujours, fréquemment…*) permettent de nuancer un jugement.
> • Avec des temps simples, ils se placent devant un adjectif ou un participe et après un verbe :
> *Un film original **admirablement** interprété et auquel on adhère **entièrement**.*
> • Avec des temps composés, ils se placent de préférence entre l'auxiliaire et le participe :
> *Une ambiance que le réalisateur a **remarquablement** su restituer.*
> • Les formes négatives combinées avec un adverbe permettent d'apporter des réserves :
> *Le scénario **n'est pas complètement** abouti.*

8 *Nuancez ces opinions avec des adverbes.*

1 De bons acteurs – pas de scénario.
2 Une intrigue formidable – des acteurs pas à la hauteur.
3 Des paysages manifiques – une intrigue très pauvre.

VOCABULAIRE ⑥

De la culture aux cultures

Complétez les phrases en vous référant à la notice ci-contre.

1 Ce concours comporte une épreuve de…
2 Cette personne a de solides connaissances dans des domaines variés, c'est…
3 Le monde occidental est l'héritier de la… latine.
4 Il est très qualifié mais malheureusement… dans de nombreux domaines.
5 Cet emploi demande d'avoir une…, en plus des connaissances professionnelles.
6 L'ethnologue s'intéresse aux…

CULTURE *n. f.*
D'abord action de cultiver la terre, le mot signifie, vers 1550, le développement de certaines facultés de l'esprit par des exercices intellectuels et, par extension, l'ensemble des connaissances acquises qui permettent de développer le sens critique, le goût, le jugement.
Expressions : *avoir de la culture générale, être une personne cultivée, avoir une bonne culture.*
(Contraire : *être inculte, ignare.*)
La ou les cultures désigne l'ensemble des pratiques et connaissances collectives d'une civilisation (culture gréco-latine, culture occidentale, culture africaine, culture aborigène…).

UNE PAGE D'HISTOIRE

Une visite au Louvre vers 1850

1 Lisez le texte.

Après la cérémonie du mariage de Gervaise et Coupeau, les invités se retrouvent chez un marchand de vin. Une pluie subite les empêche d'aller à la campagne ; ils cherchent une activité d'intérieur pour achever cette journée.

Monsieur Madinier, pourtant, n'avait encore rien proposé. Il était appuyé contre le comptoir[1], les pans[2] de son habit écartés, gardant son importance de patron. Il cracha longuement, roula ses gros yeux.

– Mon Dieu ! dit-il, on pourrait aller au musée… […] Il y a des antiquités, des images, des tableaux, un tas de choses. C'est très instructif… Peut-être bien que vous ne connaissez pas ça. Oh ! C'est à voir au moins une fois. […]

Enfin, après avoir descendu la rue Croix-des-Petits-Champs, on arriva au Louvre. […]

La nudité sévère de l'escalier les rendit graves. Un huissier superbe, en gilet rouge, la livrée galonnée[3] d'or, qui semblait les attendre sur le palier, redoubla leur émotion. Ce fut avec respect, marchant le plus doucement possible, qu'ils entrèrent dans la galerie française[4].

Alors, sans s'arrêter, les yeux remplis de l'or des cadres, ils suivirent l'enfilade[5] des petits salons, regardant passer les images, trop nombreuses pour être bien vues. Il aurait fallu une heure devant chacune, si l'on avait voulu comprendre. Que de tableaux, sacredié[6] ! Ça ne finissait pas. Il devait y en avoir pour de l'argent. […]

Dans la Galerie d'Apollon, le parquet surtout émerveilla la société, un parquet luisant, clair comme un miroir, où les pieds des banquettes[7] se reflétaient. […]

Puis la noce se lança dans la longue galerie où sont les écoles italiennes et flamandes. Encore des tableaux, toujours des tableaux, des saints, des hommes et des femmes avec des figures qu'on ne comprenait pas, des paysages tout noirs, des bêtes devenues jaunes, une débandade[8] de gens et de choses dont le violent tapage de couleurs[9] commençait à leur causer un gros mal de tête. M. Madinier ne parlait plus, menait lentement le cortège, qui le suivait en ordre, tous les cous tordus et les yeux en l'air. […]

M. Madinier […] ne voulant point avouer qu'il était perdu, enfila[10] un escalier, fit monter un étage à la noce. Cette fois, elle voyageait au milieu du musée de la marine, parmi des modèles d'instruments et de canons, des plans en relief, des vaisseaux grands comme des joujoux[11]. Un autre escalier se rencontra, très loin, au bout d'un quart d'heure de marche. Et, l'ayant descendu, elle se retrouva en plein dans les dessins. Alors, le désespoir la prit, elle roula au hasard des salles, les couples toujours à la file, suivant M. Madinier, qui s'épongeait[12] le front, hors de lui, furieux contre l'administration, qu'il accusait d'avoir changé les portes de place. Les gardiens et les visiteurs la regardaient passer, pleins d'étonnement. En moins de vingt minutes, on la revit au salon carré, dans la galerie française, le long des vitrines où dorment les petits dieux de l'Orient. Jamais plus elle ne sortirait.

Émile Zola, *L'Assommoir*, chapitre 3.

1 *Comptoir* (n. m.) : le bar. **2** *Pan* (n. m.) : une partie tombante d'un vêtement. **3** *Une livrée galonnée* : un uniforme décoré. **4** La galerie des peintures françaises. **5** *Enfilade* (n. f.) : une série. **6** Exclamation populaire. **7** *Banquette* (n. f.) : un siège. **8** *Débandade* (n. f.) : une fuite désordonnée. **9** *Un tapage de couleurs* : un contraste de couleurs. **10** *Enfiler* (v.) : prendre. **11** *Joujoux* (n. m. pl.) : diminutif de « jouets ». **12** *S'éponger* (v.) : s'essuyer.

2 Citez les différents types d'objets artistiques que l'on pouvait trouver au Louvre à l'époque du récit en suivant l'itinéraire de la noce.

3 Quels détails du musée retiennent particulièrement l'attention des convives ?

4 Selon vous, à quelle catégorie sociale appartiennent-ils ? Justifiez votre réponse par leur comportement et leurs commentaires.

5 Décrivez l'évolution des sentiments éprouvés par le groupe à l'égard de la culture.

6 Relevez les termes utilisés par Émile Zola pour désigner les douze convives de la noce.

a Ce choix permet de présenter les convives d'une manière particulière. Laquelle ?

b Quel personnage est nommément désigné ? Pourquoi ?

c Dans ce texte, quel rôle jouent les pronoms indéfinis (*on, tous*…) et les pronoms personnels (*ils, leur, la, elle*…) ? En quoi renforcent-ils l'effet voulu par l'écrivain ?

EXPOSÉ

Décrivez un lieu de tradition et d'histoire de votre patrimoine.
Mettez-vous par groupes de trois ou quatre.
– Donnez votre définition du patrimoine.
– Sélectionnez des lieux divers pouvant appartenir au patrimoine de votre ville/pays ou, selon vous, au patrimoine de l'humanité. Justifiez votre choix.
– Présentez un lieu culturel de votre ville ou région. Montrez en quoi ce lieu appartient au patrimoine, décrivez-en l'aspect extérieur, les contenus, l'itinéraire conseillé et, si possible, le taux de fréquentation en termes de quantité et de catégories sociales.
Utilisez des adverbes pour nuancer vos appréciations.

dossier 6

ORAL

6

1 RYTHME ET INTONATION.

1 *Écoutez cet échange téléphonique et retrouvez l'ordre de la conversation.*

- **a** Si on allait au cinéma ?
- **b** Au Rex. Il y a une séance à 18 heures. Ça te tente ?
- **c** *La Vie en rose.*
- **d** Il y a les pubs avant le film. Je t'attendrai.
- **e** Moi, on m'en a dit du bien.
- **f** Bon, alors, *Sauve-moi !*
- **g** Le dernier film de Christian Vincent.
- **h** Je suis sûr que c'est pas mal.
- **1** Quoi ? Qu'est-ce que c'est que ça ?
- **2** Les avis sont très partagés.
- **3** Tu crois ? Bon, on verra bien. Ça passe où ?
- **4** D'accord, à tout à l'heure.
- **5** Oh, non, je l'ai déjà vu !
- **6** Ah… les critiques ne sont pas très bonnes…
- **7** Si tu veux, qu'est-ce qu'on va voir ?
- **8** C'est un peu juste, là… Moi, je finis mon boulot à moins le quart.

2 *Jouez la scène en respectant le rythme et l'intonation. (Répétez plusieurs fois les expressions si nécessaire.)*

3 *Composez un dialogue pour préparer une sortie pour voir un film de votre choix.*

2 RADIO REFLETS.

1 *Cécile Caron est malade. Elle devait présenter un reportage sur la fréquentation des lieux culturels par les Français. Voici ses supports de travail. Lisez-les.*

a En matière de loisirs, Paris conserve une situation particulière. Les Parisiens sont à peu près trois fois plus nombreux que la moyenne à pratiquer les diverses formes d'activités culturelles, qu'il s'agisse d'assister à des concerts, à un opéra, d'aller au théâtre ou au cinéma.

b Ce sont chaque jour 34 950 personnes qui visitent les musées nationaux français. Avec ses 15 000 entrées quotidiennes, le Louvre détient le record des fréquentations en France.

La grosse machine qu'est le centre Pompidou reçoit environ 20 000 visiteurs par jour, mais la moitié se rendent à sa bibliothèque. Viennent ensuite la cité des Sciences puis Versailles, visité à 70 % par des étrangers.

La durée moyenne d'une visite est de 1 h 30 et les femmes sont les plus nombreuses à fréquenter les musées.

Les grandes expositions ne sont pas en reste. D'abord celles du Grand Palais à Paris, puis celles des grands musées nationaux.

On s'en doute, les musées de province connaissent une fréquentation beaucoup moins importante. C'est le musée d'Unterlinden à Colmar qui a reçu en 1996 le plus grand nombre de visiteurs (910 entrées quotidiennes… Comparez avec le Louvre !)

2 *Faites une synthèse orale des documents proposés pour présenter à vos auditeurs, en une minute d'antenne :*
– les musées et les expositions les plus fréquentés ;
– les records des Parisiens ;
– le record féminin et la durée moyenne des visites.
Utilisez les articulateurs du discours.

3 SITUATION VÉCUE.

Radio France, émission du 17/09/2000.

Séquence 1
1 *Écoutez l'enregistrement et donnez :*
- **a** le nom de l'émission ;
- **b** la fonction des invités ;
- **c** les quatre magazines cités ;
- **d** le thème de l'émission.

Séquence 2
Première partie
2 *Écoutez Jérôme Garcin présenter le film et remplissez la fiche suivante.*
- **a** Titre du film : …
- **b** Metteur en scène : …
- **c** Scénaristes : …
- **d** Lieu du tournage du film : …
- **e** Personnages : …

Deuxième partie
3 *Écoutez les deux critiques et remplissez la grille.*

	Critique plutôt positive	Critique plutôt négative	Qualités	Défauts
Th. Jousse				
M. Ciment				

4 *Écoutez une deuxième fois et relevez les expressions qui atténuent les jugements.*
- **a** Je suis assez partagé…
- **b** J'ai été assez touché… et en même temps…
- **c** …
- **d** … un peu trop…
- **e** …
- **f** …

4 JEU DE RÔLES.

*Vous venez de voir un film, un spectacle, une émission ou une série télévisée qui ne vous a pas complètement convaincu(e), contrairement à votre voisin(e) qui lui/elle, est très enthousiaste. Vous participez à l'émission **Le Masque et la Plume**. L'un fait un commentaire critique nuancé, l'autre défend les qualités de l'œuvre.*

dossier 66

BOUQUINS

VOYAGE À L'ENVERS

De Philippe Curval, éd. J'ai lu, collection « Millénaires », 266 pages, 12 euros.

1

dossier **6**

2

JOURNAL D'UN RETOUR SUR TERRE

Journaliste scientifique, voyageur, critique littéraire, Philippe Curval revient dans les librairies, après une trentaine de livres, avec un inédit publié aux éditions J'ai lu. Fondateur de la science-fiction française, lauréat des prix Jules-Verne et Apollo, l'auteur continue d'explorer de nouveaux champs dans son domaine de prédilection. Entre deux grands thèmes de la science-fiction, les contacts extraterrestres et les voyages dans le temps, la trame de ce livre mène le lecteur à travers un dédale inextricable de sauts dans le passé et de retour vers le futur. Au commencement de l'ouvrage, quatre astronautes approchent la planète, qu'ils peinent à reconnaître bien qu'il s'agisse de leur planète d'origine, la Terre. La suite du récit nous apprend qu'ils reviennent d'une très longue mission durant laquelle ils n'ont pu entretenir de relation avec leur base. Une invasion extraterrestre ayant brouillé avant leur départ tous les réseaux de communication terriens. Le narrateur se trouve être un des astronautes embarqués dans ce terrifiant voyage. Un voyage peut-être sans retour puisque sans idée de ce que la Terre sera devenue durant son périple, à moins que ce ne soient les hommes qui aient disparu dans l'intervalle. Philippe Curval a mené de main de maître un récit où le temps s'alanguit, se rétracte et finit par devenir élastique. Un livre en tout point réussi avec un petit bémol, un seul, concernant le dénouement. Puisqu'on ne peut révéler ce dernier, du moins posera-t-on la question : pouvons-nous espérer que cette histoire ne soit que le premier épisode d'une longue série ?

---

1 LISEZ.

1 Regardez la rubrique, le titre et le sous-titre du document 1 et dites de quoi il va être question.

2 Lisez le document 2 et répondez aux questions.

   1 Classez le livre dans un genre.
   2 Donnez les deux thèmes majeurs du livre.
   3 Résumez l'intrigue.
   4 Rappelez qui est le narrateur.

5 Retrouvez le plan de l'article :
   a l'opinion du critique ;
   b la présentation de l'auteur ;
   c la trame du récit ;
   d l'intérêt principal du livre.
6 Relevez les expressions de l'opinion positive du critique.
7 Notez l'expression qui indique une restriction.

À partir de la photo d'une couverture de livre, vous allez inventer le nom de l'auteur, trouver le genre, le titre, imaginer le contenu et en faire le résumé.

PIERRE BOULLE
La Planète des Singes

3

En l'an 2500, le savant professeur Antelle s'embarque à bord d'un vaisseau cosmique avec le physicien Arthur Levain et le journaliste Ulysse Mérou pour explorer l'étoile géante Bêtelgeuse qui se trouve dans la constellation d'Orion.

Ayant découvert qu'une des planètes qui gravitent autour d'elle a les mêmes caractéristiques que la Terre, ils décident de s'y poser…

Mais, sur cette planète, les humains sont un gibier que traquent… les singes ! Très vite, le journaliste Ulysse Mérou se retrouve emprisonné par ces curieux habitants et livré aux expériences pratiquées par des chimpanzés biologistes.

Parvenant à prouver qu'il n'est pas un animal dépourvu de raison, il réussit à échapper au sort que lui réservent les maîtres de la planète…

C'est ce qu'explique ce récit avec un brio et une subtilité qui transforment ce thème de science-fiction en conte philosophique passionnant.

4

3 Observez et lisez les documents 3 et 4 et répondez aux questions.

1. Comment sont présentés le titre, le nom de l'auteur et la maison d'édition ?
2. En quoi l'illustration a-t-elle une relation avec le titre de l'œuvre ?
3. Quelles informations cela vous donne-t-il sur le genre littéraire du livre ?
4. La page de présentation propose-t-elle :
   a un résumé du roman ?
   b un résumé du roman et une présentation de l'auteur ?
   c une présentation critique de l'œuvre et un résumé ?

folio

5

2 PRÉPAREZ
VOTRE PRODUCTION.

1. Regardez le document 5. Vous allez présenter cette couverture de livre au public. Notez le nom de l'éditeur et la collection.
2. Par groupes, classez-le dans le genre littéraire qui vous semble le plus approprié (science-fiction, policier, roman d'amour, biographie…).
3. Puis inventez le nom de l'auteur, son origine, ses œuvres éventuelles et quelques caractéristiques de son écriture.
4. Trouvez un titre qui corresponde à la photo de la couverture.
5. Imaginez ensemble ce que peut être le contenu (l'histoire) de ce livre. Après en avoir discuté, notez-en brièvement le résumé.

3 ÉCRIVEZ.

Vous pouvez maintenant rédiger votre article sur les modèles de ceux que vous avez lus ci-contre.
Vous garderez pour la fin votre commentaire critique. Qu'il soit positif ou négatif, vous y apporterez des nuances.

6
dossier

Unité A5 : Compréhension et expression écrite
Domaine de référence : La vie culturelle et artistique

Écrit 1 : Analyse de textes guidée par un questionnaire
(500 à 700 mots) **et reformulation d'informations**

Durée de l'épreuve : une heure.
Coefficient : 1 (noté sur 20).
Objectif : faire un compte rendu guidé du contenu d'un document écrit comportant des références précises à la réalité socioculturelle française ou francophone.

PRINCIPAUX SAVOIR-FAIRE REQUIS

• Saisir la nature et la spécificité socioculturelle du document.
• Dégager le thème principal et l'organisation d'ensemble.
• Extraire les informations essentielles.

MÉTHODE

Avant de répondre aux questions, prenez le temps :
– d'observer globalement et attentivement tout ce que comporte le document : titre, sous-titre, chapeau, origine, date, signature, caractéristiques extérieures les plus apparentes (chiffres, sigles, phrases en italique, illustrations…) ;
– de réfléchir au sens du titre : Permet-il de faire des hypothèses sur le contenu ?
– de lire la totalité du document rapidement

pour comprendre le sens et l'organisation d'ensemble ;
– de lire soigneusement les questions posées et de faire un premier repérage des endroits du document où vous pouvez trouver des éléments de réponse à chaque question.

CONSEILS DE RÉDACTION

– Vos réponses doivent être courtes et précises.
– Vous devez penser à marquer les relations logiques entre les phrases.
– Formulez vos réponses avec vos propres mots, ne reprenez pas des phrases entières du document, sauf si cela vous est demandé dans la consigne.
– N'ajoutez pas d'informations extérieures ni de commentaires personnels.
– N'oubliez pas de relire avec soin.

CONSIGNE

Lisez soigneusement le document suivant. Répondez ensuite aux questions posées.

**Libération.com et 00h00.com ont organisé fin 1999 un « banc d'essai » sur le Rocket e-book avec huit de ses lecteurs. Livre électronique en main, chacun s'est exprimé sur l'objet comme sur le type de lecture qu'il suppose.
Voici leurs témoignages.**

1 Édith, 35 ans, médecin généraliste, utilise un ordinateur à son cabinet depuis cinq ans environ, mais ne sait guère se servir d'Internet. Le Rocket e-book entre les mains, elle joue du stylet pour la première fois. Elle soupèse les 800 grammes de la tablette et lâche : « Un peu lourd. » L'avènement du livre électronique ne la choque pas. Au contraire. Elle y voit la possibilité de gagner de l'espace physique en engrangeant petit sur un PC plutôt que grand sur des étagères. « En déménageant, je me suis aperçue que je tenais seulement à un carton de bouquins. » L'objet livre ne tient pas grand-place dans sa vie. « La disparition du livre papier ?

dossier 6

Je trouverais ça bien pour les arbres. Mais peut-être que pour fabriquer un livre électronique, il faut détruire d'autres choses… Le plus insupportable, ce serait que le papier disparaisse et qu'on n'ait plus d'autre moyen de transmettre les connaissances. »

2 Malika, 37 ans, assistante d'un designer, est une boulimique de livres. Au rythme de deux ou trois par semaine, achetés ou empruntés. Elle prend même des cours de lecture rapide pour accroître encore le champ du possible. Avec le Rocket e-book, elle en tient dix d'un coup. Et en frétille de plaisir. « Ce pocket e-book, c'est l'idéal pour partir en voyage. » Elle fait défiler les pages de *Vingt-mille lieues sous les mers* à grande vitesse, essaye le dictionnaire, malheureusement en version anglaise. Elle ouvre une note en bas d'une page. Toutes les fonctionnalités lui plaisent. Sauf le poids. L'e-book vient quand même de gagner ses faveurs.

3 Olivier, 30 ans, ex-éditeur, fait la moue. Le Rocket e-book ne l'enchante pas. Il avait rêvé d'autre chose qu'une lecture sur un écran à cristaux liquides. « Je pensais voir une tablette avec des pages que l'on feuillette, regrette-t-il. Cet objet n'a rien de révolutionnaire ! » Pour lui, on en est vraiment aux balbutiements de l'ère du livre électronique : « On a l'impression de voir un produit inachevé et qui nécessite de nettes améliorations. » Sur l'avenir du papier relié, Olivier n'a aucune inquiétude. « Le livre électronique ne peut servir qu'aux ouvrages pratiques, interactifs. Pour tous les autres, rien ne remplacera le papier. »

4 Nathalie, 27 ans, assistante de chef de projet d'édition. L'objet la laisse froide. « Il n'a pas assez de

person-nalité. Je m'attendais à quelque chose de plus attachant, un livre que l'on s'approprie vraiment. Le Rocket e-book reste une machine. » Nathalie le juge limité, sans couleurs et sans images. Elle a l'impression d'être enfermée dans la linéarité. Seuls avantages, à son avis, la lumière et le nombre d'ouvrages contenus. « J'aime bien lire le soir dans mon lit. Une tablette lumineuse permet de ne pas déranger l'autre. » L'aspect numérique va à l'encontre de son aspect conservateur. Et la machine l'effraie. « Ça ne me plaît pas de conserver des bouquins sur mon ordinateur. »

5 François, 36 ans, professeur. « C'est jubilatoire d'avoir dix bouquins de poche en même temps. Deux bouquins de 250 pages, au volume et au poids certains, tiennent là-dedans. » Pour François, la disparition des librairies n'est pas forcément programmée. Au contraire, il imagine déjà celles du futur. « Rien n'empêchera d'y aller, de se brancher sur une sorte de distributeur et de télécharger dix bouquins. » Il ne nie pas être « sensuellement » attaché au papier. À son odeur surtout. Mais le contenu prime sur le reste. « Il y a une différence entre ceux qui aiment les livres et ceux qui aiment la lecture. » Il en vient à balayer le livre papier d'un geste. « Un gamin de douze ans, quand il lira plus tard, n'aura pas de trémolos dans la voie en évoquant le livre papier. » Pour François, l'e-book ramène à la lecture : « Si tu aimes lire, tu peux pas résister au plaisir de lire tous les livres du monde. »

6 Hélène, 34 ans assistante sociale. Pour elle, l'étrange objet a deux obstacles majeurs. Le Rocket e-book gagnerait à être plus léger. Et surtout à être

moins cher. « Le e-book ne sera pas accessible à tout le monde. Pour télécharger des livres, il faut un PC… » Le centre où elle travaille ne dispose que d'un seul poste pour enregistrer les entrées et les sorties des pensionnaires. Alors, imaginer une généralisation du livre électronique ! « Le papier, lui, reste relativement accessible à tout le monde. » Il se prête et se donne. Au foyer, cela se pratique tous les jours.

7 Hugo, 12 ans, classe de cinquième. « C'est un peu compliqué, estime immédiatement Hugo, la tablette entre les mains. Sur un livre papier, on tourne les pages sans se poser de questions », poursuit-il. Pour lui, le e-book n'est pas pratique. « On ne peut pas le sortir dans le bus parce qu'il est lourd et fragile. » L'objet lui paraît seulement utilisable chez soi, parce qu'il n'est pas aussi pratique et maniable qu'un livre papier. L'avantage, quand même, c'est qu'il réunit plusieurs livres en un. En même temps, il ne produit pas la même émotion qu'un livre papier. « Un livre, c'est une idée, une histoire particulière », estime Hugo.

8 Jacques, 56 ans, formateur. C'est un « pilotomane », comme il se définit lui-même. Il en est à son deuxième Palm depuis 1997. L'e-book ne le surprend donc pas trop. Si ce n'est son encombrement dans la paume. Question d'habitude. Mais il est gagné à la lecture électronique. « C'est beaucoup plus stimulateur d'idées qu'un livre papier », estime-t-il. On va dissocier la lecture de son support pour une lecture plus dynamique. » Mais il se sent « plus emprisonné dans le e-book, parce qu'on ne peut pas écrire ».

QUESTIONS

1 Attribuez les titres suivants aux textes. *(4 points)*
  a Pas assez discret. ➜ Texte n° …
  b Oui à la lecture active. ➜ Texte n° …
  c Un livre de poche cinq étoiles ! ➜ Texte n° …
  d Bien pour les forêts. ➜ Texte n° …
  e Tout cet équipement a un prix ! ➜ Texte n° …
  f Non à la dépendance à une machine.
      ➜ Texte n° …
  g Pas une révolution. ➜ Texte n° …
  h Génial, le pocket e-book ! ➜ Texte n° …
2 L'un des inconvénients majeurs du Rocket e-book est cité plusieurs fois. Quel est-il ?
(1 point)
Citez deux autres inconvénients mentionnés dans le document. *(2 points)*

3 Reformulez quatre aspects positifs de ce nouveau livre présentés dans les textes.
(2 points)
4 Donnez le prénom des quatre personnes qui sont défavorables à l'e-book. *(2 points)*
Reformulez en une phrase les raisons qu'ils évoquent. *(4 points)*
5 Parmi ceux qui sont favorables :
  a Quelle est la personne qui l'a déjà adopté ? Donnez son prénom et deux phrases qui montrent son enthousiasme. *(2 points)*
  b Quelle est la personne qui distingue deux types d'amateurs de livres ? Donnez son prénom et reformulez en une phrase construite ses propos. *(3 points)*

Écrit 2 : Expression personnelle dans une perspective comparatiste sur une question abordée dans le texte de l'écrit 1

> **Durée de l'épreuve :** une heure.
> **Coefficient :** 1 (noté sur 20).
> **Objectif :** donner son opinion personnelle sur le sujet et effectuer une comparaison avec la réalité de sa culture d'origine.

PRINCIPAUX SAVOIR-FAIRE REQUIS

• Synthétiser les idées importantes dans des phrases courtes et précises.
• Donner son opinion en quelques phrases.
• Produire un texte écrit cohérent et articulé.

CONSIGNE

Répondez aux questions posées.

QUESTIONS

1 Que pensez-vous personnellement du livre électronique ?
2 Est-il utilisé couramment dans votre pays ?
3 Pensez-vous que, d'ici quelques années, il aura supplanté le livre imprimé sur papier et êtes-vous d'accord avec la phrase de François :
Un gamin de douze ans, quand il lira plus tard, n'aura pas de trémolos dans la voix en évoquant le livre papier. (200 mots environ).

EXEMPLE DE BARÈME

• **Adéquation et organisation de la réflexion**
– Capacité à préciser la problématique *(3 points)*
– Précision et cohérence dans la présentation et l'enchaînement des idées, arguments et exemples *(3 points)*
– Capacité à mobiliser les notions clés dans le thème choisi *(3 points)*
– Capacité à mettre en relation des traits spécifiques de civilisation (culture française/ culture maternelle) *(3 points)*
• **Qualité linguistique** *(8 points)*
– Compétence morphosyntaxique
– Compétence lexicale
– Degré d'élaboration des phrases

TOTAL : 20 points

⑦

LES MÉDIAS **EN QUESTIONS**

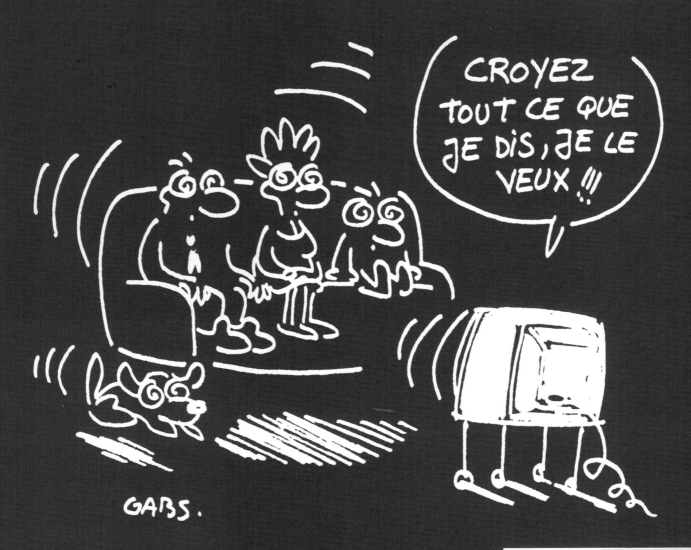

1 OBSERVEZ LES PHOTOS

ET FAITES DES HYPOTHÈSES.

1 De quel événement va-t-on parler ?
2 Dans quel type d'émission télévisée ?
  a Une émission-débat.
  b Un film de fiction.
  c Un magazine de société.
  d Un journal d'information.

2 DÉCOUVREZ LE DOCUMENT.

Visionnez la séquence 1 sans le son.
1 Vérifiez vos hypothèses et répondez aux questions.
  a Où se passe l'événement ?
  b De quel événement s'agit-il ?
  c Où a-t-il commencé ?

Visionnez la séquence 2 sans le son.
2 Reliez chaque région aux personnes et aux lieux filmés.

3 Comment est construit chaque moment du reportage ?
1 Présentation de la carte de France.
2 …
3 …

Région	Personnes	Lieux
a Limousin	**f** Témoins	**j** Toits arrachés
b Auvergne	**g** Pompiers au bureau	**k** Ville inondée
c Rhône-Alpes	**h** Voyageurs fatigués	**l** Bateaux secoués et échoués
d Franche-Comté/Lorraine	**i** Pompiers affairés	**m** Immeubles effondrés
e PACA (Provence-Côte d'Azur)		**n** Gare SNCF

Transcriptions en fin d'ouvrage.

dossier 7

EN QUESTIONS

Visionnez les séquences 1 et 2 avec le son.

PREMIÈRE ÉCOUTE

4 À l'aide de la carte de France p. 6, relevez toutes les régions citées.

5 À quelles régions appartiennent les villes de Saint-Hippolyte, Grenoble et Nancy ?

DEUXIÈME ÉCOUTE

6 Relevez les mots (noms, adjectifs et verbes) utilisés par les témoins pour qualifier :
a (Témoin 1) la mer : …
b (Témoin 2) les arbres : …
c (Témoin 5) le toit de l'école : …

7 Selon vous, qu'apporte le commentaire à l'image ? Complétez la liste.
– *Des précisions horaires ;*
– *le nombre des victimes ;*
– …

8 À quoi servent ces précisions ?

9 Donnez les adjectifs permettant de qualifier le ton de voix des journalistes.
Indifférent – détaché – ému – solennel.

10 Quels sentiments ce ton de voix provoque-t-il chez le téléspectateur ?

3 FAITES LA SYNTHÈSE.

1 Relevez et corrigez les sept erreurs qui se sont glissées dans l'article résumant l'événement. (Visionnez de nouveau le document si nécessaire.)

> Les 26 et 27 décembre, des tempêtes d'une violence inouïe ont balayé la France du nord au sud, faisant une soixantaine de morts. La dépression est née en début de soirée et a atteint le pays le lendemain, en début de matinée. Des centaines de milliers de voitures ont été emportées par le vent ; les routes ont été bloquées… Heureusement, les trains pouvaient circuler ! Dans la région de Nancy, il n'y a pas eu de victime. Seule la Côte d'Azur a été réellement épargnée par la tempête.

2 Lisez l'article ci-contre.
a Résumez l'apport du nouveau journalisme dans la manière de traiter les événements.
b Dégagez les éléments du reportage vidéo qui illustrent cette nouvelle manière.
c Pour vous, quel média apporte les informations les plus objectives ?
Télévision – radio – presse écrite quotidienne (nationale, régionale) – magazines.
d Quel est votre moyen d'information favori ? Pourquoi ?

Les limites de l'objectivité

Pendant de nombreuses années, l'objectivité a été au cœur des préoccupations du journalisme professionnel. On croyait qu'un journaliste ne devait laisser ni ses sentiments ni ses opinions influencer son travail. Aujourd'hui, la plupart des journalistes conviennent qu'il est impossible d'atteindre une parfaite objectivité. Quand le journaliste choisit l'orientation de son article et les éléments d'un événement, il prend déjà parti. Dans les années 60, plusieurs journalistes ont déclaré que, puisqu'il était impossible de présenter les nouvelles comme si elles avaient été enregistrées et présentées par un reporter robot (sans que ses opinions n'interviennent dans le processus), non seulement il fallait reconnaître la présence du reporter, mais il fallait également que ses sentiments et ses opinions soient intégrés à la nouvelle.

Ce nouveau style de journalisme, qu'on a appelé le nouveau journalisme, conserve certains éléments du journalisme traditionnel. Il emprunte des techniques au roman. Souvent, il reconstruit les événements scène par scène et y insère des descriptions et des dialogues empreints d'émotions.

INTRODUIRE UNE OPINION PERSONNELLE

– À mon avis…
– Pour moi…
– D'après moi…
– De mon point de vue…
– À mes yeux…
– Personnellement…
– Je pense/Je crois/J'estime/Je trouve/Je prétends que…

NUANCER UNE OPINION

– Ce moyen d'information est (relativement/assez/plutôt/très/extrêmement) intéressant.
– Il me semble que la radio/télévision…
– Ce moyen d'information/média me semble…
– L'information devrait/pourrait apporter…
– Il serait bon/utile/convenable que (+ subjonctif)

INFOS

1 LA CRÉDIBILITÉ DES MÉDIAS.

1 Indépendants, les journalistes ?

Croyez-vous que les journalistes sont indépendants, c'est-à-dire qu'ils résistent...

... aux pressions des partis politiques et du pouvoir

Oui, ils en sont indépendants	Non, ils n'en sont pas indépendants
32%	59%

Sans opinion : 9%

... aux pressions de l'argent

25%	59%

Sans opinion : 16%

Sondages Sofres Télérama-La Croix, parus dans *Télérama* n° 2663, 24 janvier 2001.

1 Lisez les résultats des deux sondages (documents 1 et 2). Répondez aux questions et prenez des notes.
2 Quel est le moyen d'information auquel les Français font :
   a le plus confiance ?   b le moins confiance ?
3 Citez les raisons permettant d'affirmer que les Français se méfient de leurs journalistes.
4 Lisez le document 3. À partir des trois documents, rédigez un court article synthétique et informatif sur « Les Français et leurs médias en 2001 ». Citez :
   a les différents médias d'information ;
   b les pourcentages de consommateurs ;
   c le degré de confiance/méfiance à l'égard des médias ;
   d les raisons de cette confiance/méfiance ;
   e les attentes à l'égard de la presse écrite.
5 Présentez vos propres attentes en matière d'information.

2 À quel média faites-vous le plus confiance ?

... en décembre 2000

	Les choses se sont passées vraiment comme on les raconte	Les choses se sont passées à peu près comme on les raconte	Il y a sans doute pas mal de différences entre la façon dont les choses se sont passées et la façon dont on les raconte	Les choses ne se sont vraisemblablement pas passées £ du tout comme on les raconte
Le journal	47%		40%	
	3%	Sans opinion : 5%		5%
La radio	50%		32%	
	5%	Sans opinion : 10%		3%
La télévision	42%		44%	
	5%	Sans opinion : 3%		6%

3 MÉDIAS : OÙ EN SONT LES FRANÇAIS ?

71 % des Français (74 % en 1999) s'informent à travers les journaux, la radio et la télévision.

En moyenne, 50 % font confiance à leurs sources, mais 61 % des commerçants, artisans et industriels s'en méfient.

47 % des Français font confiance à la télévision, mais 56 % des cadres et professions intellectuelles supérieures s'en méfient, ainsi que 56 % des jeunes de moins de 24 ans.

Pour les Français, les fonctions de la presse écrite quotidienne nationale les plus importantes sont : mettre au courant de l'actualité, faire comprendre les conséquences d'un événement, approfondir les causes et les conséquences d'un fait, informer sur le reste du monde.

2 L'INFLUENCE DE LA TÉLÉVISION DANS LA VIE SOCIALE.

1 Lisez les deux articles suivants (documents 4 et 5).

4 Les Français s'interrogent sur l'influence de la télévision dans la vie sociale

Les Français sont partagés en ce qui concerne l'influence de la télévision sur le fonctionnement de la démocratie : 47 % trouvent son rôle positif ; 46 % le trouvent au contraire négatif.

Si 72 % estiment qu'elle remplit son rôle en matière d'information, ils ne sont que 56 % en ce qui concerne le divertissement. Seuls 37 % considèrent qu'elle remplit bien son rôle en matière d'éducation (57 % non).

Le débat sur le « voyeurisme » de la télévision est régulièrement alimenté par l'actualité. Peut-on tout montrer dans les médias sous prétexte que les individus ont le droit de savoir ?

Il ne fait guère de doute aujourd'hui que la banalisation de la violence dans les émissions d'information ou de fiction a un impact sur les comportements de certaines personnes, comme en témoigne régulièrement l'actualité. C'est pourquoi 57 % des Français jugent utile la signalétique mise en place par les chaînes, indiquant le niveau de violence des programmes de télévision.

7 dossier

⑤ On a souvent accusé les médias, surtout la presse illustrée et la télévision, d'être responsables d'une montée de la violence. Les nombreuses recherches faites à ce sujet conduisent à tempérer ce reproche. Les émissions chargées de crimes sont, certes, nombreuses et ont le grave défaut de banaliser la violence. Mais seuls des esprits prédisposés à la délinquance sont portés à imiter les actes brutaux qu'ils voient sur le petit écran. Celui-ci n'est pas l'école du crime et peut parfois servir d'exutoire[1] à des tendances mal refoulées.

On note aussi des effets complexes sur la vie familiale. La télévision peut stériliser[2] la conversation, mais peut aussi fournir des thèmes stimulants et servir à maintenir la présence au foyer. Les adolescents sont cependant moins fascinés par ce type de loisirs et préfèrent souvent ceux qui les maintiennent en compagnie de leurs camarades.

1 *Exutoire* (n. m.) : moyen de se débarrasser de quelque chose.
2 *Stériliser* (v.) : rendre inexistante la conversation.

2 Relevez les quatre problèmes principaux posés par ces articles.

3 Résumez-les sous forme de questions qui pourraient servir de thème à une intervention orale sur l'influence de la télévision sur la vie sociale. *Pour vous, la télévision est-elle source d'échanges ou, au contraire, diminue-t-elle la communication en famille ?*

4 Mettez-vous par groupes de trois ou quatre. Apportez des éléments de réponse aux problèmes soulevés dans la question 3 en donnant des exemples. Confrontez-les avec la classe et débattez-en.

❸ LES FRANÇAIS ET INTERNET.

⑥ Les deux dernières années ont fait rattraper le retard des Français dans la connexion à Internet (un Européen sur trois). On compte 40 % d'internautes en Grande-Bretagne, presque autant en Allemagne, mais plutôt pour un usage professionnel ; la France est moitié moins équipée, en avance cependant sur l'Italie et l'Espagne. La révolution Internet n'est pas encore une révolution « populaire ». Masculin, jeune, actif et surtout surdiplômé par rapport à la moyenne, l'internaute type dispose de revenus plutôt confortables. L'expansion d'Internet permettra-t-elle aux catégories retardataires de combler le retard constaté ?

Les principales fonctions que les connectés reconnaissent au réseau sont celles d'accompagnement dans la vie quotidienne, de perfectionnement et de formation professionnelle, de découverte et d'analyse. De plus, par les capacités techniques offertes en matière d'interactivité, l'utilisateur est placé dans une logique de consommation active plutôt que dans une position de témoin par rapport à l'information.

L'aisance financière des internautes en fait des acheteurs à fort potentiel. Leurs intentions d'achat sont supérieures à la moyenne, en particulier en matière de voyages et de tourisme. Aujourd'hui, ce média est d'abord considéré comme un outil d'information, mais 41 % des internautes français considèrent que la « toile » a déjà modifié leur façon d'acheter.

Près de deux tiers des parents se déclarent préoccupés par l'utilisation d'Internet que font ou pourraient faire leurs enfants (pornographie, contenus idéologiques, violence) tout en lui accordant une réelle efficacité pédagogique.

Sondage Ipsos, février 2001.

1 Lisez le texte ci-contre.

2 Relevez tous les mots pouvant être associés au mot *Internet (connexion, internautes…).*

3 En petits groupes, établissez le profil de l'internaute français (sexe, âge, niveau d'études, catégorie sociale) et faites une présentation à la classe.

4 Relevez les avantages et inconvénients cités.

5 Faites un rapide sondage dans la classe :
  a Qui utilise Internet ?
  b Dans quel but ? Pour quel usage (vie professionnelle, quotidienne, privée…) ?
  c Quels avantages y trouve-t-il ?

6 Discutez de l'importance de ce nouvel outil : ses avantages, ses inconvénients, ses dangers éventuels. Servez-vous du vocabulaire relevé et du tableau ci-dessous.

Évaluer l'importance d'un outil

C'est un outil capital/de première importance/ d'importance majeure dans… d'une portée/ d'un poids/d'une ampleur/d'une dimension considérable…
Il marquera/il compte dans…
Fonction : il sert à…
Diffusion : il est utilisé par…
Il a un grand retentissement sur…
– Ses avantages : Il offre l'avantage de… il y a plusieurs raisons pour y croire…
– Ses dangers : Mais il comporte des risques/ il fait courir le risque de…/Il faut s'en méfier car…

7
dossier

GRAMMAIRE

Restituer des informations

1 *Lisez ce fait divers.*

Zidane dévoile son portrait à Marseille

Le footballeur Zinedine Zidane a dévoilé lundi son portrait géant sur la façade d'un immeuble à Marseille, sa ville natale, provoquant une grosse bousculade de journalistes.

« Je suis très fier. C'est un grand honneur pour moi. Je suis surtout content que cette photo soit encore là », a déclaré le champion du monde.

Ce portrait remplace celui qui avait été affiché au moment du Mondial 98 puis retiré, après avoir été aspergé de peinture rouge par des inconnus.

---

1 Relevez les verbes au passif. À quels temps sont-ils ?
2 Pourquoi le journaliste a-t-il choisi la formulation passive dans les phrases concernées ?
3 Pourquoi le journaliste a-t-il préféré la formulation active dans la première partie du fait divers ?

Pour restituer des informations, on peut utiliser :
1 La formulation active ou passive
• La voix active met en évidence le **responsable** de l'action (l'agent) :
*La mer **envahit** les maisons.*
• La voix passive met en évidence les **résultats** ou la **victime** de l'action. Elle est fréquemment utilisée dans les articles qui recherchent une certaine objectivité :
*Des milliers d'arbres **ont été abattus** par le vent.*
(L'agent peut être supprimé.)

2 La forme pronominale à valeur passive
Elle est utilisée pour **personnaliser un sujet inanimé** :
*Une maison peut **se vendre** cher, **se réparer** facilement, **s'agrandir**, **se louer**, **se détériorer**...*

3 La forme *faire* ou *se faire* + infinitif
• *Faire* + infinitif est utilisé pour mettre en évidence le rôle de commanditaire :
*Il **a fait agrandir** cette photo de famille (par le photographe).*
• *Se faire* + infinitif est utilisé pour mettre en évidence le rôle :
– de bénéficiaire :
*Il **s'est fait photographier** par le photographe.*
– ou de victime :
*Il **s'est fait voler** son appareil photo.*

---

2 *Mettez les verbes à la forme qui convient.*

1 Quatorze vitres (briser), dans la nuit de dimanche à lundi, à l'école Suzanne-Buisson. Causées par des jets de pierres, les dégradations importantes qui (commettre) sur l'établissement scolaire (ne pas revendiquer).
2 Les incendies qui (se propager) dans la forêt et le maquis toute la semaine dernière en Corse (maîtriser). La plupart (éteindre) hier, mais les pompiers (encore mobiliser).

3 *Hong parle de la fête des cerfs-volants pour le nouvel an chinois. Reformulez ces phrases au passif en utilisant **se faire** + infinitif.*

« C'est mon père qui nous a expliqué comment on fabrique un cerf-volant. Puis, des amis sont venus nous aider. Ma mère nous a filmés pendant la préparation et c'est mon oncle qui m'a photographié en train de le faire voler. La mairie a imprimé nos tracts pour la publicité. Les spectateurs ont applaudi les enfants. Rares sont ceux qu'on a critiqués. »
Nous nous sommes fait expliquer comment on fabrique un cerf-volant par mon père...

---

4 La nominalisation
Elle met l'accent sur l'événement. Elle est fréquemment utilisée dans les titres de journaux :
Dévoilement *du portrait de Z. Zidane.* **Déclaration** *du footballeur.* **Bousculade** *des journalistes.*
Terminaisons : *-tion, -ade, -ure* (fém.)
                  -ment, -age (masc.).

---

4 *Mettez l'accent sur l'événement. Remplacez les verbes des phrases suivantes par un nom. Choisissez entre **gain/victoire, prolongement/prolongation, échec/défaite, arrêt/arrestation**.*

> *Exemple :* L'équipe de France a gagné par huit buts à zéro.
> ➜ **Victoire écrasante de l'équipe de France.**

1 Un entrepreneur gagne des sommes considérables en Bourse.
2 Un médicament peut prolonger la vie humaine.
3 Tous les matchs de foot seront prolongés systématiquement d'une demi-heure.
4 L'équipe de France a été battue !
5 Toutes les chaînes de télévision ont été interrompues pendant trois heures dans le monde.

7
dossier

Trouver les causes et les conséquences d'un fait

5 *Soulignez les expressions de cause et de conséquence dans ces titres. Classez-les dans le tableau ci-dessous et notez leur construction.*

1 Les salaires ont augmenté, d'où la satisfaction générale.
2 Un jeune de dix-huit ans a été condamné à une amende de 310 euros pour avoir tagué un Abribus.
3 Comme ils n'avaient pas obtenu satisfaction, 70 % des chauffeurs de bus à Grenoble ont déclenché une grève illimitée.
4 L'accord n'a pas été conclu, il va donc falloir rouvrir les négociations.
5 Les employés ont tellement protesté qu'ils ont obtenu une augmentation.

a Causes	**b** Conséquences
…	…

6 *Retrouvez les causes et les conséquences de ces dégâts.*

> **Exemple :** Des arbres sont en travers des voies
> (en raison de – si bien que)
> **en raison de la violente tempête qui s'est abattue sur la France/si bien qu'il faudra du temps pour les dégager.**

1 Les routes sont impraticables (du fait de – au point que).
2 Le trafic SNCF est arrêté (à cause de – du coup).
3 Les pompiers sont intervenus (en raison de – de sorte que).
4 300 000 foyers sont privés d'électricité (parce que – donc).

Expliquer des faits

1 En soulignant la cause
• Conjonction + verbe à l'indicatif : *comme, car, étant donné que, sous prétexte que* (cause peu crédible), *puisque* (cause connue) :
Puisqu'il dit la vérité, il faut le croire.
• Locution + nom : *grâce à* (cause positive), *à cause de* (cause neutre ou négative), *du fait de, en raison de* (cause neutre) :
Grâce à l'aide des pompiers, les habitants ont pu regagner leur maison.
• Locution + nom ou verbe à l'infinitif : *sous prétexte de, à force de* (cause répétitive), *faute de* :
À force de travail/travailler, il a réussi ses examens.
• Nom : *la cause, la raison, le motif…*
• Verbe : *Ces faits **viennent** de/**proviennent** de/**résultent** de/**sont causés** par/**sont dus** à…*

2 En soulignant la conséquence
• Conjonction + verbe à l'indicatif : *si/tellement que/de, tant que/de, à tel point que, au point de* (mise en relief d'effets liés à l'importance de la cause) :
*Il y avait **tellement de** monde qu'il n'a pas pu entrer.*
• Nom : *le résultat, la suite, l'effet, le fruit, la conséquence…*
• Verbe : *Ces faits **ont causé/provoqué/ déclenché/ entraîné/produit/permis**…*
• Préposition, locution : *alors, donc, par conséquent, d'où, du coup* (très employé à l'oral).

VOCABULAIRE

Une page d'articles

Un **article** est un texte complet qui figure dans une publication.

1 Associez les définitions et les types d'articles.
Définitions
  a Il rend compte des faits de manière objective, sans introduire de commentaire personnel.
  b Il est davantage marqué par la sensibilité du journaliste qui choisit les personnes à interroger et les illustrations « sur le vif ».
  c C'est un article qui se penche sur les questions d'actualité pour en donner les causes, les conséquences et faire réfléchir.
  d Il donne la parole aux lecteurs.
  e Dans ce type d'article, le journaliste prend position au nom de son journal sur un événement essentiel.
  f Il se présente comme une courte lettre ouverte (souvent ironique) au lecteur sur un thème varié.

Types d'articles
1 L'éditorial.
2 Le reportage ou l'enquête.
3 Le courrier des lecteurs.
4 Le billet.
5 Le compte rendu.
6 L'analyse.

2 Classez les articles selon leur fonction.
  a Articles purement informatifs.
  b Articles donnant explicitement un point de vue personnel.

3 Attribuez-leur un des adjectifs suivants.
Objectif – partisan – impliqué.

Une histoire de la presse française

Les sociétés préhistoriques ont transmis des informations concernant la chasse ou l'ennemi. Avant l'écriture, des signaux à vue (fumées), sonores (tam-tams), des messagers (coureurs, cavaliers) ont assuré la transmission des nouvelles. Les progrès de l'écriture et des moyens de communication ont entraîné le développement de réseaux de transmission très perfectionnés.

Au XIIIe siècle, les riches marchands et les banquiers sont informés par des feuilles manuscrites (**les nouvelles**) et la découverte de l'imprimerie leur donnera un essor extraordinaire. Au XVIe siècle s'ajoutent des feuillets imprimés : **les occasionnels** (grands événements), **les canards**[1] (faits divers et surnaturels) et **les libelles**[2] (polémiques politiques ou religieuses). La *Gazette de France* est créée en 1631 par Théophraste Renaudot. Bi-hebdomadaire, elle est rendue officielle par Louis XV et devient, sous la Révolution, *La Gazette nationale de France*. Le premier quotidien paraît en 1777 : *Le Journal de Paris*. De 1815 à 1830, le problème de la liberté de la presse est au cœur de la vie politique. Il est à l'origine des journées révolutionnaires de juillet 1830, comme en témoigne la colonne de Juillet, place de la Bastille : ainsi la presse a-t-elle démontré sa puissance. Le phénomène essentiel de son histoire, au XIXe siècle, est la naissance des journaux bon marché, dont le prix baisse grâce à la publicité. L'idée en revient à Émile de Girardin, fondateur de la presse moderne. La presse se développe avec l'instruction mais aussi grâce à des facteurs techniques (poste, téléphone…). Le siècle s'achève avec la célèbre loi du 29 juillet 1881, inspirée par le plus grand libéralisme politique, qui régit la liberté de presse, florissante jusqu'en 1939. La plupart des titres d'aujourd'hui sont nés à la fin de la Deuxième Guerre mondiale, après une période d'occupation ennemie qui a laissé beaucoup de suspicion[3] à l'égard des médias dans l'opinion. Elle reste cependant une source essentielle pour notre connaissance du monde.

LES INCIDENTS DU GRAND-PRIX

1 Aujourd'hui, *un canard* désigne un journal en langue familière.
2 *Libelle* (n. m.) : article polémique (langue soutenue).
3 *Suspicion* (n. f.) : fait de tenir pour suspect.

1 Lisez le texte.

2 Retrouvez les six parties du texte et donnez-leur un titre.

> *Exemple :* Partie 1 : de *Les sociétés préhistoriques* jusqu'à *perfectionnés*.
> → **Origines de la circulation des informations.**

3 Notez, chaque fois qu'elles sont mentionnées, les raisons pour lesquelles un phénomène est relaté.

> *Exemple :* **À cause de la période de l'Occupation, la plupart des titres actuels sont nés en 1945.**

4 Quels faits majeurs retenez-vous de l'histoire de la presse française ? Est-elle très différente de celle de votre pays ?

EXPOSÉ

Présentez une publication (nationale ou régionale) de votre pays.
Vous préciserez :
– l'origine et les raisons de sa création ;
– son développement, ses éventuelles transformations/évolutions et leur résultat ;
– ses contenus et sa forme actuelle ;
– son image (tirage, lectorat, sommaire, ligne éditoriale).
Alternez les constructions actives et passives. Mettez en évidence les causes et les résultats.

dossier 7

ORAL

⑦

1 INTONATION. [cassette]

Bulletin d'informations

1 Écoutez une première fois le document et classez chaque information dans les rubriques suivantes.

	a	b	c	d	e	f	g
Sport							
Culture							
Faits divers							
Nécrologie							
Politique							
Société							
Multimédia							

2 Écoutez une deuxième fois. Prenez des notes pour chaque information et remplissez le tableau.

	a	b	c	d	e	f	g
Qui ?							
Quoi ?							
Où ?							
Comment ?							
Pour quelles raisons ?							

3 Mettez-vous par groupes de deux pour reformuler l'une des sept informations à l'aide des notes. Chaque groupe lira ensuite son information en utilisant l'intonation qui lui semble convenable. Vous reconstituez ainsi l'intégralité du bulletin.

4 Par groupes de deux ou trois, réalisez un « vrai faux journal » du jour (un journal d'information partant de faits réels ou complètement imaginaires). Présentez quatre informations concernant votre pays et deux concernant des pays étrangers.

Conseils
- Rédigez ces informations par écrit.
- Privilégiez l'information essentielle.
- Classez-les par ordre d'importance.
- Répondez aux questions : *qui ? quoi ? où ? quand ? comment ? pourquoi ?*
- Utilisez des passifs quand vous le jugez nécessaire.
- Soignez le ton avec lequel vous allez donner les informations.
- Dites-les en un temps limité. Travaillez la fluidité.

2 RADIO REFLETS. [cassette]

Presse écrite, télévision, radio, Internet, l'univers de l'information est varié. Cécile Caron a enquêté pour savoir si Internet n'allait pas entraîner la mort des journaux imprimés. Écoutez les réponses des personnes interrogées.

Première écoute

1 Les personnes interrogées pensent-elles que l'imprimé va disparaître ?

	Oui	Non
Charles	x	
Patrick		
Ève		
Mathieu		
Élodie		
Caroline		

Deuxième écoute

2 Qui dit quoi ?
- **a** La fabrication du papier est un désastre écologique.
- **b** Le support papier durera à condition qu'il évolue.
- **c** Les nouveaux médias donnent plus de possibilités à l'édition.
- **d** La presse traditionnelle est un outil de liberté.
- **e** Le support papier disparaîtra même s'il est très pratique.
- **f** Internet permettra d'accroître le nombre de lecteurs de la presse.
- **g** Internet est plus rapide mais ce n'est qu'un apport supplémentaire.

3 DÉBAT.

Faites deux groupes : ceux qui pensent que les journaux imprimés disparaîtront et ceux qui pensent que non. Dans chaque groupe, reprenez les arguments que vous venez d'entendre. Développez-les et apportez les vôtres.

7
dossier

La droite majoritaire dans le pays

Le premier tour des élections municipales a donné des résultats largement inattendus et assez difficiles à interpréter. C'est parce qu'ils témoignent de nouveaux comportements et de nouvelles attentes.

On peut y voir d'abord une première manifestation de la crise qui frappe le système politique national et les partis politiques. Le premier signe en est évidemment la hausse de l'abstention qui passe de 30,6 % en 1995 à 38,7 %.

Pour ceux qui ont voté, la tendance a été de favoriser le choix local plutôt que national et de préférer les personnalités connues à celles qui viennent d'ailleurs.

On notera aussi, à gauche comme à droite, le succès des petites listes en dehors des grands partis.

Les électeurs sont désormais difficiles à comprendre. Leur « liberté » ne modifie cependant pas globalement les rapports de force entre, d'un côté, la majorité gouvernementale et, de l'autre côté, la droite républicaine. La coalition du gouvernement se trouve distancée, pour la première fois depuis 1995, par les partis de droite. Ceux-ci effacent leurs échecs des élections précédentes ; de plus, on note qu'en 2001, la droite (50,5 % des voix) est majoritaire, alors que l'extrême droite apparaît en sérieux recul.

D'après *Le Figaro*, Colette Ysmal, 12 mars 2001.

1

Jospin[1] confronté aux défis de sa nouvelle gauche

« Rassembler à gauche … » Au lendemain du premier tour des municipales, le PS a pris conscience, lors de son bureau national, qu'il devait désormais faire avec une gauche à sa gauche. Forte poussée nationale des écologistes (les Verts), de l'extrême gauche classique et succès des petites listes. Cette gauche de la gauche a pris de la consistance à tel point que la forte progression des Verts risque de déséquilibrer pour la première fois le rassemblement pluriel[2] mis en place en 1997. À un an de la présidentielle, Lionel Jospin va devoir tenir compte de ce fait qui est l'expression d'une critique de gauche envers la politique de son gouvernement.

Libération, 12 mars 2001.

1 *Lionel Jospin* : Premier ministre socialiste (depuis 1997), ex-premier secrétaire du PS, parti socialiste. 2 *Rassemblement pluriel* : réunion de différents partis de gauche constituant la majorité gouvernementale élue en 1997.

2

Vous allez écrire un article de presse en choisissant votre point de vue.

1 LISEZ.

Voici deux articles traitant d'un même événement, parus dans deux médias différents le même jour.

2 ANALYSEZ.

1 Quel est le thème de ces deux articles ?
2 Classez-les dans une des catégories vues dans la rubrique *Vocabulaire* p. 91.
3 Qualifiez les deux titres : *objectif, partisan...*

— DOCUMENT 1

4 **a** Relevez les éléments d'informations contenus dans l'article et les commentaires sur les informations.

Informations	Commentaires
...	...

b Le journal prend des précautions pour analyser les premiers résultats. Notez quelques expressions qui le montrent.
c Sur les données mesurables, il apporte quatre premières conclusions et une interprétation globale. Retrouvez-les.
d Dégagez la tendance politique du quotidien.

— DOCUMENT 2

5 **a** Sur les mêmes données que celles de l'article précédent, quelle est ici l'interprétation mise en avant ?
b Retrouvez dans l'article précédent la remarque qui est devenue dans l'article 2 l'information principale.
c Relevez trois expressions qui soulignent l'importance du phénomène, selon l'article.
d Relevez les trois phrases qui mettent en garde le Premier ministre.
e Dégagez la tendance politique du quotidien.
6 Donnez votre sentiment sur la façon dont ces deux articles informent le lecteur.
Selon vous, quel est :
a le plus informatif ?
b le moins informatif ?
c le plus partisan ?
d le moins partisan ?
Justifiez votre réponse.
7 Quel titre est informatif ?
Quel titre est allusif ?
(Un titre allusif, ou incitatif, ne fait pas référence à l'événement traité de façon directe, mais sous une forme sous-entendue.)

3 PRÉPAREZ VOTRE PRODUCTION.

Vous rédigerez un article dans lequel vous pourrez prendre position à partir des événements suivants.

La situation
En décembre 2000, une jeune femme, mère célibataire, est jugée pour avoir volé des produits alimentaires dans un supermarché. Elle avait refusé de les payer et s'est retrouvée devant le tribunal correctionnel quelques mois plus tard...

Les faits
Corinne G, au chômage, vole dans un supermarché Autan de la banlieue parisienne plusieurs kilos de produits alimentaires le 2 septembre 2000. Elle est arrêtée par les vigiles à la sortie du magasin et proteste violemment. Le directeur du supermarché, devant ses refus de s'acquitter du montant des produits, porte plainte. Corinne est arrêtée par la police, mise en détention jusqu'à son procès. Pour sa défense, elle avance l'argument suivant : elle a volé pour nourrir son enfant, étant sans ressources après une longue période de chômage.

Les circonstances de votre article
La décision du tribunal a été différée, Corinne est en liberté provisoire. Vous décidez d'en faire part dans votre quotidien.

Vous pouvez prendre le parti de Corinne, prendre position pour le respect des lois ou pour le propriétaire du supermarché. Vous pouvez rester absolument objectif/objective et rendre compte, sans aucune marque personnelle, de ce fait de société.

4 ÉCRIVEZ.

Quelle que soit votre position, respectez les règles du journalisme : votre lecteur doit savoir qui, où, quand et quoi (les acteurs/le lieu/ le moment/les faits).
Insistez sur les causes et les conséquences de l'événement, en mettant en valeur les unes ou les autres selon le parti que vous prenez.
Une fois l'article rédigé, choisissez votre titre : incitatif ou informatif.

Exemples : *Une jeune femme jugée pour vol* (informatif).
La misère, la jeune femme et le supermarché (incitatif, allusion implicite).
Autan, suspends ton vol ! (incitatif avec jeu de mots : citation d'un poème de Lamartine « Ô temps, suspends ton vol »).
Un jugement de haut vol (jeu de mots : expression signifiant « de haut niveau »).

dossier 7

BILAN

1 Mettez les verbes au futur simple ou au futur antérieur.

Un futurologue parle de la vie dans le futur.
Je suis persuadé qu'une civilisation technologique en pleine expansion ne (pouvoir) pas se contenter de sa seule planète d'origine, la Terre. Les nouveaux habitats de l'espace (permettre) d'abord de transférer les activités les plus polluantes hors des limites de l'atmosphère terrestre. Il est probable que notre planète en (bientôt finir) avec la pollution et que, dans quelques années, on (déjà comprendre) comment utiliser les ressources de l'espace. De nombreux satellites (être) construits à partir de matériaux lunaires. L'être humain ne (dépendre) plus d'un écosystème et (déjà s'adapter) à ce nouveau milieu.
D'autre part, d'ici là, on (lancer) la colonisation de la planète Mars.
Enfin, la fin du XXIe siècle (voir) la première génération d'êtres humains qui (ne jamais poser) le pied sur la planète bleue. Le rêve séculaire de conquête de l'espace (se réaliser).

2 Complétez le texte en accordant les participes passés et en l'articulant avec les expressions suivantes :

d'abord – puis – enfin – d'un côté... de l'autre – non seulement... mais aussi.

La presse quotidienne régionale française se porte mieux : elle est entr... dans une phase de consolidation après avoir véc... d'immenses difficultés. En effet, ... la jeune télévision l'a fortement concurrenc... dans les années 60, ... les changements techniques l'ont handicap... .
On assiste aujourd'hui à un combat des géants de l'édition pour se l'approprier. ... le groupe du *Figaro* poursuit son offensive dans le Nord, ... les derniers arrivants comme *Le Monde* cherchent leur place au soleil en rachetant les titres du sud de la France. La presse régionale a été cré... bien avant les grandes mutations de la société française et elle est rest... très marquée par son histoire rurale, ... dans son organisation ... dans le traitement de l'information. C'est pourquoi les difficultés qu'elle a conn... ont été diverses, nombreuses, et étal... sur des décennies.
Il semble qu'aujourd'hui, ..., elle soit sort... du tunnel, mais à quel prix ?

3 Décrivez une manifestation culturelle.

À partir des notes ci-dessous, rédigez pour un journal local une présentation de la manifestation culturelle suivante : L'incroyable pique-nique.
Faites une seule phrase pour chaque paragraphe.
Utilisez des propositions relatives.

1 Le projet. Il a été imaginé par Paul Chemetov. Objectif : Planter des milliers d'arbres le long du méridien de Paris, entre Dunkerque et Barcelone. La région participera financièrement à ce projet.
C'est un projet...
2 Le méridien de Paris. Il renvoie à une page importante de notre histoire. C'est grâce à lui que le mètre étalon a été établi et c'est à partir de lui qu'on calcule les heures locales.
Le méridien de Paris...
3 Le pique-nique. Il aura lieu sur la plus grande table jamais imaginée ; on pourra y accéder à pied, en rollers, à vélo... des avions le survoleront en permanence.
Le pique-nique...

4 Placez correctement les adjectifs entre parenthèses.

Monet à Paris : Pour la ... fois ... (première), l'hôtel Marmottan présente au public l'ensemble de la ... collection ... (formidable) du peintre Claude Monet (1840-1926). Ces huiles, caricatures, pastels et ... carnets ... (préparatoires) couvrent toutes les étapes de la ... carrière ... (longue) du peintre. Le public pourra donc apprécier ce ... ensemble ... (beau), le plus complet qui ait été réuni depuis longtemps. Dépêchez-vous, cette ... exposition ... (temporaire) se termine la ... semaine ... (prochaine).

5 Connaissances lexicales.

1 Donnez quatre synonymes du verbe *rire*, deux en langue familière et deux en langue soutenue.
2 Décrivez les cinq premières opérations que vous effectuez lorsque vous travaillez sur votre ordinateur. (Utilisez le lexique approprié.)
D'abord, je dois...

6 Causes, conséquences.

1 Vous êtes publicitaire et vous devez promouvoir un téléphone portable. Exprimez ses avantages en mettant la cause en évidence. Employez les mots et conjonctions suivants : *puisque – comme – grâce à – vu que – à l'origine de – les raisons de.*
2 Vous êtes un usager exaspéré par l'utilisation abusive de cet objet. Exprimez-vous sur ce sujet en mettant en évidence les conséquences négatives de son usage avec les mots suivants : *aussi – donc – c'est pourquoi – d'où – engendrer – à tel point que.*

L'ÉDUCATION,
POUR QUOI FAIRE ?

SAVOIR-FAIRE

- S'informer sur le système éducatif, l'importance du baccalauréat en France, les nouvelles méthodes pour s'y préparer.
- Prendre conscience des principales questions soulevées par l'éducation, les préoccupations des étudiants, leurs jugements sur l'école.
- Débattre sur les moyens et les manières de l'apprentissage.
- Exprimer le conseil et le but. Mettre ses objectifs en valeur.
- Encourager, décourager, conseiller.
- Raconter un itinéraire universitaire.
- Rédiger un projet.
- Comparer le système scolaire français avec celui de son pays.

L'ÉDUCATION,

1 OBSERVEZ LES PHOTOS ET FAITES DES HYPOTHÈSES.

1 Quel est le thème ?
2 Qui sont les personnages ?
3 Quels outils sont utilisés ?
4 À quoi vont-ils servir ?

2 VISIONNEZ LE DOCUMENT.

**Visionnez la séquence 1.
Sans le son.**

1 Complétez.
a Bac …
b Nombre de candidats : …
c Nommez les différentes séries du bac général.
d Quels sont les autres bacs ? *Bac t... – Bac p...*

2 Quelle série du bac général compte le plus grand nombre de candidats ?

Avec le son.

3 Lisez le texte ci-dessous, puis écoutez l'extrait proposé. Relevez ensuite les mots manquants, puis complétez le texte.

> Jamais le baccalauréat n'avait attiré autant de candidats : 644 128 pour cette dernière … . Ils n'étaient que 10 000 en 1900. Plus de la moitié des … se présentent au bac général : 345 000 au total, la grande majorité en … scientifique. Effectifs en hausse également en série économique et sociale alors qu'ils sont de moins en moins nombreux en série … . Le bac technologique comme le bac … attirent cette année encore de plus en plus de … : 189 000 pour le premier, 110 000 pour le second. Les candidats se répartiront dans 3 000 …, 119 000 … sont mobilisés pour corriger 4 millions de … . Les règles ne changent pas : il faut une moyenne de 10 sur 20 pour être … ; entre 8 et 10, une deuxième chance est offerte avec les oraux de … ; mais en dessous de 8, c'est … . Les … seront affichés à partir du 4 juillet pour le bac …, du 5 pour le bac général. À noter que … candidat cette année n'a que 13 ans, le … 71 ans.

4 Exposez à un(e) ami(e) les trois cas possibles de résultats au bac :
a Au-dessus de 10, le candidat est … .
b Entre 8 et 10, il doit … .
c En dessous de 8, il est … .

5 Que pensez-vous de ce système ? Existe-t-il un système semblable dans votre pays ?

Visionnez la séquence 2 avec le son.
PREMIÈRE ÉCOUTE

6 Prenez des notes et remplissez le tableau.

a Nouveaux moyens de réviser le bac	b Moyens traditionnels
…	…

DEUXIÈME ÉCOUTE

7 Quels avantages présentent ces nouvelles méthodes de révision ?
a Selon Anne-Claire.   b Selon le professeur.

8 Quelle expression le journaliste utilise-t-il pour souligner que les méthodes traditionnelles de révision n'ont pas disparu ?

9 a Et vous, comment révisez-vous vos examens ?
   – Je m'y prends très à l'avance.
   – Je m'y mets au dernier moment, etc.

Transcriptions en fin d'ouvrage.

dossier 8

POUR QUOI FAIRE ?

b Quelles sont vos techniques pour consolider vos acquis ?
– Je révise avec un(e) ami(e).
– Je révise seul(e).
– Je relis mes notes après le cours et je réécris les phrases importantes sur des fiches.

c Utilisez-vous des moyens technologiques modernes :
Internet ? La télévision ? Des CD-Rom ? Autres ?

d Mettez vos idées en commun. Comparez-les avec celles des professeurs et des journalistes que vous venez d'entendre.

Visionnez la séquence 3 avec le son.
PREMIÈRE ÉCOUTE

10 Quel jour le reportage a-t-il eu lieu ?

11 Dans quel état d'esprit se trouve Rodolphe ?
Inquiet – détendu – indifférent – angoissé.

12 Quel est son rythme de travail ?
a Il travaille plusieurs heures de suite.
b Il s'arrête toutes les deux heures.
c Il fait une pause toutes les demi-heures.

DEUXIÈME ÉCOUTE

13 Parmi les conseils suivants, lesquels sont donnés par le professeur et par la journaliste ? Prenez des notes pour justifier vos réponses.
a Réviser régulièrement.
b Faire du sport.
c Faire des pauses.
d Avoir un sommeil régulier.
e Éviter le bachotage de dernier moment.
f Avoir une bonne hygiène alimentaire.
g Éviter les stimulants.

14 Notez l'expression qui signifie qu'à la veille de l'examen, il n'y a plus rien à faire.

15 a Et vous, dans quel état d'esprit êtes-vous à la veille d'un examen ?
Je suis très stressé(e). – Je suis plus ou moins stressé(e). – Je suis assez détendu(e).
b Quel est votre rythme de travail ?
Je révise toute la journée. – Je révise deux à quatre heures par jour. – Je révise une à deux heures par jour.
c Révisez-vous jusqu'au dernier jour ?
Je révise jusqu'au dernier jour. – Je revois quelques fiches le dernier jour. – Je ne fais rien.
d Quels sont vos moyens de détente ?

Visionnez la séquence 4 avec le son.

16 Le reportage a-t-il été tourné avant ou après une épreuve du bac ?

17 Par quelles expressions les candidats manifestent-ils :
a leur angoisse ?
b leur fatalisme ?

18 De quelle épreuve parle-t-on ?

19 Notez les deux sujets de l'épreuve.

20 Quelle est la réaction des candidats après l'épreuve ? D'après eux, ont-ils réussi ou échoué ?

3 FAITES LA SYNTHÈSE.

1 Quel étudiant êtes-vous :
organisé ? touriste ? travailleur ? submergé ?
Pour le savoir, faites ce test. Choisissez la situation qui correspond le plus à votre attitude.

---

1 Vous avez un cours à apprendre.
a Je reprends mon cours et je me fais des fiches.
b Pas de problème ! J'ai assisté au cours. C'est suffisant.
c C'est difficile. Je stresse à l'idée de devoir retenir tout ça !
d Je relis mon cours… si je retrouve mes notes.

2 Vous avez un devoir à rendre dans deux semaines…
a Dès que je peux, je note ce que m'évoque le sujet. Je complète en consultant mon manuel. Quelques jours plus tard, je classe mes notes et je rédige.
b Je m'y mets tout de suite. Je prends du papier et je cherche des idées. Mais au bout d'un quart d'heure, ma feuille est toujours blanche. J'ai du mal à m'y mettre.
c Je cherche des informations un peu partout. Je trouve des choses… Mais comment les organiser ?
d Je ne m'en fais pas, j'ai plein d'ouvrages chez moi qui donnent les corrigés des sujets. Je vais sûrement pouvoir y reprendre les idées utiles pour mon devoir.

3 Vous avez une journée de libre, que faites-vous ?
a J'organise ma journée en alternant travail et loisirs.
b Je passe beaucoup de temps à me mettre au travail.
c J'en profite pour travailler toute la journée.
d Ça fait du bien ! Je me lève tard, je prends mon temps, je vais au cinéma…

• Si vous avez une majorité de **a**, vous êtes un bon élève. Bravo !
• Si vous avez une majorité de **b**, vous vous comportez en touriste. Nous vous recommandons de travailler avec des ami(e)s. Préparez des fiches et surtout faites des efforts réguliers.
• Si vous avez une majorité de **c**, vous travaillez beaucoup mais vous êtes stressé(e). Vous n'avez pas assez confiance en vous.
• Si vous avez une majorité de **d**, vous êtes en difficulté mais il n'est pas trop tard pour remonter la pente !

2 Échangez vos résultats et vos conseils : les étudiants qui sont plutôt bons élèves donnent des conseils à ceux qui sont en difficulté ; les étudiants qui ont tendance à se comporter en touristes conseillent ceux qui se sentent vite stressés et vice versa. Servez-vous des conseils donnés dans la vidéo.

L'éducation :
système et valeurs

1 LE SYSTÈME ÉDUCATIF.

1 Observez le schéma.

2 Mettez-vous par groupes de quatre et recherchez :
– Groupe 1 : l'itinéraire scolaire classique d'un jeune Français de 18 ans qui a obtenu deux diplômes ;
– Groupe 2 : l'itinéraire d'un jeune qui termine sa scolarité à l'âge légal (16 ans) avec un diplôme en poche ;
– Groupe 3 : l'itinéraire possible d'un jeune ingénieur.

Exemple : Groupe 1 – Grégoire a suivi les cinq années d'école élémentaire sans problèmes. Puis il est allé au collège jusqu'en troisième. Là…

3 Si vous aviez fait vos études en France, quel aurait été votre itinéraire et où en seriez-vous maintenant ?

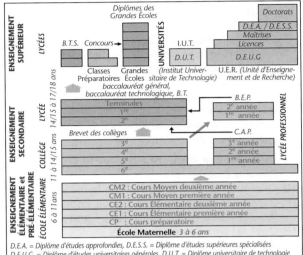

D.E.A. = Diplôme d'études approfondies, D.E.S.S. = Diplôme d'études supérieures spécialisées
D.E.U.G. = Diplôme d'études universitaires générales, D.U.T. = Diplôme universitaire de technologie
B.T.S. = Brevet de technicien supérieur, B.T. = Brevet de Technicien
B.E.P. = Brevet d'études professionnelles, C.A.P. = Certificat d'aptitude professionnelle

2 QUESTIONS D'ÉDUCATION…

1 Observez les caricatures ci-dessus.
2 Attribuez à chacune d'elles un des titres suivants.
   a Reproduction sociale.
   b Études et réussite sociale.
   c Entraînement à la compétition.
   d Investissement maternel.
3 Par groupes, formulez cinq questions évoquées par ces dessins sur l'importance des études à notre époque.
   Doit-on développer l'esprit de compétition ?...

4 Analysez chaque question. Ces questions se posent-elles dans votre pays ? Donnez des exemples.
5 Débattez-en en classe.

1 et 3 : Wolinski, *Le Nouvel Observateur*, 20-26/11/87.
2 Plantu, *Le Monde*. 4 Loup, *L'Étudiant*, 1990.

dossier 8

3 LES ÉTUDIANTS JUGENT L'ÉCOLE.

1 Lisez les deux textes.

D'horizons différents, plus ou moins motivés, les collégiens et les lycéens n'ont plus qu'une idée en tête : réussir leur avenir professionnel. Pour eux, l'école est non plus un lieu de savoir gratuit et atemporel, mais une « boîte à outils » où chacun puise les connaissances qu'il juge utiles pour son futur métier. La culture générale ne peut plus désormais garantir à elle seule l'insertion professionnelle. Il faut savoir « communiquer », bien s'exprimer, pensent les jeunes. 15 % d'entre eux estiment que le français devrait être davantage enseigné – et les langues étrangères 26 %.

D'après le sondage réalisé par l'IFOP pour *L'Express* et la Ligue de l'enseignement. – *L'Express* du 23/11/2000.

Boris Seguin, professeur d'histoire

« Il y a un formidable malentendu sur le sens de l'école. Je ne vois pas en quoi les profs préparent les élèves à un métier ! Même le bac reste un examen de culture générale. L'école est censée développer leur esprit critique, et non pas leur apporter des ouvertures professionnelles. Je pense que les jeunes répètent ce que disent les parents lorsqu'ils parlent de finalité professionnelle ou bien ils pensent aux techniques pour apprendre à écrire un CV ou une lettre de motivation. Et alors, c'est dramatique !

Je m'attendais à ce que les élèves perçoivent davantage les dysfonctionnements du système. Ils ne se rendent pas compte que les enseignants se posent des questions sur leur métier, qu'ils ont du mal à travailler ensemble, que les disciplines sont tellement cloisonnées que les élèves passent d'un cas à l'autre sans trouver de sens. En fait, j'ai l'impression que nous sommes dans deux mondes parallèles ! »

Claire Chartier, *L'Express* du 23/11/2000.

2 A À quoi l'école doit-elle servir ?
Sélectionnez les réponses correctes.
• Selon les lycéens d'aujourd'hui :
a à avoir une bonne culture générale ;
b à apporter des connaissances utiles pour la vie professionnelle ;
c à mieux savoir se faire comprendre ;
d à développer son esprit critique.
• Selon le professeur Boris Seguin :
a à s'insérer dans la vie professionnelle ;
b à développer son intelligence ;
c à se poser les bonnes questions ;
d à reproduire le modèle proposé par les enseignants.
B Pourquoi Boris Seguin dit-il que les élèves et les professeurs sont *dans deux mondes parallèles* ?

3 Quelles disciplines devrait-on valoriser selon les lycéens ?
4 Et selon vous, quels objectifs prioritaires l'école doit-elle se donner ? Les programmes sont-ils adaptés aux besoins des élèves ? Quelles matières devrait-on valoriser ? supprimer ?
5 Les jugements des lycéens français peuvent se résumer dans les cinq points suivants. Les partagez-vous ? Discutez-en entre vous.
a On aime l'école.
b On a de bons profs bien qu'ils aient tendance à nous rabaisser.
c Respectons-nous les uns les autres.
d Demandez-nous notre avis avant de nous orienter.
e L'école, c'est ce qu'on a trouvé de mieux pour préparer l'avenir.

dossier 8

GRAMMAIRE

Exprimer des buts et les mettre en valeur

AMÉLIE :
« Je voudrais pouvoir entrer en fac de psycho, mais pour s'inscrire, c'est déjà dissuasif ! »

BERTRAND :
« Après le bac, j'ai prévu de continuer mais je ne sais pas en quoi. »

CAROLE :
« J'ai toujours voulu être artiste ; le bac, c'est pour que mes parents soient contents, mais j'ai le projet de suivre un cours de théâtre de sorte de pouvoir faire un jour du cinéma. »

DENIS :
« On souhaite réussir, bien sûr, pour trouver un boulot qui nous plaise, quoi, c'est normal ! »

EMMANUEL :
« Je veux rentrer dans la vie active le plus vite possible de façon à gagner ma vie correctement. Heureusement, de crainte que le bac ne soit pas suffisant, j'ai passé mon BAFA (brevet d'aptitude aux fonctions d'animateur), comme ça, j'ai plus de chances ! »

AURORE :
« On m'a conseillé de m'inscrire dans plusieurs facs à la fois de manière à ce que je ne sois pas sans rien. »

1 *Lisez ci-dessus les projets des étudiants et relevez les constructions permettant :*

1 d'exprimer un but :
  – par un verbe : *J'ai prévu de…*
  – par une locution : *pour* + infinitif
  – par une relative au subjonctif : …
2 de le mettre en valeur : *Ce que je…, c'est…*

2 *Reliez les couples de phrases en utilisant une des locutions du tableau ci-contre.*

1 Elle n'est pas partie en vacances – ses révisions sont terminées.
2 Il a avancé sa montre – il ne sera pas pris par le temps.
3 Son père l'a emmené en voiture – il n'était pas fatigué par les transports.

3 *Complétez par une relative au subjonctif.*

1 Je voudrais tomber sur un sujet…
2 J'aimerais entreprendre des études supérieures…
3 Existe-t-il une méthode de travail…

4 *Complétez avec une phrase au subjonctif.*

1 Parle très distinctement que…
2 Apporte-moi le thé…
3 Montre-moi tes notes…
4 Rangez les copies par ordre alphabétique…
5 Téléphone-moi vite tes résultats…

L'expression du but
1 Avec les verbes :
avoir l'intention de/avoir pour but/objectif de/ prévoir de + infinitif

2 Avec les locutions :
• *pour/afin de/de façon à/de manière à/de sorte de* + *(ne pas)* + infinitif (même sujet) :
*Je veux rentrer dans la vie active le plus vite possible **de façon à gagner** ma vie correctement.*
• *pour que/afin que/de façon que/de sorte que* + subjonctif (sujets différents) :
*Le bac, **c'est pour que** mes parents **soient** contents.*
• *de façon à ce que/de manière à ce que* + subjonctif
• *de peur que/de crainte que** + subjonctif (sujets différents)
• *de peur de, de crainte de*/en vue de/dans l'intention de/en sorte de* + infinitif (même sujet)

3 Avec une proposition relative au subjonctif après les verbes exprimant :
– la recherche : *Je cherche/recherche/voudrais trouver/ne trouve pas/Y a-t-il/Existe-t-il…* :
*Je **cherche** un travail qui me **plaise**.*
– le souhait : *Je voudrais/J'aimerais/J'attends…*
*J'**aimerais** exercer un métier qui **soit** créatif.*

4 Avec un impératif + subjonctif (sujets différents) :
Donne-moi le dossier que je le remplisse !

* Ces expressions ont souvent aussi une nuance de **cause** :
*Il ne s'est pas présenté **de crainte de** ne pas réussir.*

> ! Pour mettre en relief, on peut utiliser :
> – les pronoms d'insistance *moi, toi, lui...*
> – **C'est/Ce sont** + sujet + *qui/que* :
> **C'est** cet examen **qui** me fait peur/que je redoute.
> – **C'est/Voilà/Voici** + ce qui/ceque/ce dont :
> *Entrer à l'université, **voilà ce que** je veux !*
> – *Le voilà/Le voici* + nom :
> *Partir en vacances : **le voilà mon projet !***

5 *Transformez les répliques d'Amélie, de Carole et d'Emmanuel en insistant sur leurs objectifs.*

Amélie : « *Moi, je...* »

Donner des conseils

6 *Relevez dans le texte suivant les formes utilisées pour conseiller et pour déconseiller.*

1 Formes impersonnelles : *il est nécessaire de* + infinitif.
2 Adjectifs.
3 Impératifs.

« Il est nécessaire de réviser régulièrement », conseille Alain Lieury, spécialiste de la mémoire. Il faut se préparer des pauses. Et mieux vaut se reposer une semaine avant le bac. Le bachotage n'est franchement pas conseillé, car les informations accumulées entrent en concurrence. Enfin, une bonne forme physique est recommandée pour les épreuves, afin de mieux construire son sujet. Préférez donc une bonne écologie du cerveau, avec du sport, une alimentation équilibrée, un sommeil réglé. Et évitez le café ou tout autre excitant à l'approche des épreuves.

> ! Pour atténuer la force des formes relevées ci-contre, on utilise le **conditionnel** :
> *Il faudrait, vous devriez, il serait nécessaire...*
> *Moi, je ferais.../Si j'étais vous/À votre place, je ferais...*

7 *Par groupes de deux, rédigez dix conseils à un(e) ami(e) étranger/étrangère qui vient suivre des études supérieures dans votre pays (modalités d'inscription, diplômes de l'enseignement supérieur, logement...). Utilisez les expressions du tableau et du texte ci-contre.*

Il est nécessaire que tu effectues des démarches en France. Pour cela, il faudrait que tu...

VOCABULAIRE ⑧

Le parcours du candidat

L'année dernière, Régis devait **passer** son examen de fin d'**études secondaires**, le baccalauréat. Il **avait pour but** de poursuivre des études universitaires. Il **s'est présenté** à toutes les **épreuves**. Ses **matières** fortes étaient le sport et la musique, des **options** facultatives qui ne donnaient pas beaucoup de points supplémentaires. Il avait suivi la **filière** littéraire, la **section** L, mais sans **obtenir** de bons **résultats**. Il a dû passer l'**oral de rattrapage** qu'il a lamentablement **raté**, faute de **révisions** sérieuses.

Sa **moyenne** étant catastrophique, il a été **recalé** et a dû **redoubler** pour **arriver à son but**.
Cette année, il a été **reçu** à l'écrit du premier coup. Il a même obtenu la **mention** bien. Il avait l'**intention** de tenter les grandes écoles. Il a été **admis** à plusieurs **concours** et rêve d'une carrière d'ingénieur. **Candidat** malheureux l'année précédente, il est **lauréat** brillant cette année. Les **débouchés** ne manqueront pas quand il aura fini son **cursus**. Il a maintenant un solide **bagage**.

1 Classez le vocabulaire en gras dans l'une des colonnes suivantes.

a Les examens	**b** La formation	**c** Le but
passer	*études secondaires*	*avoir pour but de*
...	...	...

2 En vous reportant au tableau que vous venez de compléter, décrivez votre formation : les diplômes que vous avez obtenus, dans quelles conditions (réussite, échec), la filière que vous allez suivre. Faites part de vos opinions et de vos objectifs à votre voisin(e).

UNE PAGE D'HISTOIRE

Le baccalauréat

1 Au Moyen Âge, le titre de bachelier était le premier des grades conférés par les universités, avant la licence et le doctorat. On lui donna au XVIe siècle le nom de baccalauréat. Le mot trouvait son origine dans la couronne de baies de lauriers (*bacca lauri*) dont on entourait le front des candidats admis.

La Révolution créant de grandes écoles spécialisées, les universités françaises disparaissent et le baccalauréat avec elles. Mais Napoléon remet sur pied les universités et, en 1808, naît le baccalauréat moderne. Il devient la sanction des études secondaires, le passeport pour l'enseignement supérieur. L'année suivante, on compte 32 lauréats à cet examen qui est encore uniquement oral.

En 1861, pour la première fois, une institutrice de 37 ans se présente et réussit le baccalauréat.

En 1890, le baccalauréat scientifique, jusque-là simple complément du baccalauréat littéraire, prend sa propre identité et en 1902 on proclame l'égalité de toutes les options.

2 Le bac, un monument national

Étrange bac ! On l'attaque à longueur d'année : trop lourd, trop cher, inadapté, inutile… Et pourtant, les Français l'adorent. Pour rien au monde, ils n'accepteraient sa disparition. Passe encore qu'on réforme pour la vingtième fois ce grade universitaire créé par Napoléon. Mais le supprimer, jamais.

Il a quatre principes : c'est un examen national, identique pour tous ; c'est un examen anonyme ; ce ne sont pas les professeurs du candidat qui évaluent son travail ; enfin, c'est un diplôme double, sanctionnant les études secondaires et permettant d'entrer à l'université dont il constitue le premier grade.

Malgré une démocratisation croissante, 56,8 % des diplômes sont décernés à des enfants de cadres supérieurs contre 10,2 % aux fils d'ouvriers.

D'après Robert Solé, *Le Monde*, 15 juin 1984.

3 La mort du bac

À quoi sert le bac ? Au siècle dernier, sa fonction sociale était précise : le diplôme servait d'instrument de distinction. Il permettait de tracer une « barrière » qui séparait l'élite (masculine) du peuple. Un « brevet de bourgeoisie ».

L'ambition des ministères de l'Éducation nationale depuis quelques années est d'amener au baccalauréat 80 % des futures générations. Admettons que cela soit possible… mais alors, la « valeur » moyenne du diplôme en sera d'autant abaissée.

Le baccalauréat n'existe plus. Le mot recouvre des réalités trop différentes. En revanche, le manque de bac, le « non-bac » est en train de devenir un facteur d'exclusion de plus en plus impitoyable.

D'après Michel Winock, *L'Événement du jeudi*, 28 juin-4 juillet 1990.

Lisez les trois textes. Ils doivent vous permettre de récapituler l'histoire du diplôme, son origine, le rôle qu'il a joué dans le passé et qu'il joue aujourd'hui, les questions qu'il continue de faire naître.

1 Origine du diplôme. Retrouvez :
   a l'origine du nom ;
   b l'institution qui le délivrait ;
   c l'époque de sa disparition ;
   d les dates de sa réapparition, de sa féminisation, de l'égalité des options.
2 Fonction du diplôme.
   Notez les différentes fonctions que ce diplôme a pu remplir des origines à aujourd'hui.

   a Au Moyen Âge : *former des universitaires qui progresseraient dans la carrière d'enseignants*.
   b Au XIXe siècle : …
   c Aujourd'hui : …
3 Spécificité du diplôme.
   a Relevez les quatre caractéristiques qui en font un diplôme unique et particulier.
   b Notez ce qui en faisait un diplôme réservé à l'élite sociale.
4 Utilité du diplôme.
   Résumez pourquoi il est considéré comme indispensable, selon les textes.

EXPOSÉ

L'histoire d'un diplôme (actuel ou passé) dans votre pays.

Pour présenter votre exposé, vous vous inspirerez du plan des questions ci-dessus : origine, fonction, spécificité, utilité (que vous pouvez remettre en question).

Pour structurer votre texte

À l'origine, le… était…
Son nom vient de…
Puis il est devenu… et a permis…

Il est (était) fondé sur… principes : …
Il offre (n'offre pas) de(s) débouchés/de(s) possibilités pour…

dossier 8

ORAL

1 RYTHME ET INTONATION.

A Atteindre son but.

1 *Écoutez et faites correspondre les phrases aux expressions suivantes.*

   a Exprimer son découragement.
   b Dire qu'on est arrivé à son objectif.
   c Décourager.
   d Encourager.
   e Dire que son but n'est pas atteint.

2 *Répétez les phrases avec l'intonation correcte.*

3 *Par groupes de deux, réutilisez ces expressions en répondant spontanément aux questions.*

   a Finalement, tu l'as eu ton rendez-vous. Comment ça s'est passé ?
   b Alors, ça avance cette thèse ?
   c Qu'est-ce que tu en penses, je me présente ou je ne me présente pas au concours ?
   d Ces travaux dans ton appartement, c'est fini ?
   e Aide-moi à prendre une décision : je me mets sur la liste des candidats à la mairie ou je renonce ?

B Réagir après un examen.

Écoutez et classez les réactions dans cette liste.

   a Très optimiste : …   **c** Pessimiste : …
   b Plutôt optimiste : …   **d** Ne se prononce pas : …

2 RADIO REFLETS.

Cécile Caron a choisi d'interviewer un ancien élève d'une grande école d'électricité, Supélec.

Première écoute

1 Prenez connaissance de la fiche et remplissez-la.

a Bac : …	**f** Entrée dans la vie
b Études : …	active :
c Matières préférées : …	facile ? difficile ?
d Troisième cycle ?	**g** Conseils : …
e Service militaire ?	

Deuxième écoute

2 Voici les phrases de Pierre reformulées. Dites si ces reformulations sont vraies ou fausses.

   a Je suis directement entré dans une grande école.
   b J'ai pu entrer à Supélec.
   c Tout s'est passé assez difficilement.
   d Je me suis lancé dans l'apprentissage de l'anglais avec ardeur.
   e J'avais assez de diplômes.
   f Ils ont hésité à me donner un travail.
   g L'enseignement dans une grande école est adapté à chacun.
   h Certaines matières ne m'ont pas été utiles.
   i Il faut apprendre sur le lieu de travail.

3 SITUATION VÉCUE.

C'est le moment de choisir des études après le bac. Lors d'une réunion d'orientation, vous allez consulter des anciens de votre école pour leur poser des questions sur leur parcours. Préparez vos questions (nombre d'années d'études supérieures, diplômes, qualité de l'enseignement, possibilités de stages, leur métier actuel, leur salaire…).
Pendant ce temps, les anciens consultent leurs fiches. Ils relatent leur parcours et rédigent leurs conseils.

  ♦ **Patricia**, **24 ans**, 6e année d'école d'architecture
  • Bac S.
  • École de dessin pendant un an : mise à niveau en dessin, couleur, peinture.
  • BTS d'architecture d'intérieur.
   Programme : arts plastiques, architecture, histoire de l'art, physique, maths.
  • Concours pour entrer en 2e année d'une école d'architecture.
   Programme : design, mobilier, architecture d'intérieur.
   Trois projets et un mémoire.
   Stages.
  • 5e année : Enseigne l'architecture en Finlande.
  • 6e année : Projet de fin d'études sur le réaménagement d'une usine désaffectée.

  ♦ **Sébastien**, **24 ans**, responsable des marchés éducatifs en Irlande
  • Bac ES.
  • École de commerce (trois ans) : marketing, ressources humaines, mathématiques et statistiques.
  • Stage de six mois en Angleterre : se spécialise dans les méthodes d'apprentissage des langues sur CD-Rom et Internet.
   Diplôme valable dans les deux pays.
  • Travaille depuis deux ans dans une entreprise spécialisée dans les méthodes d'apprentissage de langues.
   Prospecte en Grande-Bretagne, présente les produits.
  • Salaire : 25 000 euros ; 39 000 euros au bout de deux ans.
  • Bilingue.

4 JEU DE RÔLES.

Vous allez, par groupes de deux, consulter les deux anciens étudiants.
Vous posez des questions sur leur parcours. Ils vous donnent des explications et des conseils.
Prenez des notes.
Choisissez ensuite celui dont le parcours vous a le plus tenté(e)s et justifiez votre choix.

1

La Villeneuve de Grenoble : au premier coup d'œil, sous des toits pointus et blancs, les salles du CES[1] se distinguent difficilement de celles des maisons de quartier. Toutes sont bâties autour du hall d'accueil central qui abrite panneaux d'informations, restaurant, bibliothèque, centre d'action culturelle et ateliers manuels. L'école est pleinement intégrée à la ville…

1 Collège d'enseignement secondaire de la 6e à la 3e (voir schéma p. 100).

3

Loin des cris et des bousculades de la récréation, de petites ombres immobiles semblent recueillies. Dans le collège Pablo-Picasso, de Saulx-le-Chartreux, au sud de Paris, de petits groupes d'élèves se retrouvent deux par deux. L'un interroge, l'autre essaie de comprendre.
Le plus jeune s'appelle rémora. Le plus âgé des deux s'appelle le requin. Ce petit poisson-là se colle au ventre du requin à l'aide d'une ventouse et le suit ainsi un bout de chemin. Requins et rémoras vont par deux depuis le début de l'année dans le cadre d'une expérience de tutorat menée dans ce collège.

5

Comment toucher du doigt les problèmes que pose la vie d'une entreprise quand on est lycéen ? Le mouvement Jeunes Entreprises, issu des Jeunes Chambres économiques, a imaginé d'aider les jeunes à faire naître et vivre dans leur établissement des sociétés anonymes en modèle réduit, avec un capital, des problèmes de salaires, de taxes, de ventes… Les jeunes déterminent eux-mêmes ce qu'ils vont produire, le montant de leur capital ; ils s'affrontent à tous les problèmes de la vie d'une société.

7

L'Étoile, Nedjma en arabe, c'est le nom d'une association réunissant des enseignants qui veulent en finir avec l'intolérance bête et méchante, surtout celle qui s'exerce envers les maghrébins.
À Nanterre, ce sont vingt-cinq élèves de la 6e à la 3e qui ont fait la traversée à l'occasion d'un échange avec un collège algérien. Ils ont été hébergés directement dans les familles. Les élèves maghrébins ont pu voir l'intérêt que l'on portait à leur vie et à leurs valeurs.

2

À Sainte-Maure-de-Touraine, tous les élèves et tous les adultes travaillant au collège en désertent les murs deux ou trois fois par an pour une journée pas comme les autres : cette année, une grande marche un jour de septembre sur un sentier de grande randonnée. Pour faire connaissance, pour créer une ambiance, pour permettre à chacun d'échapper à son personnage d'élève, de prof, de femme de service ou de principal…

4

Au collège Saint-Louis de la Guillotière, à Lyon, on a divisé les effectifs en six unités dotées d'une grande autonomie, chacune ayant son équipe de professeurs qui élit son responsable, ainsi qu'un budget propre. Les professeurs assurent tous 18 séquences de 45 minutes d'enseignement par semaine et huit heures de concertation, de réunion avec les parents, de tutorat, vie de groupe, conseils de classe, soutien aux élèves en difficulté. Pour l'élève, 60 % du temps est occupé par un horaire de classe imposé et les 40 % restants sont déterminés librement en fonction de ses besoins et de ses goûts.

6

Un enfant n'avance pas d'un pas égal dans les différentes matières. Il peut être bon dans l'une, faible dans une autre. Il convient donc d'adapter l'enseignement à l'état réel de ses connaissances dans chaque discipline et de former des groupes de niveau, en évitant de retrouver des séparations cloisonnées entre « bons » et « mauvais »… C'est une réussite au collège Jules-Ferry, à Aurillac. Le groupe homogène a pour avantage de ne pas placer l'élève faible en constante situation d'échec. L'objectif est de l'amener à réintégrer au plus vite le groupe des « meilleurs ».

8

L'Écho du Panorama ressemble à un vrai journal. Quatre pages grand format qu'on déploie pour lire les nouvelles de l'école et les réflexions sur celles du monde. Il est né il y a deux ans dans l'école d'application de l'école normale[1] d'Évreux. Une classe est responsable pour l'année, mais les colonnes sont ouvertes à l'ensemble des écoliers. Un excellent moteur pour toutes les activités scolaires (orthographe, expression, documentation…), un apprentissage à la solidarité et à l'autonomie.

1 École nationale de formation des enseignants.

dossier 8

Vous allez présenter votre projet d'école idéale.

1 LISEZ.

*La revue **Autrement** a recensé 1 000 expériences novatrices dans le système scolaire français. Prenez connaissance de ces quelques exemples.*

2 ANALYSEZ.

1 Classez ces différentes expériences en fonction du domaine qu'elles abordent.
   a Le rythme d'apprentissage.
   b L'architecture de l'école.
   c Les activités annexes qui font appel aux connaissances.
   d Les activités extrascolaires conviviales.
   e Une ouverture aux autres cultures.
   f L'ouverture sur la vie économique et professionnelle.
   g La concertation entre les différents acteurs de la vie scolaire.
   h Le soutien des plus jeunes ou des plus faibles par les plus forts.

2 Pour chaque expérience, relevez les objectifs qui ont permis de la lancer.

3 Ces différentes expériences sont relatées de façon positive. Pour chacune, soulignez les éléments du texte qui la valorisent.

3 COMMENTEZ.

1 Selon vous, ces expériences sont-elles intéressantes ? novatrices ? En avez-vous pratiqué pendant votre scolarité ? Lesquelles ? Ont-elles été satisfaisantes ?

2 Parmi les domaines cités, quels sont ceux qui vous paraissent utiles à introduire à l'école, s'ils n'existent pas ? Expliquez pourquoi.

3 Dans les domaines suivants, non traités dans les exemples, quels sont ceux qui vous semblent devoir être abordés dans une école nouvelle ?
   a Les programmes scolaires : rythme, contenus, répartition dans le cursus.
   b Les matières enseignées : Quelles sont celles qui vous semblent inutiles ? indispensables ?
   c Les relations enseignants/enseignés.
   d La convivialité entre élèves de différents sexes, niveaux, classes, origines sociales ou ethniques…
   e La discipline scolaire.

4 PRÉPAREZ VOTRE PRODUCTION.

Présentez votre projet d'école.

1 Discutez d'abord en petits groupes pour décider :
   a du type d'école : pension ou école ouverte, mixte (sexes, groupes sociaux, origines, âges…) ;
   b de l'espace nécessaire : réalisez ensemble le plan des locaux ;
   c des règles (règlements et habitudes) à établir.

2 Mettez-vous d'accord sur le nombre d'années de scolarité, les matières enseignées, le type d'évaluation que vous imaginez.

5 ÉCRIVEZ.

1 Présentez votre école (lieux, espace, règles, rythme).
   Tout le bâtiment est construit en forme de… les salles sont disposées…
   L'école est réglée par… les participants viennent…/vivent…
   Chaque journée, semaine, mois… sur un programme de 2/3/4… mois, ans…

2 Présentez le public : enseignants et apprenants.
   Les jeunes gens…/Les participants…
   Le public est composé de…
   Les enseignants travaillent…/fonctionnent…

3 Décrivez les objectifs d'instruction et d'éducation à atteindre (maîtrise et connaissance de certains domaines, capacités à développer…).
   En fin de scolarité/cursus, les étudiants pourront…/sauront…/connaîtront…
   Sous forme de petits paragraphes, présentez deux ou trois innovations pédagogiques en matière d'enseignement, de relations, d'activités scolaires ou extrascolaires qui vous paraissent intéressantes. Soulignez, comme dans les textes de référence, les raisons et les objectifs qui vous guident.

> *Exemple :* « Pour faire connaissance, pour créer une ambiance… » (texte 2) ou « un enfant n'avance pas d'un pas égal… Il convient donc… » (texte 5).

Définissez, pour finir, au bout de combien de temps les étudiants pourront quitter l'école, comment ils seront évalués, quel diplôme ils obtiendront.
Après 3…/4…/5… à la fin de chaque période de … en fin de…
Les étudiants (participants, élèves…) obtiendront…/ recevront…
Chaque étudiant aura… sera sanctionné par… présentera…

DELF

Unité A5 : Compréhension et expression écrites
Domaine de référence : Les études

Écrit 1 : Analyse de textes guidée par un questionnaire
(500 à 700 mots) **et reformulation d'informations**

Durée de l'épreuve : une heure.
Coefficient : 1 (noté sur 20).
Objectif : faire un compte rendu guidé du contenu d'un document écrit comportant des références précises à la réalité socioculturelle française ou francophone.

PRINCIPAUX SAVOIR-FAIRE REQUIS
• Saisir la nature et la spécificité socioculturelle du document.
• Dégager le thème principal et l'organisation d'ensemble.
• Extraire les informations essentielles.

MÉTHODE
Avant de répondre aux questions, prenez le temps :
– d'observer globalement et attentivement tout ce que comporte le document : titre, sous-titre, chapeau, origine, date, signature, caractéristiques extérieures les plus apparentes (chiffres, sigles, phrases en italique, illustrations…) ;
– de réfléchir au sens du titre : Permet-il de faire des hypothèses sur le contenu ?
– de lire la totalité du document rapidement pour comprendre le sens et l'organisation d'ensemble ;
– de lire soigneusement les questions posées et de faire un premier repérage des endroits du document où vous pouvez trouver des éléments de réponse à chaque question.

CONSEILS DE RÉDACTION
– Vos réponses doivent être courtes et précises.
– Vous devez penser à marquer les relations logiques entre les phrases.
– Formulez vos réponses avec vos propres mots, ne reprenez pas des phrases entières du document, sauf si cela vous est demandé dans la consigne.
– N'ajoutez pas d'informations extérieures ni de commentaires personnels.
– N'oubliez pas de relire avec soin.

CONSIGNE

Lisez soigneusement le texte suivant. Répondez ensuite aux questions posées.

LES NOUVELLES FAÇONS D'APPRENDRE :
l'université IAE, Caen

Sur le campus virtuel de l'Institut, 320 personnes se connectent depuis Paris, New York ou le cœur de l'Afrique.

Rien de spectaculaire : un gros cube gris glissé sous une table ronronne et clignote dans une minuscule pièce du rez-de-chaussée. Depuis septembre dernier, ce serveur héberge pourtant un véritable campus virtuel pour les formations à distance. Qui a dit que l'Université française était incapable d'innover ? L'une des réalisations les plus abouties en matière d'« e-learning » se niche dans les locaux de l'Institut d'administration des entreprises (IAE) de Caen.

Quelque 320 personnes, soit 20 % des inscrits de l'IAE, s'y connectent quasi quotidiennement depuis Paris, les États-Unis ou le fin fond de l'Afrique. Chez eux ou au bureau (presque tous sont en formation continue), ces « étudiants » potassent leur cours de gestion des entreprises à leur rythme et dans l'ordre de leur choix. Si certains concepts du cours leur paraissent trop ardus, ils peuvent consulter le glossaire électronique ou demander un éclaircissement par e-mail à l'enseignant. Pour les révisions, des quizz pédagogiques, sous forme de QCM (questionnaire à choix multiple) ou de mots croisés, sont disponibles. Une bonne moitié des inscrits ne rencontrent jamais physiquement leurs professeurs.

Au départ, ceux-ci ne sautèrent pas de joie à la présentation de ce nouvel outil : ne risquaient-ils pas, à terme, d'être remplacés par la machine ? Peu à peu rassurés sur ce point, ils ont fini par se prendre au jeu au point de s'atteler à un gros travail d'écriture pour transcrire leurs cours sur le campus virtuel. Exercice qui supposait de repenser la pédagogie pour l'adapter au support. « Du coup, ils acceptent de collaborer avec des techniciens qui les conseillent sur l'ingénierie de formation. Enseigner devient vraiment un travail d'équipe », souligne Olivier Lamirault, responsable du développement à l'IAE. L'aventure a également poussé chacun à faire évoluer sa fonction et ses comportements. Professeur à l'IAE, Isabelle consacre désormais la moitié de son temps à animer le campus virtuel, en répondant aux e-mails ou en animant les trois séances de *chat*[1] hebdomadaires. « Paradoxalement, j'ai des relations plus proches avec ces étudiants qu'avec ceux que je vois tous les jours, s'enthousiasme-t-elle. Au total, seul l'examen de fin d'année conserve son caractère traditionnel et se déroule "sur table". »

Si l'IAE s'est lancé dans l'e-learning, c'est autant par goût pour l'innovation pédagogique qu'en raison des opportunités de développement. La moitié de ses 1 700 « usagers » (et 80 % de ses ressources) proviennent de la formation continue. Investir dans la formation électronique à distance permet d'attirer de nouveaux clients tout en soignant une image dynamique utile pour attirer des taxes professionnelles. L'établissement décroche régulièrement des contrats en entreprise pour former de futurs dirigeants : la maîtrise du futur tramway de Caen, par exemple.

Grâce à une série d'accords passés avec des écoles de commerce, plus de 500 étudiants africains seront bientôt inscrits, par le biais du campus virtuel, à l'université de Caen. Une modeste contribution à la défense du modèle d'enseignement français.

Le défi suivant ? « Faire profiter nos étudiants en formation initiale de ces expériences et leur proposer un enseignement multimédiatisé », explique le directeur. Les étudiants qui fréquentent les classes de l'IAE sont déjà nombreux à compléter leurs cours par de petites visites sur le campus virtuel.

Lionel Steinmann, revue *Enjeux, Les Échos*, juin 2001, n° 170.

1 *Chat* : (de l'anglais *to chat*) conversations ou échanges spontanés.

QUESTIONS

1 Présentez l'IAE, son public en général, le public de la formation décrite dans le texte. *(3 points)*

2 D'après les exemples du texte, donnez trois aspects de cet e-learning. *(3 points)*

3 Reformulez quatre des aspects positifs de cette expérience présentés dans le texte. *(4 points)*

4 Résumez l'inquiétude ressentie tout d'abord par les enseignants. *(2 points)*

5 Montrez, en une phrase construite, ce qui a dû changer du côté des enseignants pour qu'ils s'adaptent à ces nouvelles façons d'apprendre. *(3 points)*

6 Relevez deux phrases du texte qui montrent l'opinion favorable de l'auteur sur la France. *(2 points)*

7 Quels impératifs autres que pédagogiques ont poussé l'IAE à cette formation ? *(1 point)*

8 Dites pourquoi on peut qualifier ce campus de « virtuel ». *(2 points)*

Écrit 2 : Expression personnelle dans une perspective comparatiste sur une question abordée dans le texte de l'écrit 1

Durée de l'épreuve : une heure.
Coefficient : 1 (noté sur 20).
Objectif : donner son opinion personnelle sur le sujet et effectuer une comparaison avec la réalité de sa culture d'origine.

PRINCIPAUX SAVOIR-FAIRE REQUIS

• Synthétiser les idées importantes dans des phrases courtes et précises.
• Donner son opinion en quelques phrases.
• Produire un texte écrit cohérent et articulé.

CONSIGNE

Répondez aux questions posées.

QUESTIONS

Vous avez utilisé, ou vous auriez pu utiliser de nouvelles technologies dans votre processus d'apprentissage scolaire ou postscolaire.
1 Présentez vos remarques positives et négatives sur ces nouveaux moyens d'apprentissage.
2 Précisez où en sont ces expériences dans votre pays.
(200 mots environ)

POUR CETTE PRODUCTION

1 Mobilisez vos connaissances.
Revoyez le dossier 8, *L'éducation, pour quoi faire ?* et sa page *Infos* (p. 100) pour :
– situer l'expérience relatée dans le texte dans le système éducatif français ;
– retrouver des mots et notions clés autour du thème de l'éducation ;
– retrouver des exemples d'utilisation des nouvelles technologies (Internet, CD-Rom, logiciels de connaissances ou de tests…) en France pour pouvoir comparer avec votre pays.
2 Posez la problématique : les avantages (listés dans le texte de l'épreuve 1) et les inconvénients
(le texte pose le problème de la « relation directe », physique avec l'enseignant : les questions « hebdomadaires » sont-elles suffisantes ? Les cours transcrits sont-ils aussi riches que les cours « vivants » ?…).
Formez votre propre opinion et présentez-la après avoir tenu compte de tous les aspects du problème que vous avez relevés.
Illustrez par des exemples (expériences personnelles, vécues ou rapportées par les médias…).

EXEMPLE DE BARÈME

• **Adéquation et organisation de la réflexion**
– Capacité à préciser la problématique *(3 points)*
– Précision et cohérence dans la présentation et l'enchaînement des idées, arguments et exemples *(3 points)*
– Capacité à mobiliser les notions clés dans le thème choisi *(3 points)*
– Capacité à mettre en relation des traits spécifiques de civilisation (culture française/ culture maternelle) *(3 points)*

• **Qualité linguistique** *(8 points)*
– Compétence morphosyntaxique
– Compétence lexicale
– Degré d'élaboration des phrases

TOTAL : 20 points

TRAVAILLER **AUJOURD'HUI**

⑨

SAVOIR-FAIRE

- Prendre position dans un conflit au travail.
- Donner un aperçu de la situation du travail en France, présenter l'histoire des conquêtes sociales, en France et dans son pays.
- Situer son expérience dans le temps, manier des concepts de temps.
- Se préparer pour un entretien, se présenter pour un travail.
- Écrire une lettre de motivation.
- Prendre rendez-vous par téléphone.
- Comparer les transformations du monde du travail en France et dans son pays.

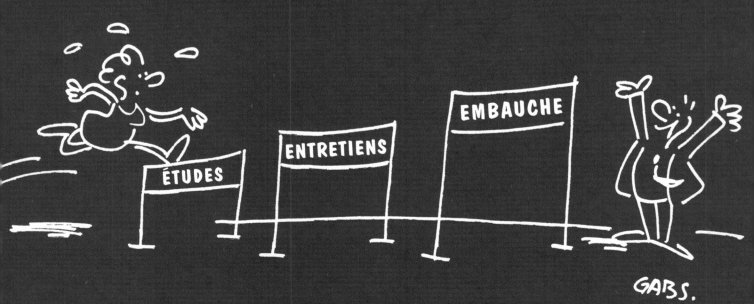

1 OBSERVEZ LES PHOTOS ET FAITES DES HYPOTHÈSES.

1 Où se déroule la scène ?
2 Qui sont les personnages ? (Indiquez les relations qu'ils peuvent entretenir entre eux.)
3 À votre avis, quel va être le thème du film ?

2 DÉCOUVREZ LE DOCUMENT.

Visionnez les séquences 1 à 4 sans le son.
1 Attribuez un des titres ci-dessous à chaque séquence et précisez les lieux.
  a L'entretien.
  b L'arrivée.
  c Conversation familiale.
  d Visite du lieu de travail.
2 Observez les décors et les vêtements des personnages, puis dites quelle fonction occupent :
  a les personnes qui travaillent sur les machines ;
  b la personne qui les contrôle ;
  c les deux hommes qui se trouvent dans le bureau.
  Fonctions : cadre dirigeant – ouvrier – employé – contremaître – patron.
3 Quels sont les deux adjectifs de la liste suivante qui caractérisent le conflit ?
  Amoureux – social – familial – racial.

Visionnez les séquences 1 et 2 avec le son.
4 Repérez :
  a le type de ville où se situe l'action ;
  b les relations de famille.
5 Résumez la situation du jeune homme en complétant la phrase suivante.
  Franck arrive de Paris pour... dans... où son... et sa... sont employés comme... .

Visionnez de nouveau la séquence 2 avec le son.
6 Décrivez l'intérieur de la maison.
7 En vous appuyant sur les images, les paroles et les comportements/attitudes, dites à quel milieu social les personnages appartiennent.

Transcriptions en fin d'ouvrage.

8 a Choisissez parmi la liste de sentiments suivants celui que chaque personnage (Franck, le père, le beau-frère) exprime à l'égard du patron.
Distance – mépris – respect – ironie – indifférence.
b Relevez les expressions et les comportements qui justifient votre choix.

Visionnez la séquence 3.
Sans le son.

9 Décrivez le lieu et précisez l'impression que veut donner le réalisateur.

10 Interprétez le regard du fils lorsqu'il voit son père au travail.
Mépris – ironie – respect – distance – affection – tendresse.

11 Qualifiez le travail du père.
Créatif – mécanique – répétitif – imaginatif – innovant.

Avec le son.

12 De quelle façon le père explique-t-il son travail ?
Avec envie – intérêt – passion – dégoût.

13 Quel est le comportement du voisin du père ?
Imaginez le rôle social qu'il aura dans le film.

14 À quoi sert l'intervention du contremaître ?
Relevez les mots qu'il emploie et qualifiez son attitude.

Visionnez la séquence 4 avec le son.

15 Quelle est la fonction des trois personnages principaux ?

16 Sur quel dossier le jeune homme va-t-il travailler ?

17 Quelle opinion le DRH (le directeur des ressources humaines) manifeste-t-il sur le dossier ?
Adhésion – doute – refus.

18 Dans cet entretien, que fait le DRH ? Retrouvez l'ordre de ses interventions.
a Il émet des réserves sur le projet.
b Il rappelle le passé de Franck.
c Il casse sa motivation.
d Il flatte Franck.

▌3 ET VOUS, QU'EN PENSEZ-VOUS ?

> **Voici le résumé du film :**
> Franck élabore un questionnaire pour consulter les travailleurs sur les 35 heures et savoir ce qu'ils en attendent. D'abord méfiants, ceux-ci finissent par lui faire confiance. Mais la direction utilise cette initiative pour briser les actions syndicales et préparer une réorganisation qui prévoit des suppressions d'emplois. Franck découvre le plan social : son père sera licencié parmi d'autres.

1 Que feriez-vous à la place de Franck ?
a S'il le fait savoir :
– il nuit gravement à sa future carrière ;
– il divulgue une information confidentielle ;
– …
Et les conséquences seront :
– …

b S'il ne le fait pas savoir :
– …
– …
– …

2 Prenez position. Formez un groupe pour chacune des attitudes possibles du jeune homme face à son avenir et à ses engagements et défendez votre point de vue devant la classe.

Visionnez la fin du film avec le son (séquence 5).

3 Observez les images (banderoles, ouvriers à l'extérieur…) et répondez aux questions.
a Que s'est-il passé dans l'usine ?
b Quel a été le rôle de Franck ?
c Quel est son avenir ?

▌4 ARRÊT SUR IMAGE.

En revoyant la séquence 4, notez :
a l'expression du DRH pour apprécier la carrière de Franck ;
b la formule utilisée par Franck pour répondre à l'appréciation du DRH ;
c les trois formules du DRH pour souligner les difficultés ;
d la phrase qui montre la détermination de Franck ;
e la phrase employée par Franck pour valoriser le lieu où il va travailler ;
f les deux phrases du patron qui impliquent Franck ;
g les phrases prononcées par Franck pour éviter de répondre directement ;
h les expressions qui marquent l'engagement, les convictions du jeune homme ;
i celles qui montrent sa volonté de se battre.

dossier 9

Travailler moins ?

1 L'EMPLOI EN FRANCE.

Document 1

À partir des documents 1 et 2, préparez
une présentation pour la classe.

1 Qu'est-ce qu'on entend par « population active »
selon le document 1 ? Aidez-vous du document 2
pour donner une définition complète de cette
expression.

2 Dans le document 1, relevez les deux catégories
professionnelles qui ont le plus diminué et les
trois catégories qui ont le plus augmenté
entre 1975 et 1997.

3 Complétez les phrases suivantes :
En vingt ans, les... ont doublé, les... et les... ont
sensiblement augmenté. En revanche, les... ont
perdu la moitié de leur population active.

Document 2

4 a Que remarquez-vous à partir de 1998 ?
  b Le même phénomène s'est-il produit dans
      votre pays ?

2 LE MAL DE LA FIN DU SIÈCLE

Évolution du nombre de chômeurs (en milliers)
et du taux de chômage (en % de la population).

- 3 050 — 11,8 %
- 2 254 — 9,2 %
- 1 452 — 6,3 %
- 502 — 2,4 %
- 260 — 1,4 %
- 216 — 1,1 %

1950 1960 1970 1980 1990 1998

2 LE MANQUE DE MAIN-D'ŒUVRE.

1 Lisez l'interview (document 4 ci-contre) de
Jean Boissonnat et répondez aux questions.
Paragraphe 1
  a Relevez les deux raisons du futur manque de
    main-d'œuvre en France.
  b Citez les secteurs où il y a déjà une pénurie de
    main-d'œuvre. (Illustrez à l'aide d'exemples
    relevés dans le document 3.)
Paragraphe 2
  c Dites pourquoi le bâtiment et l'hôtellerie
    manquent de personnel et précisez de quel
    type de personnes il s'agit.
Paragraphe 3
  d Expliquez pourquoi Jean Boissonnat pense
    qu'il y aura toujours des chômeurs. Relevez
    les différentes propositions qu'il fait pour
    l'avenir en Europe.
  e Y a-t-il, d'après vous, d'autres solutions possibles ?
2 Résumez pour la classe les informations que
vous venez de dégager (questions a, b, c, d) et
faites part de vos réflexions.

1 LA REDISTRIBUTION DES MÉTIERS

Évolution de la structure de la population active totale*
(effectifs en milliers et en %)

	1975	1997	1997
• Agriculteurs exploitants	1 691	732	2,9
• Artisans, commerçants, chefs d'entreprise	1 767	1 694	6,6
• Cadres et professions intellectuelles supérieures dont :	1 552	3 098	12,1
– *Professions libérales*	*186*	*332*	*1,3*
– *Cadres*	*1 366*	*2 766*	*10,8*
• Professions intermédiaires dont :	3 480	5 050	19,7
– *Clergé, religieux*	*115*	*19*	*0,1*
– *Contremaître, agents de maîtrise*	*532*	*548*	*2,2*
– *Autres professions intermédiaires*	*2 833*	*4 483*	*17,4*
• Employés dont :	5 362	7 488	29,3
– *Policiers et militaires*	*637*	*501*	*2,0*
– *Autres employés*	*4 725*	*6 987*	*27,3*
• Ouvriers dont :	8 118	6 938	27,1
– *Ouvriers qualifiés (OQ)*	*2 947*	*3 318*	*13,0*
– *Chauffeurs, OQ mag-transport*	*960*	*1 512*	*4,1*
– *Ouvriers non qualifiés*	*3 840*	*286*	*8,9*
– *Ouvriers agricoles...*	*371*	*283*	*1,1*
• Chômeurs n'ayant jamais travaillé	72	380	1,5
Population active	**22 042**	**25 380**	**54,4**

* Occupée ou en recherche d'emploi.

3 LES PRINCIPALES FAMILLES PROFESSIONNELLES QUI ONT DU MAL À RECRUTER

Nombre d'offres disponibles à l'ANPE

14 400	10 351	8 560	7 739	6 755	4 146	2 870	1 345
Employés et agents de maîtrise de l'hôtellerie	Représentants	Caissières et employées de libre sevice	Informaticiens	Ouvriers qualifiés du gros œuvre du bâtiment et des TP	Ouvriers non qualifiés du gros œuvre du bâtiment et des TP	Ouvriers qualifiés des industries du process	Infirmiers, sages-femmes

Source : ANPE

❹ Jean Boissonnat[1] : « Les pays seront obligés d'ouvrir leurs frontières »

1 Vous annonciez de façon un peu provocatrice que la France allait connaître une pénurie de main-d'œuvre à partir de 2010. Qu'en pensez-vous aujourd'hui ?

J. B. : On est arrivé à deux conclusions : la France va connaître un choc démographique majeur à partir de 2005, marqué par la baisse progressive du nombre de jeunes arrivant sur le marché du travail et, parallèlement, un boom économique dû à l'ouverture des frontières, à la mondialisation et à la révolution technologique générant de nouveaux besoins de main-d'œuvre. On observe déjà des pénuries très localisées dans certains secteurs très porteurs comme l'informatique, les nouvelles technologies, mais aussi le conseil en entreprise.

2 N'est-ce pas un peu abusif aujourd'hui de parler de pénurie quand il reste 2,5 millions de chômeurs ?

J. B. : L'inadéquation de l'offre et de la demande revient toujours en période de croissance de l'emploi. Il est vrai que, pour certains secteurs, comme le bâtiment ou l'hôtellerie qui connaissent un manque de main-d'œuvre qualifiée, l'erreur vient des entreprises. Dans le bâtiment, après avoir licencié massivement dans les années quatre-vingt-dix, elles n'ont pas su anticiper la reprise et embaucher progressivement en

formant suffisamment de jeunes. Quant à l'hôtellerie, malgré les efforts des chefs d'entreprise, ce secteur attire peu de gens qualifiés, à cause d'un manque d'attractivité des salaires et des conditions de travail. Aujourd'hui, les gens ne sont pas prêts à accepter n'importe quel travail, surtout mal payé.

3 Croyez-vous au retour au plein emploi ?

J. B. : Je crois que la France aura toujours un volume de chômage incompressible compris entre 4 et 5 %. Comme aux États-Unis, il y a des chômeurs qui le restent trois semaines, trois mois, entre deux emplois. Mais il est vrai qu'il y a des gens qui, en France, auront du mal à s'adapter et se contenteront des allocations chômage. Ce dont je suis sûr, c'est que les pays d'Europe seront obligés, au cours des dix prochaines années, d'ouvrir leurs frontières à la main-d'œuvre étrangère, tout simplement parce que, malgré tous les efforts de formation, d'adaptation de nos pays, on manquera de forces vives. En 2050, l'Europe aura perdu 150 millions d'habitants. Si l'on ne s'y prépare pas, l'économie risque de vivre là une décroissance.

D'après Le Parisien, 2 mars 2000.

1 Jean Boissonnat est l'ancien président de la commission Emploi du commissariat au Plan.

❸ LES 35 HEURES.

1 Avant de lire le document 5, répondez par deux à la question suivante.

Dans quel but la loi sur les 35 heures a-t-elle été conçue, selon vous :

a pour lutter contre le chômage ?
b pour améliorer la qualité de la vie ?
c pour ne pas augmenter les salaires ?

2 Le document 5 confirme-t-il votre réponse ? Comment cette réduction du temps de travail est-elle perçue en réalité ?

Choisissez l'une des trois propositions de la question 1.

❺ **LOISIRS** Conçue à l'origine comme un moyen – controversé – de lutter contre le chômage, la réduction du temps de travail est perçue aujourd'hui par la majorité des Français comme un moyen d'améliorer la qualité de la vie. S'ils doutent qu'elle crée des emplois, les Français estiment que les 35 heures leur apportent, en revanche, davantage de liberté.

3 Observez le document 6.
  a La réduction du temps de travail (RTT) est-elle perçue plutôt positivement ou négativement ?
  b Dégagez les conséquences positives et négatives les plus importantes : au travail – sur la qualité de la vie – sur le temps libre – sur le pouvoir d'achat – sur les horaires.

❻ QU'ELLES CRÉENT OU NON DES EMPLOIS, LES 35 HEURES CHANGENT LA VIE.

Le débat sur l'efficacité de la réduction du temps de travail contre le chômage est estompé par l'adhésion majoritaire des salariés aux avantages qu'elle procure en termes de qualité de vie. Les cadres – surtout les femmes – préfèrent du temps libre à une rémunération plus élevée.

LA « RTT » VUE PAR LES SALARIÉS CONCERNÉS (en % de personnes sondées)

Conséquences positives 77	▸ DAVANTAGE DE TEMPS LIBRE	• de liberté	42	• chez soi, en famille	31
		• de congés, de vacances	22	• à consacrer aux loisirs	19
	▸ AU TRAVAIL	• meilleure organisation	10	• embauche	4
		• travail plus efficace	2		
	▸ SUR LA QUALITÉ DE VIE	• moins stressé	5	• moins fatigué	4
		• vie plus agréable	2		
Conséquences négatives 47	▸ AU TRAVAIL	• surcharge de travail	29	• plus de stress	3
		• pas d'embauche	2	• travail moins efficace	1
	▸ SUR LES HORAIRES ET L'ORGANISATION	• organisation plus compliquée	12	• réaménagement des horaires	9
	▸ SUR LE POUVOIR D'ACHAT	• gel des salaires	7	• baisse du pouvoir d'achat	1
		• baisse des salaires	1		
Pas de conséquences 23		• au niveau professionnel	10	• au niveau de la vie privée	7

Le Monde, 16 août 2000.

GRAMMAIRE ⑨

Exprimer le temps

1 *Lisez le texte et relevez les expressions de temps.*

Depuis deux ans, Sarah, 26 ans, effectuait des remplacements, d'une, deux semaines par mois. Un jour, son agence lui propose un poste chez un fabricant de confitures : « J'y ai travaillé pendant quatre heures et au bout de ces quatre heures, on m'a demandé : "Voulez-vous être embauchée ?" Enfin un CDI ! » C'était le 6 avril. Dès le mois de mai, Sarah a appris son métier. Elle enregistre les commandes qu'elle devra expédier d'ici quelques jours… Sarah est une enfant des 35 heures. L'entreprise avait signé il y a quelques mois un accord de réduction et d'aménagement du temps de travail, et l'usine, autrefois ouverte à partir de 7 h 30 jusqu'à 16 h 30, fonctionne désormais avec deux équipes de 6 heures à 18 heures. Sarah travaille 35 heures mais reçoit un salaire correspondant à 39 heures. « Maintenant, le temps est compté, on doit faire en 35 h le travail de 39 mais, après tout, c'est mieux. »

D'après *Libération*, 5/10/1999.

2 *Classez-les en expressions de temps :*

1 ponctuelles ;
2 de fréquence ;
3 de durée.

1 Indicateurs temporels à valeur ponctuelle
• *Le* s'utilise devant une date précise :
Le 6 mai 2001.
• *À partir de/du, dès, d'ici* + nom, *désormais/dorénavant* indiquent le point de départ d'une action :
*Il sera absent **à partir du/dès/d'ici** le 15 avril.*
***Désormais**, vous le contacterez au siège de Rio.*
• *Jusqu'à/au(x)* et *au bout de* indiquent la limite de son déroulement :
*La conférence durait **jusqu'à** 16 heures 30. Je suis parti **au bout d'**un quart d'heure.*

2 Indicateurs temporels liés au moment où l'on parle
• **Valeur ponctuelle**
– *Il y a* + passé composé ou imparfait :
*Elle a été embauchée **il y a** trois mois.*
– *Dans* + futur, impératif ou présent :
*Elle cherchera un nouvel emploi **dans** trois mois.*
• **Durée**
– *Depuis* + présent indique un état qui dure au moment où l'on parle :
– *Il y a… que/Ça* (familier)/*Cela fait… que* + passé composé indiquent un résultat passé qui dure :
***Ça fait** deux heures **que** la réunion a commencé.*

❗ Dans un récit au passé, on utilise *il y avait… que* et *ça/cela faisait… que* + imparfait/plus-que-parfait :
*Quand Sarah a obtenu son contrat de travail, **ça faisait** deux ans **qu**'elle **vivait** d'intérim.*

❗ Pour anticiper dans le futur, on utilise *il y aura… que* et *ça/cela fera… que* + présent/passé composé/futur/futur antérieur :
***Ça fera** bientôt quarante ans **qu**'on **a marché** sur la Lune.*

3 *Complétez les phrases avec les verbes au temps correct (présent, passé composé, imparfait, plus-que-parfait, futur ou futur antérieur) suivant la manière de considérer l'action.*

1 Le 10 août prochain, cela (faire) dix ans que je te (rencontrer) et que nous (vivre) ensemble.
2 Je ne sais pas ce qu'il est devenu. Il (ne pas donner) signe de vie depuis plus d'un an.
3 En mars 2000, j'ai fait un voyage aux Caraïbes. En mars prochain, j'y retournerai. Cela (faire) exactement trois ans que je (ne pas y retourner).
4 Quand j'ai rencontré Françoise, ça (faire) deux ans que je (ne pas avoir vu).

3 Indicateurs temporels non liés au moment où l'on parle
• *Pendant* indique la durée d'une action :
*Elle a travaillé/travaille/travaillera sur ce projet **pendant** deux jours.*
• *En* indique la durée nécessaire pour réaliser une action :
*Elle a bâti/bâtit/bâtira son projet **en** deux jours.*
• *Pour* indique la durée prévue pour réaliser une action :
*Il est parti/part/partira **pour** trois jours.*

4 *Complétez les phrases avec **pendant**, **en** ou **pour**.*

1 Monsieur Lamarre a dû s'absenter … quelques instants. Veuillez patienter, il n'en a pas … longtemps.
2 Il va vivre sur une île déserte … plusieurs jours. Le voyage se fera … trois jours.
3 Stéphanie a trouvé un CDD en usine … un mois et demi. Elle était restée au chômage … un an.
4 Je ne vois mes enfants que … quelques minutes le soir. Alors le week-end, souvent, j'en fais trop. Difficile de trouver ses marques … deux petits jours.

Antériorité, simultanéité, postériorité

Jobs d'été, plus on s'y prend tôt, plus on met de chances de son côté.

Ne faites pas vos démarches au moment où tous les étudiants cherchent. Faites-les avant que l'été arrive. Cherchez jusqu'à ce que vous ayez plusieurs propositions, mais ne soyez pas trop difficile. Après que vous aurez décroché le travail, exigez un contrat, car tant que vous ne l'aurez pas signé, vous serez en situation précaire.

5 *Relevez les conjonctions de temps. Classez-les en trois catégories.*

1 Antériorité. **2** Simultanéité. **3** Postériorité. Après lesquelles trouvez-vous le subjonctif ? Pourquoi, à votre avis ? Est-ce différent dans votre langue ?

Antériorité	
avant que	
jusqu'à ce que	+ subjonctif
en attendant que	
avant de	
en attendant de	+ infinitif

! *Avant que* est suivi de *ne* dans la langue soutenue : *Ne commencez pas **avant que** je **ne** vous le dise.*

Simultanéité	
quand, lorsque, au moment où	
pendant que, chaque fois que	+ indicatif
tant que	
au moment de	+ infinitif

Postériorité	
depuis que	
après que, une fois que	+ indicatif
dès que, aussitôt que	
après	+ infinitif passé

! *Après que,* suivi normalement de l'indicatif, est fréquemment suivi du subjonctif dans la langue parlée.

6 *Complétez librement les phrases. Utilisez plusieurs expressions de temps différentes.*

| **Exemple :** Le Président est sorti **avant que la réunion (ne) soit finie.** |

1 Nous ne pourrons pas réinvestir (avant de – avant que – aussitôt que)…
2 Il écrivait son rapport (dès que – depuis que – pendant que)…
3 Nous ne ferons aucune déclaration (tant que – après que – une fois que)…
4 Je signerai le contrat (aussitôt – après – avant de)…

Le parcours d'embauche

■ **Étape 1 – Rechercher un emploi :** ANPE (agence nationale pour l'emploi), entretien professionnel, identification des besoins, offre d'emploi, demande d'emploi (postuler, lettre de motivation + CV).

■ **Étape 2 – Passer un entretien d'embauche :** (soigner son allure, maîtriser son image), motivations, projet professionnel, évaluation des qualités, capacités, défauts, lacunes.

■ **Étape 3 – Obtenir/Décrocher un emploi :** être embauché/engagé, CDD (contrat à durée déterminée), CDI (contrat à durée indéterminée).

…Et aussi **Perdre son emploi :** rupture de contrat, être licencié/renvoyé/viré (familier), se retrouver au chômage, indemnité de licenciement.

1 **Complétez le parcours de Cédric avec les mots ci-dessus.**

« Je viens de trouver un premier emploi. Je n'ai pas eu trop de mal. J'ai lu les offres … à … . J'ai déposé mon CV et une lettre de … dans une ou deux entreprises, susceptibles de … . Au bout de trois ou quatre jours, j'ai reçu une lettre m'invitant à un … . Au début, j'avais un trac terrible, mais à l'issue de …, j'étais sûr d'avoir … l'emploi. Trois jours après, je signais mon premier … de travail. J'espère que la boîte n'aura pas de problèmes économiques et que je ne serai pas … . »

2 **Imaginez leur parcours et rédigez leur témoignage.**

Amélie, 20 ans, stagiaire dans une société informatique. *Je viens de décrocher un stage…*

Florent, 55 ans, ouvrier textile. *Je viens de perdre mon emploi…*

UNE PAGE D'HISTOIRE

Évolution, révolution

Écoutez l'entretien de Daniel Cohen, professeur de sciences économiques à l'École normale supérieure et à l'Université de Paris-I, et répondez aux questions.

1 Quel est le thème de l'entretien ?
   a Le travail en France aujourd'hui.
   b L'évolution du monde ouvrier.
   c L'évolution du monde du travail.

2 Relevez, pour chaque époque, la « révolution » qu'elle a connue :
   a Fin du XVIIIe siècle.
   b Fin du XIXe siècle.
   c Fin du XXe siècle.

3 Quelle catégorie sociale souffre le plus de la crise actuelle ?

4 Dites si les affirmations ci-contre sont vraies ou fausses et justifiez vos réponses.

a La mécanisation a rendu l'homme esclave de la machine.
b L'ouvrier a perdu son intérêt au travail dans les années 50-60.
c Une culture ouvrière s'était créée dans les grandes usines.
d La perte de cette culture est un drame humain.
e Les ouvriers ont su se réadapter à un monde de substitution.
f Notre époque a produit de nouvelles exclusions.

Mieux vivre son temps

1 Observez le schéma et notez :
   a la durée hebdomadaire légale du travail en 1848, en 1919 et en 1982 ;
   b la date des premiers congés payés. Comparez avec votre pays.

2 Complétez le texte.
En 1900, un ouvrier de l'industrie travaillait encore … heures par jour et il fallut attendre … pour obtenir un jour de repos par semaine. Les grandes grèves contre les terribles conditions de travail ont contribué à mettre en place une législation qui protège les salariés de l'industrie. Après la Première Guerre mondiale, la semaine de … heures, votée en 1919, fut une grande avancée sociale. L'arrivée au pouvoir du Front populaire (union de différents partis de gauche) en 1936, porté par les électeurs des classes laborieuses, permit

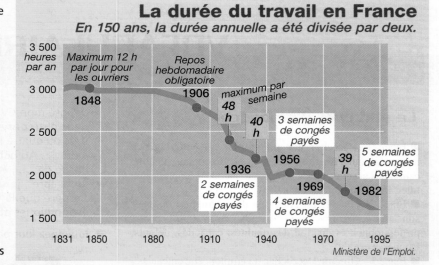

La durée du travail en France
En 150 ans, la durée annuelle a été divisée par deux.

3 500 heures par an

Maximum 12 h par jour pour les ouvriers
1848

Repos hebdomadaire obligatoire
1906

maximum par semaine
48 h
40 h
3 semaines de congés payés

1936
2 semaines de congés payés

1956
1969
4 semaines de congés payés

39 h
5 semaines de congés payés
1982

1831 1850 1880 1910 1940 1970 1995

Ministère de l'Emploi.

deux lois très favorables au travailleurs : … heures de travail hebdomadaires et surtout … de congés payés. Ce fut une révolution. Aujourd'hui, le temps de travail évolue vers les … heures hebdomadaires, qui devront s'appliquer à tous en France en 2002.

EXPOSÉ
Présentez l'évolution du temps de travail dans votre pays et les conquêtes sociales.
Inspirez-vous de la structure du texte ci-dessus pour organiser votre présentation.
Utilisez des indicateurs temporels (voir p. 116).

dossier 9

ORAL

9

1 RYTHME ET INTONATION :

PRISE DE CONTACT.

1 Écoutez et retrouvez l'ordre des phrases.

a Vous êtes sa secrétaire ? Pouvez-vous m'aider ?
b Je souhaite parler à M. Roux.
c Je voudrais rencontrer M. Roux.
d Je suis réceptionniste de profession.
e Bonjour, madame. Je me présente : Pauline Lagrange.
f J'ai besoin de son avis, quand pourrais-je le rencontrer ?

2 Réécoutez et prononcez chaque phrase avec ton, rythme et intonation.
Donnez trois adjectifs pour caractériser les qualités requises pour cette prise de contact.

> *Exemple :* **Être poli...**

2 SITUATION VÉCUE.

1 Écoutez chacune des phrases et choisissez celle (a ou b) qui convient le mieux pour répondre aux questions lors d'un entretien d'embauche.

2 Pour clore la conversation, écoutez les réponses aux propositions ci-dessous et choisissez celle qui convient (a, b ou c) aux questions 1, 2 et 3.

1 Pour l'entretien, vous pourriez venir mardi ?
2 À propos, vous avez déjà travaillé sur Excel ?
3 Le poste est libre à partir du 1er septembre ?

3 JEUX DE RÔLES :

UN ENTRETIEN D'EMBAUCHE.

1 Lisez l'annonce suivante et prenez contact par téléphone.

> CHERCHE H/F URGENT
> poste à pourvoir : chef pâtissier.
> Restaurant de haut prestige en plein centre de Bruxelles.
> Préparation du travail, mise en place, réalisation de desserts (pâtisserie, glacerie, chocolaterie), travail de boulangerie, rangement. Expérience exigée.

2 Écoutez le déroulement d'un entretien d'embauche.

a Notez les informations que Christine donne sur sa formation, son expérience, ses compétences, ses qualités.
b Notez les questions de M. Pelletier concernant l'expérience de Christine, ses exigences, sa maîtrise des langues.

Recruteur	Candidat
Interroger sur le parcours	*Dire sa motivation*
– Depuis/Pendant combien de temps…	– Ça ne me fait pas peur, j'aime les défis, j'ai envie de…
Tester la personnalité	*Mettre en avant ses qualités*
– Êtes-vous/Seriez-vous prêt à…	– J'aime le contact, je pense avoir montré que…
– En quoi avez-vous les compétences/le savoir-faire pour…	

3 Jouez l'entretien d'embauche pour l'annonce donnée en 1. Vous êtes successivement recruteur puis candidat(e). Inspirez-vous de l' « arrêt sur image » p. 113.

4 RADIO REFLETS.

Cécile Caron a fait une enquête sociologique...
Première écoute
1 Identifiez le thème de cette enquête.
2 Quelles sont les personnes les plus concernées ?
  a Les ouvriers. **b** Les cadres.

Deuxième écoute
1 Quelles sont les personnes le plus attachées au travail ? Pourquoi ?
2 Près de la moitié des femmes françaises travaillent. Et chez vous ?
3 Où les jeunes veulent-ils travailler aujourd'hui ?

5 DÉBAT.

Comment percevez-vous le monde du travail ?
Le travail est-il une composante essentielle du bonheur ? Pour vous aider, répondez à ces questions par groupes de trois.

1 Lesquels de ces métiers refuseriez-vous d'exercer ? Pourquoi ?
  a Médecin.   **c** Juge.
  b Policier.   **d** Professeur.
2 Classez par ordre d'importance ce qui guide le choix de votre travail.
  a Les gens qu'il permet de rencontrer.
  b La proximité de votre lieu d'habitation.
  c La flexibilité des horaires.
  d La sécurité de l'emploi.
  e L'adéquation de vos diplômes avec la profession.
  f La perspective de faire une carrière.
  g La possibilité de travailler en équipe.
  h Le travail dans une petite structure.
  i L'absence de supérieur hiérarchique.
3 Mettez vos réponses en commun et justifiez-les.

Véronique Lesbre
18, impasse des Buttes
75015 Paris
Tél. : 01 44 26 13 78
e-mail : vlesbre@wanadoo.fr

Société COM-STYLES
58, rue des Bergers
75016 Paris

Paris, le 19 mai...

Objet : demande de stage de la mi-juillet à la fin août

Madame, Monsieur,

Actuellement étudiante en DESS (diplôme d'études supérieures) au CELSA (École des hautes études en sciences de l'information et de la communication), je suis à la recherche d'un stage obligatoire dans le cadre de ma formation. Je serais particulièrement intéressée par un stage d'assistante de communication au sein de la direction de la communication de votre entreprise.

Mes atouts, outre ma formation, sont mes nombreux séjours à l'étranger, notamment à New York, qui m'ont permis d'acquérir un très bon niveau d'anglais, une ouverture d'esprit à d'autres cultures, sans doute nécessaires pour travailler dans une entreprise internationale comme COM-STYLES.

En espérant vous avoir convaincu de ma motivation, et dans l'espoir de vous rencontrer prochainement, je vous prie d'agréer, Monsieur, l'expression de mes salutations distinguées.

V. Lesbre

PS : Je vous précise que, comme il s'agit d'un stage obligatoire, le CELSA m'accordera une convention de stage.

1

Olivier Clamart
145, rue du Chapeau-Rouge
92593 Levallois-Perret
Tél. : 01 49 68 53 70
e-mail : clamart.o@free.fr

NEWPRESS
12, cours Saint-Louis
75017 Paris

Réf : Télérama du 21 octobre... – annonce 1537

Paris, le 25 octobre...

Monsieur le directeur,

Dans une annonce du *Télérama* du 21 octobre, vous demandez un responsable de rédaction pour travailler à l'amélioration de la qualité des documents publiés par votre société.

Vous souhaitez un jeune diplômé d'école de commerce, ayant au moins deux ans d'expérience et une culture économique approfondie.

Mon profil correspond à votre attente : j'ai 30 ans, je suis diplômé de l'école Sup de Co de Reims (1996) et j'ai travaillé pendant quatre ans dans le service communication du journal *Le Point*.

Je vous serais très reconnaissant de bien vouloir examiner ma candidature et je me tiens prêt à vous rencontrer dans ce but dès que possible.

Je vous prie de bien vouloir agréer, Monsieur le directeur, l'expression de mes sentiments respectueux.

Olivier Clamart

2

Vous allez écrire une lettre de motivation en réponse à une annonce d'offre d'emploi.

1 LISEZ.

Lisez les deux lettres de motivation et répondez aux questions.

1 S'agit-il de lettres en rapport avec une annonce ou s'agit-il de lettres spontanées ?
2 Quel est leur objet ?
3 Combien de paragraphes comportent-elles ? (Donnez-leur un titre.)
4 Relevez les formules d'appel et de politesse.
5 Quelles différences y a-t-il ? Pourquoi ?

2 PRÉPAREZ VOTRE PRODUCTION.

Lisez le tableau.

> La **formule finale de politesse** est en harmonie avec la formule d'appel et rédigée selon votre rapport social avec le destinataire.
> *Veuillez agréer :*
> *– mes hommages respectueux* à une femme ;
> *– l'expression de ma (haute) considération/ de mes sentiments dévoués/respectueux/ respectueusement dévoués* à un supérieur ;
> *– l'assurance/l'expression de mes meilleurs sentiments* à un égal ;
> *– mes salutations (les plus) distinguées* à un inconnu.

3 ÉCRIVEZ.

Rédigez la réponse à l'annonce ci-dessous.

> **Conseils pour bien rédiger votre lettre de motivation**
> • Présentation : voir les lettres 1 et 2.
> • Formules : voir le tableau.
> • Contenu :
> – Répondez à l'attente du recruteur.
> – Faites trois paragraphes.

1 Expliquez pourquoi vous vous adressez à cet établissement.
2 Donnez les raisons de choisir votre candidature. Choisissez dans votre CV les raisons qui peuvent convaincre votre recruteur.
3 Envisagez une issue favorable à votre candidature. Demandez une date pour votre entretien ou des informations précises sur le poste à pourvoir.
   – Manifestez votre motivation.
   – Faites preuve de confiance en vous, mais soyez concis.
   – Mettez en avant les éléments de votre formation qui prouvent votre motivation.
   – Détaillez vos expériences.

Notre société spécialisée dans le tourisme de qualité
(500 personnes, 250 MF de CA),

Nous construisons chaque jour notre développement
dans un contexte évolutif.
Nous recherchons pour nos villages et hôtels club de Paca
Vacances bleues

Responsables animation H/F
Animateurs H/F

Riche d'une solide culture générale, vous êtes une personnalité dotée d'un bon sens
de la communication et du spectacle valorisée au cours d'une expérience
de deux années à un poste similaire.

Vous souhaitez intégrer une entreprise à forte culture qui vous offre la possibilité
d'exprimer vos talents. Nombreux avantages.

Merci d'adresser votre CV + lettre manuscrite + photo
à *Vacances bleues* sous référence 98/26, DRH, 60, rue Saint-Jacques, 13006 Marseille. **3**

DELF

Unité A5 : Compréhension et expression écrites
Domaine de référence : Le travail

Écrit 1 : Analyse de textes guidée par un questionnaire (500 à 700 mots) et reformulation d'informations

Durée de l'épreuve : une heure.
Coefficient : 1 (noté sur 20).
Objectif : faire un compte rendu guidé du contenu d'un document écrit comportant des références précises à la réalité socioculturelle française ou francophone.

PRINCIPAUX SAVOIR-FAIRE REQUIS

• Saisir la nature et la spécificité socioculturelle du document.
• Dégager le thème principal et l'organisation d'ensemble.
• Extraire les informations essentielles.

MÉTHODE

Avant de répondre aux questions, prenez le temps :
– d'observer globalement et attentivement tout ce que comporte le document : titre, sous-titre, chapeau, origine, date, signature, caractéristiques extérieures les plus apparentes (chiffres, sigles, phrases en italique, illustrations…) ;
– de réfléchir au sens du titre : Permet-il de faire des hypothèses sur le contenu ?
– de lire la totalité du document rapidement de façon à comprendre le sens et l'organisation d'ensemble ;
– de lire soigneusement les questions posées et de faire un premier repérage des endroits du document où vous pouvez trouver des éléments de réponse à chaque question.

CONSEILS DE RÉDACTION

– Vos réponses doivent être courtes et précises.
– Vous devez penser à marquer les relations logiques entre les phrases.
– Formulez vos réponses avec vos propres mots, ne reprenez pas des phrases entières du document sauf si cela vous est demandé dans la consigne.
– N'ajoutez pas d'informations extérieures ni de commentaires personnels.
– N'oubliez pas de relire avec soin.

CONSIGNE
Lisez soigneusement le texte ci-contre. Répondez ensuite aux questions posées.

QUESTIONS

1 Lisez le texte puis définissez le mot *insertion*. *(2 points)*
2 Quel est le vrai problème de l'emploi en France selon l'auteur au moment de la rédaction de son article ? *(2 points)*
3 Quelle politique est choisie par le ministère de l'Économie et des Finances ? Pour quelle raison ? *(3 points)*
4 L'auteur de l'article est-il en accord avec cette politique ? Justifiez votre réponse avec deux citations du texte. *(3 points)*

5 Relevez trois handicaps vécus par les exclus dans leur recherche d'emploi. *(1,5 point)*
6 Retrouvez les deux programmes nationaux d'insertion cités dans le texte et reformulez leur mode d'accompagnement des chômeurs. *(3 points)*
7 Quelles sont les fonctions positives des différents organismes locaux ? Citez-les. *(1,5 point)*
8 Reformulez deux des difficultés auxquelles ils sont confrontés. *(2 points)*
9 Selon la conclusion de l'auteur, que doit faire l'État français pour aider à la réinsertion des exclus ? *(2 points)*

POURSUIVRE L'EFFORT D'INSERTION

Par Claude Alphandéry
Président du Conseil national d'insertion par l'activité économique

Le marché du travail connaît une situation paradoxale : la reprise économique crée un nombre considérable d'emplois. Le taux de chômage, et particulièrement celui des jeunes et celui de longue durée, s'abaisse de manière significative ; il reste pourtant élevé. Des poches de très fort chômage subsistent alors que dans des secteurs tels que le bâtiment ou l'hôtellerie, la main-d'œuvre fait défaut. Elle paraît réticente à l'apprentissage et au transfert vers de nouveaux métiers. Une zone de non-accès à l'emploi semble s'installer.

La présentation par le gouvernement, à la demande de l'Europe, d'un nouveau programme d'insertion par l'activité économique s'impose donc. Malheureusement, ces propositions ne semblent pas en phase avec l'actualité. Elles sont accueillies avec scepticisme par le ministère de l'Économie et des Finances qui, pressé entre les revendications diverses et la volonté de rigueur budgétaire, suggère que la réduction du chômage justifie un relâchement et non un renforcement des aides publiques accordées à l'insertion et propose une amputation des crédits budgétaires mis en place depuis 1998. Il tire argument d'une étude selon laquelle 70 % des Français douteraient de la volonté des exclus de trouver du travail. Il serait temps, selon ce sondage, de porter les efforts vers les « inclus » qui auraient été sacrifiés à la lutte contre l'exclusion…

Ce sentiment, s'il existe, n'est pas fondé. Il est, hélas, évident que l'exclusion et ses effets calamiteux n'ont pas disparu : statistiques encore lourdes de 900 000 Rmistes[1] et de 650 000 chômeurs de longue durée. Et toutes les enquêtes montrent que la grande majorité des personnes ainsi rejetées ne fuient pas le travail. Elles mettent une énergie parfois désespérée, parfois maladroite, à trouver un emploi mais elles rencontrent de lourdes difficultés : problèmes de santé, de logement, de garde d'enfants ou de transport. Enfin, le manque de formation initiale donne un sentiment d'inaptitude et accroît la crainte de précarité.

C'est à surmonter ces difficultés que s'emploient les dispositifs d'insertion renforcés par la loi de 1998. Des programmes comme « Nouveaux départs » ou « Trace » permettent de soutenir les chômeurs adultes et jeunes les plus en difficulté et d'organiser leur parcours d'insertion. Des centaines de milliers d'entre eux ont été ainsi pris en charge, moyennant un agrément de l'ANPE[2], dans des chantiers d'insertion, des associations intermédiaires, des entreprises d'intérim qui leur ouvrent un accompagnement et un accès à l'emploi.

Par ailleurs, une action décentralisée ambitieuse a également porté ses fruits. Les contrats de plan État-régions, les plans locaux d'insertion pour l'emploi, la mise en place des Conseils départementaux d'insertion par l'activité économique (CDIAE) tendent à mieux articuler les acteurs locaux de l'insertion.

Mais, sur cette double voie de l'accompagnement des personnes et de la territorialisation des actions, d'énormes progrès restent à faire. Loin de réduire l'effort, il est au contraire besoin de l'ajuster et de le valoriser. Cela est possible par une utilisation plus pertinente des CDIAE aujourd'hui en place car malgré certains succès, la plupart des CDIAE manquent d'informations sur l'offre d'insertion, sur les initiatives en matière d'accompagnement social et sur les besoins réels dans ces domaines. Ils souffrent aussi d'un déficit d'assiduité des élus et des partenaires sociaux qui se désintéressent de ces conseils.

Au moment où le gouvernement paraît faire mouvement vers la décentralisation, ces CDIAE pourraient constituer un terrain propice pour donner aux acteurs sociaux les moyens de mettre en œuvre des expériences sociales liées au développement économique local et à l'aménagement du territoire.

Pour être crédible et convaincant, le programme « emploi » du gouvernement doit avoir deux appuis : la poursuite de l'effort de l'État au lieu de son désengagement et une décentralisation effective.

Libération, 12/06/2001.

1 *Rmistes* : personnes ne percevant aucune indemnité de chômage et bénéficiant d'un revenu minimum.
2 *ANPE* : Agence nationale pour l'emploi (service de l'État qui comptabilise et prend en charge les chômeurs).

Écrit 2 : Expression personnelle dans une perspective comparatiste sur une question abordée dans le texte de l'écrit 1

Durée de l'épreuve : une heure.
Coefficient : 1 (noté sur 20).
Nombre de mots : 200.
Objectif : donner son opinion personnelle sur le sujet et effectuer une comparaison avec la réalité de sa culture d'origine.

SAVOIR-FAIRE REQUIS

• Synthétiser les idées importantes dans des phrases courtes et précises.
• Donner son opinion en quelques phrases.
• Produire un texte écrit cohérent et articulé.

CONSIGNE

Vous connaissez le problème de l'emploi et du chômage dans votre pays.
Présentez la situation, les mesures qui sont prises, éventuellement, pour encourager l'emploi ou pour accompagner les chômeurs et comparez avec ce qui se passe en France.
Donnez votre sentiment sur l'opportunité des interventions de l'État dans la politique de l'emploi.

POUR CETTE PRODUCTION

1 Mobilisez vos connaissances sur la situation dans votre pays.
Réfléchissez aux deux aspects présentés dans le texte : les aides nationales et les initiatives locales. Pour la France, appuyez-vous sur le texte qui vous donne un certain nombre d'informations et revoyez les pages *Infos* du dossier 9, *Travailler aujourd'hui* (p. 114-115), pour :
– contextualiser le paradoxe français présenté en début d'article et comparer avec votre pays ;
– retrouver les mots et notions clés concernant le travail (embauche, licenciement, recherche d'emploi, précarité, contrats, chômage…) ;
– vous appuyer sur des chiffres précis (population active, taux de chômage…).
2 Posez la problématique de la fin de la question : Quel rôle l'État doit-il jouer dans la dynamique de l'emploi ?
Doit-il se charger des chômeurs au nom de la solidarité nationale ou non ? Doit-il intervenir dans la politique des entreprises (les licenciements, les critères d'embauche, les contrats…) ou non ?
Quels sont les avantages de l'intervention de l'État dans une politique de l'emploi ?

Quels sont ses inconvénients ?
Faites-vous votre opinion et défendez-la.
Vous ne serez pas évalué(e) sur vos opinions, mais sur votre capacité à les présenter clairement et à les défendre.

EXEMPLE DE BARÈME
• **Adéquation et organisation de la réflexion**
– Capacité à préciser la problématique *(3 points)*
– Précision et cohérence dans la présentation et l'enchaînement des idées, arguments et exemples *(3 points)*
– Capacité à mobiliser les notions clés dans le thème choisi *(3 points)*
– Capacité à mettre en relation des traits spécifiques de civilisation (culture française/culture maternelle) *(3 points)*
• **Qualité linguistique** *(8 points)*
– Compétence morphosyntaxique
– Compétence lexicale
– Degré d'élaboration des phrases
TOTAL : 20 points

COMMENT **ÊTRE CITOYEN ?**

SAVOIR-FAIRE

- Demander, solliciter, réclamer, protester, défendre des intérêts, féliciter, encourager.
- Rapporter des propos au présent et au passé : nuancer les verbes introducteurs du discours indirect.
- Prendre position sur la participation aux intérêts collectifs, faire un appel à la solidarité pour des intérêts humanitaires.
- Rédiger un manifeste.
- Comparer des organisations humanitaires françaises avec celles de son pays.

COMMENT

1 OBSERVEZ LES PHOTOS
ET FAITES DES HYPOTHÈSES.

1 Quelle relation faites-vous entre les quatre photos et le titre du dossier ?

2 Que font les différentes personnes qui apparaissent sur les photos 1, 2 et 4 ? Quels sont leurs objectifs ?
a Désigner des représentants.
b Lutter pour des causes humanitaires.
c Défendre les intérêts d'un groupe.
d Défendre les intérêts d'une région.

2 DÉCOUVREZ LE DOCUMENT.

DOCUMENT 1
Visionnez les séquences 1 à 3.
Sans le son.

1 Qui manifeste, à votre avis ? (Observez les vêtements.)

2 Quelles peuvent être leurs revendications ? (Observez les banderoles et les moyens utilisés.)

3 Observez les attitudes et décrivez l'ambiance de chaque séquence.
a Calme.   **b** Électrique.   **c** Conviviale…

Avec le son.

4 Vérifiez vos hypothèses et complétez le tableau.

	Qui manifeste ?	Pourquoi ?
Séquence 1		
Séquence 2		
Séquence 3		

5 Quel est le problème particulier aux infirmières ?

6 Les revendications présentées vous paraissent-elles légitimes ? Justifiez votre réponse.

DOCUMENT 2
Visionnez la séquence 4 avec le son.
PREMIÈRE ÉCOUTE

7 À quelle occasion a-t-on fait ce reportage ?

8 Dans quel but ces personnes interviennent-elles ?
a Une volontaire de MSF.
b Anna.
c Philippe Biberson.

DEUXIÈME ÉCOUTE
9 Que signifie le sigle MSF ?

10 Décrivez cette association.
Prenez des notes sur sa création, ses membres, son président, ses objectifs.

Transcriptions en fin d'ouvrage.

ÊTRE CITOYEN ?

TROISIÈME ÉCOUTE

11 Complétez les paroles de Philippe Biberson.
J'espère que ce prix Nobel de la paix récompense bien la … civil, totalement … des influences … et …, d'un humanitaire de nous tous, d'un humanitaire de … contre l'… et la persécution.

Visionnez la séquence 5 avec le son.

12 Dans quel pays et pour quelles raisons l'aide humanitaire est-elle sur le terrain ?
a Famine.
b Épidémie.
c Racisme.
d Recherche médicale.
e Sécheresse.
f Guerre.
g Difficultés économiques.

13 De quels organismes d'aide humanitaire vous parle-t-on ?

14 Connaissez-vous une organisation humanitaire du même type dans votre pays ? Quelles sont ses actions principales ? Présentez-la en quelques phrases.

POUR VOUS AIDER

– Créé(e) en…, par…, le/la… a pour ambition/ objectif de…
– L'activité principale est…
– Elle intervient souvent… pour des actions…
– Ses sources de revenus proviennent/viennent de…
– Elle est financée par…

Ensemble, nous pouvons faire reculer la faim. ❶

La 11ᵉ saison musicale estivale du Musée international de la Croix-Rouge et du Croissant-Rouge (MICR) va débuter. L'entrée aux concerts est libre grâce à la participation bénévole de tous les artistes. À la fin de chaque concert, une collecte est effectuée dont le profit est versé intégralement à un projet de Musique Espérance pour l'aide au développement de la Delhi School of Music, en Inde. Le montant récolté permettra l'achat d'instruments et contribuera à la rémunération des professeurs. ❷

3 AGIR ENSEMBLE.

1 Connaissez-vous les organisations présentées ci-dessous ?
Ont-elles un objectif national ou international ?

2 Quel est l'objet de leur combat ?

3 Quel combat vous touche particulièrement ?
Pourquoi ? Souhaiteriez-vous y participer ?
Pour quelles raisons ?

Opération chèque réveillon

Le groupe Chèque déjeuner et les Restos du cœur renouvellent l'opération Chèque réveillon. Vous pouvez faire un don. Pour cela, il vous suffit d'envoyer un chèque déjeuner ou chèque bancaire barré de la mention « Réveillon » à l'adresse suivante :
Opération Chèque réveillon
Les Restaurants du cœur
60912 Creil Cedex 9 ❸

AIDE ET ACTION
Parrainez un enfant, une classe, un projet. ❹

ATD Quart-Monde, en tant que messager du Manifeste 2000, soutient le Mouvement mondial pour une culture de la paix et de la non-violence proposée par les Nations unies. ❺

10
dossier

La vie associative

1 CONNAISSEZ-VOUS L'IMPORTANCE DES ASSOCIATIONS EN FRANCE ?

1 Lisez les documents 1 et 2.

2 Présentez, sous forme de synthèse écrite :
   a Le rôle des associations en France :
   – leur nombre ;
   – le personnel qui les fait fonctionner ;
   – les plus nombreuses ;
   – celles qui sont en expansion ;
   – leurs actions.
   b Le profil du Français adhérent d'une association (âge, forme de participation).

3 Montrez la différence entre les associations pour lesquelles on donne de l'argent et celles auxquelles on adhère comme membre actif.

4 Lisez le document 3.
   a Quelles différences faites-vous entre associations (document 1) et ONG (document 3) ?
   b Présentez les ONG (origine, statut, objectifs) et situez le rôle des trois organisations présentées dans le document vidéo.

❶ Les créations d'associations nationales ont connu un accroissement spectaculaire depuis le milieu des années 70, passant de 20 000 en 1975 à plus de 60 000 par an au cours des dernières années. On compte au total plus de 700 000 associations avec 10 millions de bénévoles et un million et demi de salariés. 39 % des Français se déclarent adhérents à au moins une association (44 % des 60 ans et plus, contre 31 % des 15-24 ans).

Les associations liées aux activités de loisir augmentent, permettant de se grouper pour pratiquer ensemble des activités enrichissantes à titre personnel (29 % de la population), au détriment de celles qui défendent des intérêts collectifs. Celles-ci tendent à durcir leur militantisme, comme Act Up (contre le sida), DAL (Droit au logement pour les sans-logis) ou des associations de chômeurs, qui multiplient, dans la lignée de Greenpeace, des opérations commando[1] et des interventions de masse spectaculaires pour mobiliser les médias et sensibiliser l'opinion publique à leur problème.

D'après G. Mermet, *Francoscopie 2001*, Larousse/HER 2000.
1 *Opérations commando* : coups de force.

❷ PARTICIPATION DES FRANÇAIS À DIFFÉRENTES ASSOCIATIONS

(EN %) Associations	Adhérents	Donateurs
sportives	16	18
culturelles	12	16
de loisirs	8	9
d'aide aux personnes défavorisées	7	54
religieuses	4	13
de jeunes, d'étudiants	4	15
de solidarité internationale	3	35
de défense de l'environnement	3	12
de défense des droits de l'homme	2	13

❸ C'est en 1946, à l'article 71 de la charte des Nations unies, qu'est apparue l'expression d'*organisation non gouvernementale* (ONG).

Les organisations non gouvernementales, appelées aussi *organisations* ou *associations de solidarité internationale* (OSI ou ASI), sont régies par la loi du 1er juillet 1901 et sont considérées comme relevant de la vie *associative privée*, développant *sans but lucratif* une *activité internationale* dont tout ou partie est consacré à l'expression de *solidarité avec les populations défavorisées*. Ainsi, les ONG se caractérisent essentiellement par l'origine privée de leur constitution, la nature bénévole de leurs activités et le caractère international de leurs objectifs.

On compte environ 600 de ces organisations en France.

Elles peuvent intervenir à court terme dans un *contexte d'urgence* ou bien à plus long terme dans le cadre de *projets de développement* : interventions directes à travers l'envoi de volontaires ou la mise en œuvre de projets par des salariés locaux, appui aux initiatives locales dans des domaines variés (agriculture, médecine…) servant de base à un développement autonome ou par la fourniture de financements nécessaires pour des entrepreneurs locaux.

10
dossier

② AGIR POUR LA BONNE CAUSE.

Faites une enquête dans la classe. Mettez-vous par groupes de trois et répondez aux questions suivantes.

Question 1 : Parmi les causes suivantes, quelles sont celles qui vous paraissent les plus importantes ? Classez-les de la plus importante à la moins importante.
- **a** La faim dans le monde.
- **b** La paix et le désarmement dans le monde.
- **c** La lutte contre l'enfance maltraitée.
- **d** La lutte contre le racisme.
- **e** L'insertion des personnes en difficulté.
- **f** La défense de l'environnement.
- **g** La recherche médicale (cancer, maladies génétiques…).

Comparez vos réponses avec celles des autres groupes et justifiez vos choix.
Comparez vos réponses avec celles des Français.

Réponses des Français : c, e, a, b, d, g, f.

Question 2 : Pour défendre une cause, comment préférez-vous agir ? Classez les réponses suivantes par ordre de préférence.
- **a** Avec des personnes de votre entourage.
- **b** Dans un club.
- **c** Dans une organisation internationale non gouvernementale.
- **d** Dans un mouvement ou une association.
- **e** Dans un parti politique.
- **f** De manière individuelle.
- **g** Dans un syndicat.

Comparez vos réponses entre vous. Ceux qui ont choisi les propositions a, b et f donnent des exemples d'actions ; ceux qui ont choisi les propositions c, d, e et g précisent quel type de mouvement ou de parti leur semble utile. Comparez les réponses de votre classe et celles des Français.

Réponses des Français : d, a, c, f, b, g, e.

③ LIBERTÉ, AFFINITÉ, SOLIDARITÉ.

1 Regardez et lisez les documents 4 à 7.
2 Quel thème ont-ils en commun ?
3 Décrivez chaque document.

Document 4
4 Justifiez les trois pronoms utilisés *(je/tu/nous)*.

Document 5
5 À votre avis, qui peut avoir commandé ce logo ?
- **a** Une institution privée.
- **b** Le Parlement.
- **c** Une entreprise commerciale.

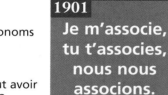

1901
Je m'associe, tu t'associes, nous nous associons.
2001

Document 6
6 Comment comprenez-vous le titre : *La loi du 1er juillet 1901 sur les associations couronne un long combat* ? Selon vous, quel sera le thème de l'article ?

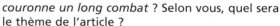

⑤ *Liberté d'Association 1901 2001*

Document 7
7 Observez :
- **a** Le logo et précisez ce qu'il cherche à évoquer.
- **b** Le texte et relevez tous les termes qui vont avec le mot *association*.

8 Dégagez l'image que veut donner cette banque. Expliquez le slogan *…comme son nom l'indique*.

La loi du 1er juillet 1901 sur les associations couronne un long combat politique et juridique ⑥

Voté le 28 juin par 313 voix pour et 249 voix contre, ce texte législatif a été promulgué le 1er juillet. Sur fond de débat sur la laïcité, Pierre Waldeck-Rousseau fut l'infatigable protagoniste de ce texte autorisant les contrats d'associations. « Il n'y a pas d'armure plus solide contre l'oppression », disait-il. En effet, n'importe quel groupe de citoyens pouvait servir légalement pour défendre, pratiquer et réaliser une activité commune.

CREDIT COOPERATIF
comme son nom l'indique

LA BANQUE À VOS CÔTÉS ⑦

ASSOCIATION. C'est un beau mot qui a du sens pour le Crédit coopératif qui depuis plus d'un siècle progresse à l'unisson de la société.
ASSOCIATIONS. Voilà cent ans que la vitalité et la force d'initiative de notre pays trouvent dans ce mode d'organisation un cadre d'action et d'expression.
Ce n'est donc pas par hasard si nous sommes devenus, au fil du temps, la banque des associations, quel que soit le secteur d'intervention : sanitaire, social, culturel, sportif, éducatif, humanitaire et tant d'autres. Une banque qui accompagne au quotidien et dans les temps forts. Une banque à taille humaine où l'on se sent chez soi.
Ce centenaire nous le fêtons avec vous.

GRAMMAIRE

Introduire et rapporter des propos

Des verbes introduisant des nuances variées permettent de rapporter des propos, selon l'intention de communication.

1 Phrase déclarative
Propos énoncés : *Les infirmières :*
« Notre statut doit être valorisé. »
Propos rapportés : *Les infirmières disent/ont dit que leur statut doit/devait être valorisé.*
Verbes déclaratifs :
– Dire = déclarer/affirmer/raconter/répéter/prétendre*/laisser entendre/soutenir*/reconnaître/supposer/ajouter que + indicatif
– Répondre = rétorquer/répliquer/objecter que + indicatif
* Ces verbes mettent en doute les propos rapportés.

2 Phrase interrogative
Propos énoncés : *Les dirigeants :*
« Est-ce que la grève continuera ? »
Propos rapportés : *Ils se demandent/se sont demandé si la grève continuera/continuerait.*
Verbes interrogatifs :
Se demander/demander = vouloir savoir/interroger pour savoir/chercher à savoir/s'inquiéter de savoir + si/ce que/pourquoi/où/comment... + indicatif

3 Phrase impérative
Propos énoncés : *Les infirmières : « Augmentez nos salaires ! »*
Propos rapportés :
Les infirmières demandent/ont demandé au gouvernement d'augmenter leurs salaires.
Verbes à valeur impérative :
Demander = conseiller/prier/suggérer/proposer/dire/recommander/ordonner de + infinitif
(On utilise parfois ces mêmes verbes + *que* + subjonctif.)

1 *Remplacez chaque verbe en gras par un verbe du tableau ci-dessus. Par groupes de deux, discutez du choix du verbe.*

1 Le président de l'association **a dit qu'**il attendait des actes et des engagements de résultats.
2 Il **a dit qu'**il avait eu tort de ne pas prendre les choses au sérieux. Il **a dit que** malheureusement il n'avait pas le temps de s'occuper de cette affaire à ce moment-là. Il **a dit** en plus **qu'**on ne l'avait pas bien tenu au courant.

3 Il nous **a ordonné de** prendre les mesures qui s'imposaient et il **a demandé que** nous ne tardions pas.
4 Il **a demandé si** nous étions tous d'accord avec son projet et ses objectifs.
5 On lui **a répondu qu'**on n'aurait jamais les moyens de les réaliser.
6 Il **a dit que** ce serait possible si on trouvait une aide extérieure.
7 On lui **a dit que** ce serait très difficile dans le contexte actuel.

2 *1 Mettez les phrases de l'exercice ci-dessus au discours direct.*

Exemple : 1 Le président de l'association a dit qu'il attendait des actes et des engagements de résultats.
→ **« J'attends des actes et des engagements de résultats. »**

2 Observez les changements et complétez le tableau ci-dessous.

1 Concordance des temps

Propos énoncés	Propos rapportés
a Présent	→ Imparfait
b ...	→ Plus-que-parfait
c ...	→ Conditionnel présent
d Futur antérieur	→ Conditionnel passé

Les temps qui ne subissent pas de transposition temporelle sont l'imparfait, le plus-que-parfait, le conditionnel présent/passé, le passé simple/antérieur, le subjonctif présent/passé.

2 Changement des pronoms personnels et des adjectifs possessifs
En avez-vous noté ? Lesquels ? Faites la liste.

3 Changement dans les indicateurs de lieu et de temps

Discours direct	Discours indirect
ici	→ là
aujourd'hui	→ ce jour-là
cette année	→ cette année-là
hier, demain	→ la veille, le lendemain
lundi dernier	→ le lundi précédent
la semaine dernière	→ la semaine précédente
dans deux jours/mois	→ deux jours/mois plus tard

3 *Rapportez les propos d'Alain. Variez les verbes introducteurs.*

« Je me suis engagé dans cette association quand j'avais vingt ans parce que mon jeune frère était handicapé moteur. Ce que je faisais pour lui, je le ferais pour les autres. C'est un engagement très fort auquel je tiens beaucoup. J'y consacre une partie de mes loisirs. Malheureusement, tous les bénévoles ne sont pas toujours constants et quand on programme une activité, certains manquent à l'appel. C'est dommage ! L'association fêtera cette année ses dix ans d'existence. Pour les fondateurs dont je suis, ce sera un moment formidable. En plus, après tant d'années à nous débrouiller tout seuls, on va enfin recevoir une subvention du ministère de la Santé… »

4 *Vous avez trouvé sur votre répondeur un message enregistré pour votre fils en son absence. Vous le lui transmettez à son retour, trois jours plus tard. Lisez le message puis faites les modifications nécessaires (temps, pronoms articulateurs).*

« Bonjour, c'est un message de Michel pour Arthur. Je suis passé hier pour te prêter mes cassettes, celles que tu avais demandées. Comme tu n'étais pas là, je les ai laissées chez Malik. Tu pourras les prendre seulement dans deux jours. Téléphone-lui demain, il est chez ma cousine Françoise. »
Ton copain Michel a laissé un message pour toi mardi dernier. Il a dit…

VOCABULAIRE

Se rassembler et manifester

1 A Lisez ces slogans. Classez-les selon qu'ils jouent :
  1 sur les sons ;
  2 sur un détournement de phrases connues.
   a Sapin, Jospin, radins !
     (Les fonctionnaires réclamant des augmentations de salaire en février 2001.)
   b Saint Jean, priez pour nous !
     (Adressé à Jean Tibéri, maire de Paris, en janvier 2001.)
   c Clic-clac, merci Chirac !
     (1988, sortie du gouvernement Chirac.)
   d Pompidou, des sous !
     (Manifestations en 1969 contre le Premier ministre Pompidou.)
   e La droite s'éclate
     (Défaite aux législatives de 1997, divisions internes dans les partis.)
   f Chevènement : l'adieu aux armes.
     (Démission du ministre de la Défense en 1990.)

B Quelle phrase rappelle :
  a un titre de roman célèbre ?
  b un verbe familier signifiant *être au comble du bonheur* ?
  c une prière ?

2 Les citoyens se mobilisent pour se faire entendre. Quelle nuance accordez-vous à chacune des phrases ci-dessous : *demander son droit – demander officiellement – demander collectivement – exiger – refuser ?*

> *Exemple :* Je vous demande d'intervenir.
>   → **Exiger.**

 a Nous sollicitons une faveur exceptionnelle.
 b Nous protestons contre cette décision injuste.
 c Voulez-vous signer cette pétition contre les essais nucléaires ?
 d Les salariés sont en grève, ils revendiquent le paiement de leurs heures supplémentaires.
 e Je réclame la présence de mon avocat et je vais faire une réclamation auprès du tribunal.

3 Substituez les mots soulignés par les expressions imagées proposées ci-dessous.
Durant la manifestation, nous allons marcher ensemble, chanter ensemble, crier collectivement des slogans, exprimer ensemble les mêmes revendications. Et les négociations se feront avec l'accord de tout le monde.
 a En chœur.
 b D'une seule voix.
 c D'un commun accord.
 d À l'unisson.
 e Main dans la main.

dossier 10

UNE PAGE D'HISTOIRE

Ensemble, on peut refaire le monde

1 En 1949, l'abbé Pierre, alors député, habite une grande maison délabrée à Neuilly-Plaisance, près de Paris. C'est là qu'il accueille celui qui sera le premier compagnon, Georges. À cet ancien forçat[1], suicidé raté, il dit : « Je n'ai rien à te donner sauf mon amitié… et mon appel à partager nos efforts pour ensemble en sauver d'autres. »

Cette rencontre portait en elle toutes les valeurs du futur Emmaüs : l'accueil sans conditions, le respect de la dignité humaine, la reconnaissance de la capacité de chacun à être acteur de sa vie et à se prendre en charge, la solidarité envers les plus pauvres.

1 *Forçat* (n. m.) : personne condamnée aux travaux forcés.

1 Lisez le document 1.
2 Cherchez dans un dictionnaire l'origine du nom *Emmaüs*.
3 Depuis combien de temps existe cette organisation ?
4 Retrouvez le nom de ceux qui y sont accueillis.
5 Quels idéaux sous-tendent cette organisation ?

2  ### LES CHANTIERS DE JEUNES EMMAÜS

Présentation générale
Pendant les vacances scolaires d'été, quelques groupes Emmaüs d'Europe
organisent des chantiers où les jeunes sont invités à partager :
une vie de communauté
un travail bénévole
pour soutenir une action de développement solidaire.

Les premiers chantiers ont été organisés en France au milieu des années 60, puis en Europe (Allemagne, Danemark, Espagne, Italie). L'idée a été reprise, sous des formes nouvelles, dès 1973 en Asie (Japon puis Corée) et en 1991 en Amérique latine.

Conditions de participation et règles de vie
Les activités de ces chantiers (ramassage, tri et revente d'objets usagés) et les règles de vie (travail, vie communautaire, service) sont identiques à celles des communautés d'Emmaüs.

Le but principal de ces chantiers est de mettre en contact des jeunes de différentes nationalités, de leur donner le goût du travail parfois difficile, mais toujours motivant, ainsi qu'un aperçu des problèmes que rencontrent les pauvres dans notre système social.

Le travail est bénévole et chaque participant doit prendre en charge ses frais de voyage aller-retour jusqu'au lieu du chantier. La nourriture et le logement sont gratuits.

Les chantiers sont ouverts à tous, à partir de dix-huit ans, sans distinction de culture, de race ou de religion.

6 Prenez connaissance du document 2 et reformulez l'histoire des chantiers.
7 Relevez les éléments du texte qui concernent les tâches, les conditions de travail et d'accueil des jeunes.
8 Estimez-vous que les conditions proposées facilitent la réalisation des objectifs présentés ?
Dites ce que vous en pensez.

EXPOSÉ

Avec des objectifs similaires à ceux d'Emmaüs, vous avez constitué une association différente aux **dimensions internationales.**
Par groupes de trois ou quatre, rédigez un appel à participer à votre mouvement.
Cet appel comprendra :
a une présentation générale rappelant son histoire ;
b un texte d'incitation à vous rejoindre proposant les objectifs de votre association et des activités.
Vous pouvez vous fonder sur des associations humanitaires existant dans votre pays.
Chaque groupe exposera son appel à la classe. L'auditoire votera pour le meilleur projet.

ORAL

1   RYTHME ET INTONATION : FÉLICITER ET ENCOURAGER.

1 Écoutez ces quelques réactions à l'annonce du prix Nobel de Médecins sans frontières.
2 Remplissez le tableau.

	a Formules pour féliciter	**b** Formules pour encourager
Bernadette	*Quelle plus belle récompense auraient pu recevoir les Médecins sans frontières ? Je vous fais les 10 000 bravos que vous méritez pour vos combats et vos actions.*	
Véronique		*Je vous souhaite de tout cœur de continuer sur cette lancée.*
Laurent		
Léo		
Aurélie		
Vincent		

2   RADIO REFLETS.

Les copropriétaires d'un petit immeuble sont effrayés par le projet de construction d'un immeuble d'habitation à la place d'un atelier qu'ils considèrent comme appartenant au patrimoine urbain.
Pour les aider à constituer une association, Cécile Caron s'est renseignée sur les démarches à effectuer. Ainsi, ils peuvent se grouper en association dite « loi 1901 » pour défendre leur rue…

1 Écoutez Cécile et notez les démarches à effectuer pour constituer une association.
2 Trouvez un thème de mobilisation dans un des domaines suivants : environnement, solidarité, culture, droits de l'homme.
3 Écoutez de nouveau Cécile et prenez des notes. Puis, par groupes, constituez votre association.
4 Présentez votre association à la classe (titre, objet, membres actifs, type d'adhérents, objectifs) qui vous encouragera et vous félicitera (voir l'exercice 1).

3   SITUATION VÉCUE.

Écoutez cette interview de Martine Aubry, ministre de la Santé de juin 1997 à octobre 2000 et maire de Lille, et prenez des notes.

Séquence 1
1 Situez la ville dont il est question.
2 Donnez le propos de l'entretien et la raison pour laquelle il a été réalisé.
3 Décrivez, à partir de vos notes, le quartier dont on parle, les enfants qui sont concernés, leur vie et leur environnement familial.

> *Allocations, RMI, minima sociaux :* aides gouvernementales accordées aux personnes en recherche d'emploi, sans ressources et en difficulté (aide au logement, allocations familiales, revenu minimum d'insertion, allocation minimale de solidarité…)

Séquence 2
4 Notez la définition du mot *solidarité* telle que les enfants la comprenaient au début de l'entretien et la définition vers laquelle ils ont évolué.
5 Donnez, à votre tour, votre propre définition de la solidarité ainsi que quelques synonymes qui vous semblent recouvrir cette notion.
6 Réécoutez cet extrait et relevez les exemples de solidarité nationale donnés par Martine Aubry. Que révèlent-ils sur sa fonction à l'époque ?
7 Donnez, à votre tour, quelques exemples de votre vie où la solidarité nationale intervient.

4   DÉBAT.

Les associations humanitaires sont-elles, selon vous, réellement efficaces ?
Débattez sur ce sujet.
Constituez trois groupes.
– Un premier groupe se chargera de faire une liste des défauts qu'il illustrera par des exemples.
– Un deuxième groupe présentera les actions positives, selon ses connaissances.
– Un troisième groupe sera chargé de faire des propositions pour améliorer le fonctionnement des ONG.

> *Exemple :* **Groupe 1**
> Manque de transparence des finances, volontaires non payés, résultats peu mesurables, désengagement des autorités du pays…
>
> **Groupe 2**
> Aide médicale pour les pays en guerre, distributions alimentaires d'urgence, vaccinations des enfants, prévention contre le sida…

dossier **10**

Pétition contre ce monstre de tour Eiffel

À Monsieur Alphand[1]

« Monsieur et cher compatriote,

Nous venons, écrivains, peintres, sculpteurs, architectes, amateurs passionnés de la beauté jusqu'ici intacte de Paris, protester de toutes nos forces, de
5 toute notre indignation, au nom du goût français méconnu, au nom de l'art et de
l'histoire français menacés, contre l'érection, en plein cœur de notre capitale, de
l'inutile et monstrueuse tour Eiffel, que la malignité[2] publique, souvent empreinte
de bon sens et d'esprit de justice, a déjà baptisée du nom de « tour de Babel » […].

[…] de tous les coins de l'univers, Paris attire les curiosités et les admira-
10 tions. Allons-nous donc laisser profaner tout cela ? La ville de Paris va-t-elle donc
s'associer plus longtemps aux baroques, aux mercantiles[3] imaginations d'un constructeur de machines, pour s'enlaidir irré-
parablement et se déshonorer ? Car la tour Eiffel, dont la commerciale Amérique elle-même ne voudrait pas, c'est, n'en doutez pas, le déshonneur de Paris…

Lorsque les étrangers viendront visiter notre Exposition, ils s'écrieront, étonnés : " Quoi ? C'est cette horreur que les
15 Français ont trouvée pour nous donner une idée de leur goût si fort vanté […] ?"

Il suffit d'ailleurs, pour se rendre compte de ce que nous avançons, de se figurer un instant une tour vertigineusement
ridicule, dominant Paris, ainsi qu'une noire et gigantesque cheminée d'usine, écrasant de sa masse barbare Notre-Dame, la
Sainte-Chapelle, la tour Saint-Jacques, le Louvre, le dôme des Invalides, l'Arc de triomphe, tous nos monuments humiliés,
toutes nos architectures rapetissées[4], qui disparaîtront dans ce rêve stupéfiant.
20 C'est à vous qui aimez tant Paris, qui l'avez tant embelli, qui l'avez tant de fois protégé contre les dévastations admi-
nistratives et le vandalisme[5] des entreprises industrielles, qu'appartient l'honneur de le défendre une fois de plus. Nous nous
en remettons à vous du soin de plaider la cause de Paris, sachant que vous y dépenserez toute l'énergie, toute l'éloquence[6]
que doit inspirer à un artiste tel que vous l'amour de ce qui est beau, de ce qui est grand, de ce qui est juste. »

Premiers signataires : E. Meissonier, Ch. Gounod, Ch. Garnier, R. Fleury, V. Sardou…

Le Temps, le 14 février 1887.

1 *Jean-Charles Alphand* : polytechnicien, l'un des trois directeurs généraux de l'Exposition universelle de 1889, chargé des
travaux. **2** *Malignité* (n. f.) : méchanceté. **3** *Mercantiles* (adj.) : commerciales. **4** *Rapetissées* (adj.) : réduites en petit. **5** *Vandalisme*
(n. m.) : tendance destructrice. **6** *Éloquence* (n. f.) : qualité du discours oral.

1

PÉTITION POUR LES ÉLÉPHANTS   date de clôture 31/12/2001

En 1989, une profonde prise de conscience de l'opinion publique internationale avait permis d'enrayer[1] le
déclin des populations d'éléphants d'Afrique par l'interdiction du commerce de l'ivoire.

Hélas, tout a recommencé depuis la réouverture de ce commerce meurtrier en juin 1997 et l'autorisation donnée à trois pays d'Afrique australe (Botswana, Namibie et Zimbabwe) de pouvoir exporter leurs stocks d'ivoire
5 à destination du Japon.

Depuis cette date, et malgré l'avertissement lancé par de nombreux spécialistes, le braconnage[2] a repris sur
l'ensemble du continent africain et même asiatique.

En avril 2000, en dépit de ces nouveaux massacres et de la menace croissante, les 151 pays réunis à Nairobi
dans le cadre de la CITES (Convention de Washington sur les espèces menacées) ont laissé ces trois pays en
10 position de pouvoir exporter leurs stocks d'ivoire et ont même autorisé l'Afrique du Sud à les rejoindre.

Il y a trente ans, les éléphants d'Afrique étaient plus de 2 millions. Ils ne sont plus que 286 000 aujourd'hui.
Si le braconnage retrouvait son niveau d'avant interdiction (90 000 bêtes tuées par an entre 1970 et 1989), tous
les éléphants auront disparu dans quatre ans.

Une seule solution peut permettre de sauver les éléphants : leur reclassement en annexe I de la CITES
15 (commerce international interdit) lors de la prochaine conférence qui se déroulera en 2002 ou 2003.

La Fondation 30 millions d'amis (association reconnue d'utilité publique
qui œuvre au respect de la vie animale, de la nature et au renforcement de la relation homme/animal).

1 *Enrayer* (v.) : freiner, diminuer. **2** *Braconnage* (n. m.) : chasse illégale.

2

Manifeste pour défendre les fromages au lait cru

(présenté au Salon du goût à Turin le 27 octobre 2000)

Le fromage au lait cru est beaucoup plus qu'un aliment merveilleux, c'est l'expression authentique des meilleures traditions gastronomiques. C'est un art et un style de vie. C'est une culture, un patrimoine, un paysage aimé. Mais ce patrimoine est en danger d'extinction. En danger parce que les valeurs qu'il incarne sont en contraste avec les produits alimentaires standardisés.

5 Nous faisons un appel à tous les amants de la bonne table dans l'espérance qu'ils répondent promptement à la défense de cette noble tradition fromagère qui a offert durant des siècles plaisir et subsistance, mais qui risque aujourd'hui de périr à cause des contrôles hygiéniques imposés sur la base des lois de la grande production.

Nous regrettons la tentative des autorités compétentes d'imposer des standards prohibitifs de 10 production, au nom de la protection de la santé du consommateur.

Nous appelons tous ceux qui ont en leur pouvoir la sauvegarde de la diversification et de la complexité de nos aliments régionaux, la santé et le bien-être de nos communautés rurales : agissez maintenant et instaurez un système de réglementation qui soit adapté à une réalité multiple, qui assure des contrôles adéquats et qui montre une disposition positive envers le futur de ces nobles 15 traditions.

Prenez garde que, si ces savoirs transmis de génération en génération et le sens de la responsabilité de cette culture se perdent, il ne sera plus possible de les regagner.

Signant, nous nous engageons de souscrire pleinement au contenu de ce manifeste.

L'Alliance européenne pour défendre les produits au lait cru et traditionnels.

3

1 Lisez ces trois textes.
2 Quel objectif ont-ils en commun ?
3 Pour chacun des trois textes, répondez en deux phrases à chaque question.
  a Qui écrit ?   d Sous quelle forme ?
  b À qui ?   e Pour quelles raisons ?
  c Quand ?
4 Les textes sont structurés de façon analogue. Retrouvez le plan commun des trois textes.
5 Relevez dans chaque texte une ou deux expressions utilisées pour lancer un appel et inciter à agir.

6 Par groupes de trois, rédigez à votre tour une pétition ou un manifeste pour protester contre :
  a la construction ou la démolition d'un monument dans votre ville ;
  b l'autorisation ou l'interdiction de consommer un produit de votre région ;
  c le massacre d'une espèce animale en voie de disparition ou l'autorisation d'adopter des animaux faits pour vivre en liberté.
  Faites le plan de votre texte. Utilisez les moyens relevés dans l'exercice 5.

BILAN

1 À partir des notes ci-dessous, rédigez un article sur H.-M. Becquart pour un journal pédagogique.

Vous insisterez sur ses motivations afin d'encourager le lectorat enseignant à l'inviter dans les écoles.

HENRI-MARC BECQUART

Profession rare : conteur scientifique depuis quinze ans.

Sujets abordés : abeilles, fleurs, forêt, eau…
Réalise des films et des diaporamas.
Visites dans les établissements scolaires de sa région (PACA).
Raconte des histoires « vraies » (poésie).

Motivations : faire rêver sur le monde vivant, montrer que la nature n'est pas juste un décor ; amener à la faire respecter.

---

2 Complétez le texte avec les expressions de temps suivantes :

dès – en l'espace de – tant que – depuis – pendant – il y a – d'ici à – aussitôt que – dans – jusqu'ici – à partir de – par.

La France manque de main-d'œuvre

… quelques mois, de nombreuses voix demandent la reprise de l'immigration en France. … le retour de la croissance, … trois ans environ, un besoin en main-d'œuvre dans les entreprises s'est fait sentir. Ce problème est européen, et selon les prévisions, l'Europe, à taux de fécondité inchangé, perdrait … 2050 10 % de sa population actuelle. Le Conseil européen a décidé de statuer sur cette question … six mois. Les experts ont calculé que, si les pays européens voulaient conserver leur niveau de retraite, il leur faudrait augmenter leur population de 700 millions d'immigrés … cinquante ans. La France était … moins concernée que ses voisins, sa population active étant à peu près maintenue par l'activité importante des femmes. Mais … 2005, … la grosse génération née après guerre va commencer à prendre sa retraite et pour maintenir son système social, la France aura besoin de 23 millions de nouveaux actifs … 2025. Soit 766 000 … an. Pratiquement interrompue … une vingtaine d'années, l'immigration économique a commencé à faire un retour … environ deux ans en France. Mais … il y aura un nombre important de chômeurs, il ne sera pas possible de changer radicalement de politique migratoire.

3 Rapportez à un ami les propos de Marc à son recruteur. Variez les verbes introducteurs.

« Lorsque je suis arrivé, vous m'avez dit que je n'avais pas le profil requis. Pourtant je vous ai montré que je savais faire tout ce qui était demandé dans l'annonce. Est-ce que vous voulez vraiment une personne compétente ? Je vous assure que je saurai assumer les responsabilités du poste ; d'ailleurs, j'en ai déjà l'expérience. »

4 Testez vos connaissances lexicales et culturelles.

Répondez aux questions suivantes.

Connaissances lexicales

1. Citez trois mots de la même famille que le mot *nouveau*.
2. Développez les sigles ANPE et CDD.
3. Donnez une expression synonyme de *obtenir un emploi* et de *perdre son emploi pour des raisons économiques*.
4. *Complétez le texte suivant avec les mots appropriés.*
Je n'ai pas vraiment … la philosophie parce que ce n'était pas vraiment une … importante comme les mathématiques pour le bac. En revanche, j'ai relu mes … avant de me présenter à l'… . L'année d'avant, j'avais fait la même chose pour l'… de français. Je m'en étais bien sorti avec une … de 12. Si je … le bac, je serai astrophysicien. Il y a beaucoup de … dans ce domaine. J'espère être …, bien que le taux de … l'année dernière dans notre … n'ait pas été fameux. En effet, 46 % des … ont été … .

Connaissances culturelles

1. Dans quel but la loi des 35 heures a-t-elle été conçue ? Quelle est sa date d'application à toutes les entreprises ?
2. Quelle est la date des premiers congés payés en France ?

Qui suis-je ?

1. Je suis le premier journal français.
2. J'ai inventé le financement de la presse par la publicité.
3. Je suis un article dans lequel le journal prend position.
4. J'ai inventé l'imprimerie.
5. Je suis une ONG qui a reçu le prix Nobel.
6. Je suis une association caritative internationale qui recycle les vieux objets.

LA FRANCE **DU MÉTISSAGE**

La plaine Saint-Denis 1960

1

2

3

1 OBSERVEZ LES PHOTOS
ET FAITES DES HYPOTHÈSES.

1 Qui sont les personnages ?
2 À quelles époques de leur vie sont-ils représentés ?

2 DÉCOUVREZ LE DOCUMENT.

Visionnez le document complet sans le son.

1 Quels sont les quatre personnages ?
   a Donnez-leur un âge approximatif.
   b Imaginez leur nationalité d'origine.
2 Faites le lien entre les images en noir et blanc
   et les images en couleurs.
3 Quelles relations les personnages entretiennent-
   ils entre eux et quel métier exercent-ils ?

Visionnez la séquence 1 avec le son.

4 Remplissez la grille.

Nom	Origine	Lieu de vie	Profession
a *Achour*			
b		*banlieue Versailles*	
c			*ouvrier du bâtiment*
d	*portugais*		

5 Où le film a-t-il été réalisé ?
6 Pourquoi une partie du film est-elle en noir
   et blanc ?
7 Retrouvez l'ordre de la séquence.
   a Le souvenir des jeux.
   b La prestation de Jean-Luc.
   c L'intervention d'Achour.
   d L'évocation de leur histoire.
   e La présentation des quatre amis aujourd'hui.

8 Donnez les trois informations importantes
   du film en noir et blanc et de son commentaire.
   a Les conditions de vie…
   b L'école où…
   c L'intégration…
9 En vous basant sur les images et le titre du film,
   Les Enfants des courants d'air, dites quelle était
   l'intention du cinéaste Édouard Luntz en 1960.

Visionnez la séquence 2 avec le son.

10 Achour.
   a Où habite-t-il aujourd'hui ?
   b Quelle formation a-t-il reçue ?
   c Comment est-il devenu ce qu'il est aujourd'hui ?
   d En quoi se sent-il toujours proche de sa culture
      d'origine ?
11 Jean-Luc.
   a Donnez les quatre étapes du parcours
      professionnel de Jean-Luc.
   b Quel problème rencontre encore Jean-Luc ?
   c Quel message fait-il passer à ses élèves ?
   d Pourquoi ?

3 FAITES LA SYNTHÈSE.

Quelques erreurs se sont glissées dans le
résumé du film que vous venez de voir.
Corrigez-les.

Quatre amis d'origine kabyle se retrouvent à Versailles
où ils ont passé leur enfance. Un cinéaste les avait alors
filmés dans leurs immeubles neufs de banlieue.
Aujourd'hui, chacun raconte son parcours et présente
sa facile ascension sociale. Ils ont maintenant oublié
leur origine et se sentent parfaitement français. Chacun
dans son domaine s'oppose au racisme et évoque son
passé avec émotion.

Transcriptions en fin d'ouvrage.

DU MÉTISSAGE

4 ET VOUS, LES CONNAISSEZ-VOUS ?

1 Qui sont ces personnages ? Attribuez-leur leur pays d'origine et leur profession.
- Pays d'origine : Italie – Russie – Grèce – Arménie – Algérie.
- Profession : acteur – chanteur – footballeur – musicien – metteur en scène.

Exemple : **a Ivo Livi dit Yves Montand, chanteur et acteur d'origine italienne.**

c Zinedine Zidane.

d Serge Gainsbourg.

a Ivo Livi dit Yves Montand.

b Charles Aznavour.

e Iannis Xenakis.

f Ariane Mnouchkine.

2 Lisez le texte sur le chanteur Khaled.

Khaled : « Si je reste ici, ce n'est pas par hasard ! »
**Khaled, 38 ans, est, avec plusieurs dizaines de millions d'albums vendus, la star mondiale du raï[1].
Algérien originaire d'Oran, il est installé en France depuis 1986.**

La vie ici vous a pleinement satisfait ?
Mes chansons fonctionnent plutôt bien dans une cinquantaine de pays. Si je choisis de rester en France, ce n'est pas par hasard. Je respecte énormément la République française pour son sens de l'accueil et pour sa tolérance. Je ne dis pas qu'il n'y a pas de problèmes de racisme mais, à mon avis, ce sont surtout des problèmes de ghetto. J'habite dans un pavillon, à Chelles, où il y a beaucoup de laissés-pour-compte et, souvent, des problèmes de délinquance, mais c'est quand même dans les bistrots de là-bas que je rencontre les gens et qu'on confronte nos points de vue sur tout. Ça, ça ne se vit pas vraiment dans les autres pays du monde.

Aujourd'hui vous vous sentez totalement intégré ?
Je fais le ramadan et je me sens profondément maghrébin, et tout particulièrement oranais parce que c'est la ville où l'on admet toutes les ivresses de la vie. D'ailleurs, quand j'ai quitté Oran pour Alger, je suis déjà devenu un émigré. *(rires)* Mais la France, c'est le deuxième pays des gens qui apprécient le mélange des cultures. J'ai commencé ma carrière scénique française à Marseille. Et quand je retourne là-bas, avec le soleil et la mixité, je ne me sens vraiment pas émigré. La France, c'est ça. Un pays où les Juifs et les Arabes cohabitent sans galères et où Goldman peut faire un vrai succès en m'écrivant… « Aïcha » !

Propos recueillis par Alain Morel, *Le Parisien*, 21 décembre 1998.

1 Populaire et parfois contestataire, la chanson raï est née des terroirs et des cités de l'Ouest algérien. La capitale du raï est Oran. Ce genre musical est issu de la poésie traditionnelle chantée et est une expression privilégiée de la jeunesse algérienne.

A Relevez et classez les caractéristiques du chanteur Khaled.
- **a** Âge.
- **b** Origine.
- **c** Style de musique.
- **d** Carrière.
- **e** Installation en France.

- **f** Pour quelles raisons ?
- **g** Problèmes évoqués.
- **h** Qui a écrit la chanson « Aïcha » ? En quoi l'association des deux auteurs constitue-t-elle un « melting-pot » intéressant ?

B Relevez quatre points communs entre Khaled et les enfants des courants d'air.

INFOS

Immigration : des faits, des influences, des organisations

1 LE NOMBRE D'ÉTRANGERS EN FRANCE.

Vrai ou faux ?

1 Lisez le questionnaire, écoutez le document sonore (document 1), puis dites si ces affirmations sont vraies ou fausses.

a La France compte environ 4 millions d'étrangers, soit 7 % de la population.

b Il y a plus d'un million de clandestins.

c Ils sont plus nombreux dans les villes qu'à la campagne.

d Il y a plus d'étrangers dans le Sud qu'à Paris.

e Il y a moins d'étrangers en France qu'en Belgique, mais plus qu'en Allemagne.

f Le nombre d'étrangers augmente beaucoup depuis 1975.

g Le pourcentage d'étrangers en France a doublé depuis 1930.

h Les étrangers nés en France peuvent devenir automatiquement français.

i Un Français sur six est fils ou petit-fils d'un étranger.

2 Observez le document 2 et répondez aux questions.

a À quelle période l'augmentation de l'immigration a-t-elle été très significative ?

b À quelle époque l'immigration européenne est-elle devenue minoritaire ?

c De quel continent sont originaires la plupart des immigrés ?

d Faites des hypothèses sur les raisons de ces mutations.

3 Préparez une courte prestation radiophonique (2 minutes) pour présenter les chiffres de l'immigration en France.

Présentez :

– les chiffres les plus significatifs ;

– l'évolution depuis les années 50 ;

– une comparaison avec ce que vous connaissez de l'immigration dans votre pays.

Cette prestation fera l'objet d'une communication lors d'un colloque international réalisé en français. Soignez-la en vous servant des expressions lues et entendues dans cette page et du tableau ci-dessous.

2 Évolution du nombre total d'étrangers résidant en France et répartition selon les nationalités, aux recensements de :

	1954	1975	1982	1990
Nombre d'étrangers (en millions)	1,7	3,4	3,6	3,6
Nationalités (en %)				
• d'Europe	84,0	62,0	48,5	41,3
• d'Afrique	13,5	35,0	43,5	46,8
• d'Asie	2,5	3,0	8,0	11,9

Pour présenter vos réponses

On estime/évalue…

Le nombre total est de/s'élève à…, soit 30 % de…

La proportion est minime/faible/forte/considérable/importante… comparable/semblable/analogue à…

La plupart/la majorité/un grand nombre de… vit/travaille/est installé…

Près de 10 millions de… sont/vivent/ont…

25 % viennent de/sont d'origine/originaires de…

Près de/environ/moins de 10 %… constituent…

2 LA CHOUCROUTE.

1 Lisez le titre du document 3.

a Quelles hypothèses vous permet-il de faire sur le contenu de l'article ?

b D'après vous, qu'est-ce qu'un Kareloff ?

c Quels sont les pays évoqués ?

2 Lisez le chapeau.

Quel est le troisième pays évoqué ? Pourquoi ?

3 Lisez le texte. Retrouvez les paragraphes correspondant aux parties annoncées dans le chapeau et notez les idées clés sous forme de mots clés ou de phrases courtes.

4 D'où vient le mot *choucroute* ? Comment la fabrique-t-on ?

5 Cherchez tous les mots se rapportant à la cuisine et classez-les dans le tableau ci-dessous en vous aidant d'un dictionnaire.

a Ustensiles	b Verbes se rapportant à la cuisson	c Mots se rapportant au goût
…	…	…

❸ LA CHOUCROUTE, DE LA GRANDE MURAILLE DE CHINE AU KARELOFF ALSACIEN

Née en Chine, importée en Allemagne par un moine gastronome, puis revendiquée par l'Alsace, la choucroute est aujourd'hui un des plats traditionnels les plus prisés des Français.

« Plus elle est réchauffée, meilleure elle est. » C'est ce que se transmettent, de mère en fille, les ménagères alsaciennes, qui laissent mijoter de longues heures sur le feu de leur Kareloff (poêle de faïence) la cocotte dans laquelle leur trisaïeule[1] mitonnait[2] déjà la fameuse choucroute.

Loin de la nouvelle cuisine, cette recette remonte au XIe siècle et à la Chine, lorsque des milliers d'ouvriers travaillaient à la prolongation de la Grande Muraille. Pour les nourrir, l'armée de l'empereur faisait acheminer de grandes vasques en terre remplies de chou conservé dans du sel.

La saveur aigre[3] du légume eut l'air de plaire à un moine occidental de passage. Sitôt rentré dans son pays, vraisemblablement l'Allemagne actuelle, il voulut en faire profiter ses contemporains.

Mais l'histoire perd parfois la mémoire. Quelques siècles plus tard, c'est la partie de la vallée du Rhin nichée entre les Vosges et la Forêt-Noire qui s'honore d'avoir inventé la choucroute et en revendique la paternité.

C'est en fait un village bas-rhinois qui se prévaut du qualificatif de capitale de la choucroute et son nom s'y prête particulièrement bien : Krautergersheim (foyer du chou). Dès le début de l'été, période de la récolte, c'est l'effervescence dans la petite commune de la plaine d'Alsace. Il faut pourtant s'armer de patience. Ce n'est qu'à la fin du mois d'août que l'on pourra goûter la choucroute nouvelle. Elle aura macéré[4] dans sa saumure[5] plusieurs semaines, et pourra être consommée jusqu'à la récolte suivante.

Pas étonnant, dans ces conditions, que le chou soit de plus en plus acide au fur et à mesure que la saison avance. C'est la raison pour laquelle la choucroute dégustée en juin et juillet doit être lavée dans plusieurs eaux avant d'être cuite.

D'ailleurs, le terme « choucroute » est-il adéquat ? Il ne s'agit que d'une traduction phonétique de l'alsacien *Sürkrüt*. La véritable traduction serait plutôt « chou aigre ». Beaucoup moins appétissant…

Michel Holtz, *InfoMatin*, 11 avril 1994.

1 *Trisaïeule* (n. f.) : arrière-arrière grand-mère. **2** *Mitonner* (v.) : préparer soigneusement. **3** *Aigre* (adj.) : acide.
4 *Macérer* (v.) : tremper. **5** *Saumure* (n. f.) : liquide salé.

6 Par groupes de trois ou quatre, cherchez des exemples d'influences étrangères sur la vie quotidienne dans votre pays :
– personnalités d'origine étrangère ;
– musiques et danses étrangères pratiquées ;
– plats étrangers couramment consommés.
Échangez vos réponses et discutez de l'origine de ces influences avec les autres groupes.

❸ LE MRAP.

1 Lisez le document 4.
  a Donnez l'objectif principal de l'association Mouvement contre le racisme et pour l'amitié entre les peuples.
  b Citez les trois mots qui qualifient son action.
  c Retrouvez la date et la raison de sa création.
  d Quelle est sa raison d'être aujourd'hui ?

2 Jeu de rôles.
Un(e) étudiant(e) se montre intéressé(e) par l'organisation du MRAP. Le/La responsable lui donne toutes les informations et le/la convainc d'y adhérer.
Vous devez donner le maximum d'arguments en vous aidant des repères chronologiques ci-dessus.

❹ 50 ANS DE COMBAT : UNE ŒUVRE À ACHEVER

Le 22 mai 1949, au cirque d'Hiver à Paris, sous la présidence d'honneur de Marc Chagall, le MRAP naquit. L'objectif des fondateurs fut d'affirmer l'unicité du racisme, de souligner la nécessité d'être solidaire de toutes les victimes, contre tous les racismes.
Continuité et fidélité caractérisent l'œuvre des militants du MRAP.
La mobilisation pour le peuple algérien lors de la guerre d'Indépendance trouve aujourd'hui des prolongements dans les campagnes en faveur de l'accès à la citoyenneté pour les immigrés et leurs enfants.
De même, les combats se poursuivent aujourd'hui par notre solidarité concrète avec les revendications des sans-papiers.
Les injustices à l'échelle de notre pays, comme sur le plan international, alimentent frustrations et haines.
Aussi, notre antiracisme s'efforce de conjuguer actions de solidarité, d'éducation et de prévention.
Cinquante ans après l'acte fondateur du MRAP, beaucoup reste à faire. L'histoire nous enseigne qu'il n'y a pas d'avenir de l'humanité sans défense des droits de l'homme.

Mouloud Aounit, secrétaire général du MRAP.

L'opposition et la concession

> • **L'opposition** provoque la confrontation de deux faits indépendants l'un de l'autre :
> *Achour habite à Saint-Denis, contrairement à Jean-Luc qui a quitté sa banlieue.*
> • **La concession** fait coexister deux faits qui, logiquement, sont incompatibles :
> *Bien qu'ils aient réussi, ils se souviennent de leurs difficultés.*
> • Certains éléments peuvent servir à exprimer les deux opérations, opposition ou concession :
> *Ils ont eu une enfance difficile, **en revanche**, ils ont réussi.* (Concession.)
> *Achour habite Saint-Denis, **en revanche**, Jean-Luc a quitté sa banlieue.* (Opposition.)

1 *Lisez le commentaire suivant sur **Les Enfants des courants d'air**. Relevez puis classez les marqueurs d'opposition et de concession.*

1 Opposition.
2 Concession.
3 Quels sont ceux qui expriment les deux ?

Le journaliste cite les difficultés mais aussi les réussites des quatre jeunes gens ; en effet, Ali travaille dans le bâtiment tandis que Jean-Luc est professeur.
L'intégration ne leur a pas été facile, pourtant elle s'est faite pour tous les quatre. Même si leurs parents parlaient peu français, deux d'entre eux sont devenus professeurs.
Ils ont souhaité emménager dans leur quartier alors qu'ils savaient très bien qu'il y avait des problèmes de ghetto.
Bien qu'ils aient réussi, ils se souviendront toujours de leurs difficultés. Cependant chacun a sa façon de réagir : Achour se sent intégré en France, malgré son attachement à son origine kabyle. Jean-Luc, lui, souligne qu'il faut saisir la chance de fréquenter un étranger au lieu de le rejeter. Quelles que soient les circonstances, il n'admet aucun propos raciste dans sa classe.
En conclusion, « les enfants des courants d'air » avaient beau n'avoir que la rue pour s'amuser, ils en ont bien profité.

> **Les principaux marqueurs de l'opposition**
> • *Alors que/tandis que/contrairement à ce que* + verbe à l'indicatif.
> • *Au lieu de* + verbe à l'infinitif.
> • *Au contraire/par contre/en revanche* + phrase.
> • *Contrairement à/à l'inverse de* + nom ou pronom.

2 *Terminez les phrases librement.*

1 Je suis toujours très souriante contrairement à…
2 Je n'aime pas beaucoup voyager, en revanche…
3 L'intégration des étrangers progresse contrairement à ce que…
4 7 millions d'étrangers vivent en France ; à l'inverse, 1,7 million de Français…
5 Je ferais mieux d'aller voir mes amis au lieu de…
6 À partir des années 50, ce sont les Maghrébins qui ont fourni l'essentiel des nouveaux arrivants en France alors que le nombre d'étrangers européens, lui,…

3 *Comparez vos habitudes (culinaires, vestimentaires, sociales, artistiques…) avec celles des Français ou d'autres étrangers en les opposant. Rédigez six phrases dans lesquelles vous utiliserez à chaque fois un marqueur d'opposition différent.*

> *Exemple :* Les Espagnols adorent faire la fête et passer des nuits blanches alors que les Français se couchent de bonne heure.

> **Les principaux marqueurs de la concession**
> **Adverbes**
> • *Pourtant/cependant/toutefois/quand même/tout de même* + phrase.
>
> **Conjonctions**
> • *Même si* + verbe à l'indicatif.
> • *Bien que/quoique* + verbe au subjonctif.
>
> ❗ *Quand bien même* + verbe au conditionnel (même sens, mais plus littéraire) :
> ***Quand bien même** tu le **voudrais**, je n'irais pas vivre à l'étranger ! (**Même si** tu le voulais…)*
>
> **Autres procédés**
> • *En dépit de/malgré* + nom.
> • *Avoir beau* + verbe à l'infinitif :
> *Il **avait beau** lui **expliquer**, elle n'arrivait toujours pas à comprendre.* (Efforts répétés.)

4 *Utilisez les éléments ci-dessous avec l'expression **avoir beau**.*

1 Réfléchir – trouver la solution (il – passé-composé).
2 Téléphoner – avoir une réponse (nous – imparfait).
3 Faire un régime – maigrir (je – présent).

5 *Transformez les phrases en utilisant un marqueur de concession.*

1 Il peut la couvrir de cadeaux – elle n'acceptera jamais d'épouser un étranger.
2 Il se peut qu'un jour il rencontre une étrangère – il ne quittera jamais son pays.
3 Il avait acheté tous les ingrédients – il n'a pas réussi sa recette.
4 On demandait régulièrement un visa – on ne l'obtenait jamais.
5 Vous pouvez tout faire – vous ne m'empêcherez pas de partir.

6 *Complétez les phrases avec un fait incompatible puis formulez-les.*

1 J'accepterai tout travail dans un pays étranger...
2 L'histoire est pleine de conflits...
3 J'ai un travail difficile...
4 Les partisans du droit de vote pour les immigrés vont essayer de faire passer leur projet...
5 Plus de la moitié des Français se disent en faveur de ce projet...

VOCABULAIRE ⑪

Mouvements migratoires

1 Lisez ces définitions.

MIGRER. – Verbe intransitif (1546, repris au XXe siècle). Changer d'endroit, de région, émigrer en parlant des humains (migrants) ou des espèces animales (migrateurs). De migratoire, migration.

IMMIGRANT/ÉMIGRANT. – Les préfixes *in-* et *ex-* indiquent le mouvement vers l'intérieur ou l'extérieur. La finale *-ant* (du participe présent) indique le mouvement en train de s'effectuer ou à peine accompli.

IMMIGRÉ/ÉMIGRÉ. – La finale du participe passé indique que le mouvement migratoire est achevé (des verbes *immigrer* et *émigrer*).

2 Complétez avec les mots appropriés *: émigrer – émigrant – émigré – immigrer – immigrant – immigré – immigration – migration – migrateur.*

  a Ses parents étaient irlandais ; ils se sont mis en route pour ... aux États-Unis.
  b Un grand nombre d'... se sont installés à Paris depuis des générations.
  c L'intégration des ... récents est une préoccupation du gouvernement.
  d La révolution russe a provoqué l'exode de nombreux aristocrates qui ont ... en Europe.
  e Pendant la Révolution française, les nobles se sont exilés en Angleterre ou en Allemagne. Ils sont revenus très vite durant la Restauration. On les appelait les ... .
  f Les guerres provoquent toujours de nombreuses ... de population.
  g Je cherche un travail à l'étranger : je crois que je vais ... au Canada ; je ferai une demande aux services de l'... de ce pays.
  h Les cigognes passent l'hiver dans les pays chauds ; ce sont des oiseaux ... .

3 Complétez le texte à l'aide des mots suivants : *maghrébins – nationalité française – intégration – beurs – immigrés – xénophobie – Français de souche – clandestins – métissé – étrangers – racisme – intégrés.*

Il y a aujourd'hui environ 4 millions d'... – dont 3,6 millions d'... . Les autres ont obtenu la ... . (Ils sont français par acquisition.) Les estimations du nombre d'étrangers ... (sans permis de séjour) varient entre 300 000 et un million. La part des différentes nationalités dans la population immigrée s'est beaucoup modifiée depuis les années 50. Ce sont les ... (personnes originaires d'Algérie, du Maroc et de Tunisie) qui ont fourni l'essentiel des nouveaux arrivants. On compte actuellement un million de ... (Français nés de parents maghrébins). Les statistiques montrent qu'ils réussissent moins bien leurs études que les ... . Mais ces chiffres – qui servent surtout à alimenter le ... et la ... (haine des étrangers) – ne tiennent pas compte des conditions de vie peu favorables. Pourtant, certains sont très bien ... – comme Zinedine Zidane, qui est un excellent exemple d' ... . La France est devenue un pays ... grâce au mélange des cultures.

4 Dans les conversations, les médias ou les discours politiques, on confond souvent les immigrés et les étrangers. Soyez précis et donnez une définition exacte de ces mots.
  a Un étranger est une personne qui...
  b Un immigré est...

UNE PAGE D'HISTOIRE

Histoire de l'immigration en France

Liberté

B Mettez en relation les photos, les légendes et les dates suivantes : 1871 – 1939 – 1789.

C Quel mot pourrait résumer la raison de l'arrivée en France de ces populations ?

2 Retrouvez l'ordre chronologique des textes suivants.

a Parallèlement à son désir d'intégration, la communauté italienne, au début du siècle, affirme son souci d'italianité. Manœuvres, ouvriers d'usines, la grande migration italienne se dirige de plus en plus vers le Nord où se trouvent les grands centres industriels.

b Après la Deuxième Guerre mondiale, le besoin de reconstruction est si pressant que la France fait appel à des travailleurs venus de pays européens plus pauvres.

c La récente mondialisation explique l'étonnante diversité des derniers flux migratoires en direction de la France. Venu d'Asie, de Chine, du Moyen-Orient et d'Afrique, le nouveau contingent d'immigrés est recruté comme personnel de service, dans l'hôtellerie ou chez des particuliers.

d Un recensement au milieu du XIXe siècle indique que les Belges, venus chercher du travail, constituent le groupe étranger le plus important en France.

1 A Observez les photos puis lisez les légendes.

a « Je me souviens de ce départ de Barcelone la nuit avec toutes ces routes encombrées, c'était vraiment la débâcle… » Jose Morato.

b On compte de nombreux militants étrangers parmi lesquels quelques milliers de combattants de la Commune de Paris. Italiens et Russes, réfugiés politiques, sont morts sur les barricades.

c La Révolution française est d'abord une révolution de la liberté. Un panneau placé à la frontière française résumait cette idéologie : « Passants, cette terre est libre. »

dossier 11

1830	Conquête de l'Algérie.
1954-1962	Guerre d'Algérie, décolonisation et indépendance algérienne. Accords d'Évian.
De 1883 à 1893	L'Indochine (Annam, Cambodge, Cochinchine, Laos, Tonkin) est sous protectorat français.
1946-1954	Guerre d'Indochine et décolonisation.
À partir de 1885	Les grandes nations européennes se « partagent » l'Afrique noire. La France domine une grande partie de l'Afrique occidentale et équatoriale.
À partir de 1944	Décolonisation qui dure jusqu'au début des années 60.

3 Regardez les photos et trouvez le pays d'origine de ces immigrants. Mettez-les en relation avec les grandes dates de l'histoire coloniale française.

4 Quels sont les mots clés qui résument les raisons des différents flux d'immigration en France ?

EXPOSÉ

Présentez à une classe d'étudiants français les grands mouvements migratoires qui ont eu lieu dans votre pays (immigration ou émigration). Rappelez-en les causes historiques en vous fondant sur une recherche documentée.

La classe peut se diviser en petits groupes, chaque groupe se chargeant d'une période particulière.

cent quarante-quatre **144**

1 RYTHME ET INTONATION.

1 Répétez ces phrases en respectant l'intonation pour insister ou souligner les mots importants du discours.

   a Le grand, grand problème, c'est moi-même !
   b Ça m'énerve !
   c Elle déteste cuisiner.
   d Je ne vois pas ce qu'il y a de choquant !
   e Je partage entièrement votre point de vue, mais…
   f C'est donc tout à fait normal.
   g Alors moi, je ne suis pas d'accord du tout !
   h Je ne peux pas aller dans le même sens que vous, quand même !
   i Vous prenez un exemple extrême.
   j C'est un peu de la provocation.
   k Il est clair que cela doit s'arrêter là !

2 Complétez ces phrases avec une des expressions ci-dessus.

   a Oui, je vais épouser un étranger…
   b Il faut mettre fin au racisme et à l'intolérance…
   c J'ai résolu toutes les difficultés extérieures…
   d Tous ces papiers pour obtenir un visa…
   e Vous allez un peu trop loin…

2 SITUATION VÉCUE.

Écoutez le témoignage d'Adriana, une Brésilienne qui va se marier avec un Français, et répondez aux questions.

   1 Pour quelle raison Adriana est-elle venue en France ?
   2 Adriana veut-elle devenir française ? Pourquoi ?
   3 Quelles sont les difficultés exprimées par Adriana ?
   4 Réécoutez ce témoignage et, à partir des réponses, formulez les cinq questions posées à Adriana.

> *Exemple :* Question 4 : Sentez-vous de grandes différences culturelles entre la France et votre pays ?

Un mariage mixte.

3 RADIO REFLETS.

Écoutez Cécile Caron animer une table ronde sur une proposition de loi faite par l'Assemblée nationale en faveur du vote des étrangers.

Séquence 1
Première écoute
   1 Combien y a-t-il d'intervenants ?
   2 Donnez leurs prénoms.
   3 Quels sont ceux qui sont :
      a pour le vote des étrangers ?
      b contre le vote des étrangers ?
Deuxième écoute
   4 Relevez les arguments pour, puis les arguments contre le vote des étrangers.

Séquence 2
   5 D'après le sondage, combien de Français sont favorables au vote des étrangers ?
   6 Quels sont les pays qui n'accordent pas encore le droit de vote aux étrangers ?
   7 Lisez la transcription page 173. Relevez les tournures qui permettent d'animer et de relancer un débat et classez-les dans le tableau suivant.

a Opinion	b Concession/ opposition	c Accord	d Désaccord
…	…	…	…

   8 Complétez le tableau avec les expressions suivantes : *pour ma part, c'est inexact, vous avez tout à fait raison, j'ai le sentiment que, c'est n'importe quoi, absolument, je ne prétends pas, c'est tout à fait juste, cependant, à mon avis, au contraire je…*

4 DÉBATS.

Choisissez une des propositions ci-dessous et débattez du sujet en classe. Aidez-vous des tournures relevées dans le tableau ci-dessus.

   1 Si vous deviez émigrer en France, pensez-vous que vous vous adapteriez ? Quelles seraient vos principales difficultés ?
   Listez-les par groupes de trois. L'un(e) de vous exprimera les difficultés majeures d'adaptation, un(e) autre les réfutera, le/la troisième jouera le rôle du modérateur/de la modératrice et reprendra les différentes positions en utilisant des expressions de concession.
   2 Votre fils/fille ou votre frère/sœur vous annonce qu'il/elle va partir vivre avec un(e) étranger/étrangère dans son pays.
   Vous débattez avec lui/elle des problèmes que cela peut poser en présence d'un(e) ami(e) conciliateur/conciliatrice de la famille qui reprendra posément les arguments pour et contre en utilisant des expressions de concession.

Je n'avais pas écrit *Le Grand Voyage* dans ma langue maternelle. Je ne l'avais pas écrit en espagnol, mais en français…

Autant que l'espagnol, en effet, le français était ma langue maternelle. Elle l'était devenue, du moins. Je n'avais pas choisi le lieu de ma naissance, le terreau matriciel de ma langue originaire…

Pour ma part, j'avais choisi le français, langue de l'exil, comme une autre langue maternelle, originaire. Je m'étais choisi de nouvelles origines. J'avais fait de l'exil une patrie.

En somme, je n'avais plus vraiment de langue maternelle. Ou alors en avais-je deux, ce qui est une situation délicate du point de vue des filiations, on en conviendra. Avoir deux mères, comme avoir deux patries, ça ne simplifie pas vraiment la vie…

Jorge Semprun, *L'Écriture ou la Vie*, éd. Gallimard, 1994.

1

J'ai appris le français tout seul pour pouvoir lire les auteurs qui me fascinaient. Mais lorsque j'ai dû écrire mes premiers textes critiques pour Gallimard, j'ai découvert un sentiment qui ne m'a jamais quitté depuis : la peur (…). Elle est devenue plus forte depuis que j'ai été élu à l'Académie française. Faire une faute de syntaxe, sous la coupole, un véritable cauchemar ! Mais le français s'est imposé, il m'appelait. C'était le début des années 80, j'étais en train d'écrire un recueil de nouvelles en espagnol. Et je peinais… J'ai donc rédigé directement en français. Une amie m'a dit, alors, entre dépit et tristesse : « En français, ta prose n'a plus d'ombre. » (…) En fait, j'étais pour tous un écrivain de langue espagnole qui désertait sa langue. »

Hector Bianciotti, entretien dans *Télérama* n° 2454, 22 janvier 1997 p. 40.

2

Je parlais peu de mon enfance et de la Grèce quand j'écrivais en français… Je me suis rendu compte que j'avais pas mal oublié ma langue maternelle et, souvent, le premier mot qui me venait à l'esprit était français.

Ah bon ? Vous écrivez en français ? me disait-on quelquefois d'un air pincé et vaguement réprobateur, comme si je commettais un acte contre nature. Ça doit être dur ! Il y a tellement de nuances !

Ce genre de réflexion ne m'ennuyait pas trop. Par contre, j'ai été prodigieusement énervé par un linguiste bien connu qui a affirmé, lors d'un colloque réunissant des écrivains francophones, qu'on ne peut écrire une œuvre originale que dans sa langue maternelle. Ma modeste expérience dans ce domaine me dit que c'est faux. Je n'ai pas l'impression que mon passage au français, pour difficile qu'il fût et douloureux à bien des égards, a réduit mon imagination, limité ma liberté, atténué mon plaisir d'écrire. C'est le contraire qui est vrai…

Vassilis Alexakis, *Paris-Athènes*, Librairie Arthème Fayard, 1989.

3

Anglais
partenaire, clown, silicone, rail, formater…

Langues germaniques
hangar, franc, blanc, bleu, bois, jardin…

Italien
caresser, bouff… réussir, alerte dessin…

Arabe
sirop, algèbre, zéro, matelas, jupe, magasin…

Vous allez produire un récit de fiction.

1 LISEZ.

Lisez le nom des auteurs des trois textes et faites des hypothèses sur leur origine.

2 ANALYSEZ.

1 Quels sont les trois points communs entre ces écrivains ?

TEXTE 1

2 Jorge Semprun a choisi le français :
  a parce qu'il a oublié sa langue d'origine ;
  b parce qu'il a renié son pays d'origine ;
  c parce qu'il a choisi une nouvelle origine.

3 L'exil de Semprun est-il une situation voulue ? Pourquoi a-t-il opté pour une nouvelle langue ? Comment la considère-t-il ?

TEXTE 2

4 Pourquoi Hector Bianciotti a-t-il commencé à écrire en français ? Quel sentiment éprouve-t-il à l'égard de cette langue ? Quelle qualité a-t-il gagnée en l'utilisant ? Quelle consécration le range parmi les quarante plus grands écrivains vivants ?

TEXTE 3

5 En choisissant le français, quelle part de lui-même Vassilis Alexakis a-t-il perdue ? À quelles réactions s'est-il heurté ? Qu'a-t-il gagné en choisissant d'écrire en français ?

6 Lisez les reformulations suivantes et redonnez à chaque écrivain sa réflexion sur la langue maternelle.
  a Choisir une autre langue, c'est mettre de côté sa langue maternelle.
  b Comme on ne choisit pas sa langue maternelle, on peut décider d'en prendre une autre.
  c Vos compatriotes pensent que vous reniez votre langue maternelle lorsque vous écrivez dans une autre langue.
  Et vous, qu'en pensez-vous ?

3 PRÉPAREZ VOTRE PRODUCTION.

Le français... une langue étrangère ?
Lisez le texte.

Le **ferry-boat** de Douvres jeta, ce jour-là, sur le quai de la gare de Calais, une **cargaison** de **matelots**, venus de quelques **paquebots** d'outre-mer.

Valise à la main et **hamac** sur l'épaule gauche, la droite pliant sous le poids du **havresac** réglementaire, les sages firent **bivouac** un instant avant de se disperser vers les **kiosques** à **tabac** et les **bazars** de **pacotille folklorique**. De plus hardis s'engagèrent, au **hasard** de leur faim, sur le **boulevard** en quête d'un **sandwich** ou d'un **soda** ; les plus las, d'un **café** ou d'un **chocolat** – voire d'un **thé** – également

revigorants. Le **tohu-bohu** de leur arrivée **s'estompa** bientôt.

Descendu le dernier du **wagon** d'équipage, un gaillard taillé en **blockhaus**, démarche **chaloupée** de **matamore** en bonne fortune, traversait le **hall** pour rejoindre ses **camarades** quand son regard accrocha celui d'une belle sirène à **perruque auburn**...

D'après Jacques Cellard, « Bienvenue chez nous ! »,
L'Express, avril 1988.

Ferry-boat (1786, de l'anglais) – **cargaison** (milieu du XVIᵉ siècle, de l'espagnol) – **matelots** (XVIIIᵉ siècle, du néerlandais) – **paquebots** (1665, de l'anglais) – **valise** (1564, de l'italien) – **hamac** (1640, du caraïbe par l'espagnol) – **havresac** (1672, de l'allemand) – **bivouac** (1650, de l'allemand) – **kiosques** (1608, du turc) – **tabac** (1600, du caraïbe par l'espagnol) – **bazars** (1546, du persan par le portugais) – **pacotille** (1711, de l'espagnol) – **folklore** (1877, de l'anglais) – **hasard** (XIIᵉ siècle, de l'arabe) – **boulevard** (1500, du néerlandais) – **sandwich** (1800, de l'anglais) – **soda** (1842, de l'anglais) – **café** (1650, de l'arabe) – **chocolat** (1671, du mexicain par l'espagnol) – **thé** (1589, du malais) – **tohu-bohu** (1764, de l'hébreu) – **estompe** (1680, du néerlandais) – **wagon** (1830, de l'anglais) – **blockhaus** (fin du XVIIIᵉ siècle, de l'allemand) – **chaloupe** (XVIᵉ siècle, du néerlandais) – **matamore** (1578, de l'espagnol) – **hall** (1672, de l'anglais) – **camarades** (1570, de l'espagnol) – **perruque** (XVIᵉ siècle, de l'italien) – **auburn** (1907, de l'anglais).

Ce texte est le début d'un récit humoristique composé par un spécialiste de la langue française. Que veut-il démontrer en choisissant les mots en caractères gras ? Qu'est-ce que cela révèle sur l'histoire de la langue ?
Essayez maintenant de raconter cette histoire en utilisant un vocabulaire plus simple, en suivant l'ordre des questions.

1 Qui sont les personnages venant de Douvres ? Où arrivent-ils ?
2 Décrivez leur tenue et leurs activités à leur arrivée.
3 Quel phénomène créent-ils sur le port ?
4 Qui est l'ultime voyageur ? Décrivez-le.
5 Qu'est-ce qui l'arrête dans son mouvement ?

4 ÉCRIVEZ.

Imaginez maintenant la fin en trois paragraphes.
• Paragraphe 1 : il entre en contact avec la « sirène » mais elle ne parle pas français.
• Paragraphe 2 : il la retrouve un peu plus tard dans un café du port.
• Paragraphe 3 : ils décident, malgré l'obstacle de la langue, de prendre le train pour Paris et de s'y marier.
Vous choisirez des mots parmi ceux proposés page 146 et/ou d'autres que vous pourrez trouver dans un dictionnaire de la langue.

DELF

Unité A6 : Expression spécialisée
Domaine de référence : Sciences humaines

Objectif : comprendre un document écrit et s'exprimer oralement dans un domaine nécessitant des connaissances et des compétences plus spécifiques, en relation avec la spécialité, la profession ou l'intérêt du candidat.

Oral 1 : Compréhension écrite et expression orale

Durée de l'épreuve : préparation : 30 minutes – passation : 15 à 20 minutes.
Coefficient : 1 (noté sur 20).
Objectif : rendre compte d'un document écrit en synthétisant et reformulant les informations qu'il contient.

PRINCIPAUX SAVOIR-FAIRE REQUIS

- Saisir la nature et la spécificité du document.
- Dégager le thème principal et l'organisation d'ensemble.
- Extraire les informations essentielles.

- Synthétiser et reformuler les contenus de manière personnelle, mais sans introduire d'informations ou de commentaires étrangers au texte.
- Présenter un compte rendu cohérent et articulé.

Oral 2 : Expression orale

Durée de l'épreuve : préparation : 30 minutes – passation : 15 à 20 minutes.
Coefficient : 1 (noté sur 20).
Objectif : s'exprimer oralement (dialoguer, argumenter) dans le domaine de spécialité choisi sur des questions en relation avec le document proposé pour l'oral 1.

PRINCIPAUX SAVOIR-FAIRE REQUIS

- Préciser l'objet d'un débat.
- Mettre le document en relation avec des notions fondamentales dans la spécialité choisie (à un niveau de culture générale).

- Porter une appréciation, exprimer une opinion personnelle, argumenter, donner des exemples, nuancer.
- Réagir aux sollicitations de l'interlocuteur, relancer le débat.

CONSIGNE

Le document suivant correspond à la spécialité que vous avez choisie : Sciences humaines.

Claude Allègre, ancien ministre français de l'Éducation nationale
« La langue française est paraît-il menacée »

La langue française est paraît-il menacée. D'aucuns, n'hésitant pas à forcer le trait, évoquent même sa disparition. Et de se mobiliser, de s'agiter et d'écrire des articles vengeurs dans les journaux français d'avance conquis, de montrer du doigt certaines entreprises multinationales qui tiennent leurs conseils d'administration en anglais ou encore ces scientifiques félons[1] qui publient leurs articles en anglais. Mais à quoi sert toute cette agitation ? À rien. L'anglais s'est imposé comme la langue de travail du commerce international, de la technologie et de la science. Comme c'était le cas du latin autrefois.

Quel est cependant cet anglais, langue des échanges mondiaux ? Est-ce la langue de la *gentry*, des *public schools* ou d' *« Oxbridge »* ? Non. C'est d'abord un sabir à base d'anglais qui incorpore à grande vitesse une collection de termes étrangers, obligeant les comités du dictionnaire d'Oxford à changer leurs anciennes pratiques restrictives et à accepter toute une série d'idiomes et d'expressions qui auraient fait frémir un lord de l'avant-guerre du siècle dernier. Dans cette évolution ultrarapide – où, bien sûr, les États-Unis d'Amérique et leur société cosmopolite jouent un rôle capital – la langue la plus menacée est en fait l'anglais lui-même. Que sera-t-il dans trente ou quarante ans, quand les États-Unis seront constitués d'un tiers d'hispanisants, d'un tiers de sinisants[2] et d'un tiers seulement d'anglophones ? Une langue vivante assimile et se transforme. Elle évolue parce qu'on la parle pour s'exprimer et comprendre.

Dans tout cela, notre bon français n'est pas sérieusement menacé. Bien sûr, il existe une tendance rampante à l'anglicisation pure et simple des termes techniques. À cela il n'y a qu'une parade : l'innovation linguistique française. Notre langue ne doit pas être enfermée dans un carcan. Une langue vivante, qui se veut universelle, doit inventer des mots pour s'adapter. Si l'on refuse le mot « courriel » pour courrier électronique sous un prétexte philologique, on laisse la place à l'anglais *e-mail*. Se priver du mot « magaziner » pour « faire ses courses » laisse place à « faire du shopping », etc. Le Québec, petit archipel de francophonie au milieu du grand océan anglophone, nous donne l'exemple. Il se bat techniquement, économiquement et linguistiquement. Et, comme le dit fort bien Denise Bombardier, les

Français ne les aident pas beaucoup. Les Canadiens francophones, pourtant, inventent des mots et les impriment par exemple sur les modes d'emploi, bilingues, des produits qu'ils fabriquent. Pourquoi ne pas élire quelques Québécois à l'Académie française ?

Bien sûr, il reste l'influence du français dans le monde. Dans les élites, et quoi qu'on en dise, notre langue demeure un peu partout une référence de culture. Pour combien de temps ? La défense du français passe d'abord par celle de notre culture, de notre littérature, de notre cinéma. Nous devons aider ces domaines d'activité à se développer non seulement financièrement, mais plus encore structurellement. Il faut que notre système de publication, de fabrication de films, de sélection des élites soit plus orienté vers le risque, l'originalité et le multilinguisme. Parfois, nos aides culturelles sont confisquées, et les jeunes artistes sont souvent découragés lorsqu'ils sont trop originaux. Le renouveau du cinéma français qui s'amorce autour de jeunes talents montre que la créativité n'est pas morte dans notre pays. Donnons-lui plus de chances, plus d'encouragements, plus de reconnaissance.

Le ministère des Affaires étrangères fait beaucoup pour la défense du français, mais avec des moyens qui sont encore trop faibles. Pour que sa politique soit efficace, il faut qu'il concentre ses efforts sur les grands pays émergents, qu'on a trop oubliés dans une politique étroite dite « du champ ». L'avenir, ce sont l'Inde, la Chine et le Japon, le Brésil, le Mexique, la Corée. En Afrique, il faut organiser une reconquête des élites africaines, notamment techniques, pour qu'elles viennent à nouveau étudier chez nous. Ce sera un tournant ! Et puis, puisque c'est là que se situe le centre du monde, un effort particulier sur les États-Unis est nécessaire. Il y a aujourd'hui, outre-Atlantique, des chaînes de télévision hispaniques, chinoises, japonaises, italiennes. Pourquoi pas une chaîne française généraliste, avec la diffusion des matchs de football européens, des émissions de cuisine française, etc. ? Beaucoup d'Américains, notamment d'intellectuels, aiment la France et notre langue. Aidons-les !

Claude Allègre, ancien ministre de l'Éducation nationale,
La Gazette, mars-avril 2001.

1 *Félons* : perfides, traîtres.
2 *Sinisants* : locuteurs parlant chinois.

Oral 1 (20 minutes maximum)

CONSIGNE

Vous ferez devant le jury un compte rendu de ce texte en résumant et présentant de manière cohérente les idées et les informations importantes qu'il contient.

POUR CETTE PRODUCTION

– Concentrez-vous sur le contenu du texte.
– N'ajoutez pas d'informations ni de commentaires personnels.
– Exprimez-vous avec vos propres mots, ne vous contentez pas de lire des passages du texte.

Oral 2 (20 minutes maximum)

CONSIGNE

Vous aurez un entretien avec le jury qui vous demandera notamment :
– quel est, selon vous, l'intérêt de ce texte et quels sont les informations ou les problèmes soulevés qui vous paraissent les plus importants ;
– quelle est votre opinion personnelle sur ces questions (vous pouvez donner d'autres informations, soulever d'autres problèmes…).

EXEMPLE DE BARÈME
ORAL 1
• **Compréhension du texte**
– Compréhension globale (nature, sujet, enjeu du document) *(3 points)*
– Compréhension analytique (distinction des idées principales et secondaires) *(3 points)*
– Capacité à reformuler de manière personnelle *(3 points)*
– Compréhension et utilisation d'un lexique minimum dans la spécialité *(3 points)*
• **Qualité linguistique**
– Compétence linguistique *(4 points)*
– Degré d'élaboration du discours *(4 points)*

ORAL 2
• **Précision du débat** *(3 points)*
• **Qualité linguistique**
– Clarté/Articulation logique *(3 points)*
– Pertinence et précision des arguments *(3 points)*
– Capacité à dialoguer *(3 points)*

– Compétence linguistique *(4 points)*
– Degré d'élaboration du discours *(4 points)*

REGARDS **CROISÉS**

SAVOIR-FAIRE

- Analyser des situations individuelles et les mettre en relation avec les grands phénomènes d'adaptation à un nouveau pays.
- Dégager des constantes de comportement, relativiser les données de l'expérience personnelle et celles de l'intégration sociale.
- S'interroger sur sa façon de regarder l'autre.
- Émettre des hypothèses, exprimer la condition.
- Exprimer des regrets.
- Élargir le vocabulaire du voyage et du déplacement.
- Décrire les intérêts d'une région française et de son pays, en vanter les qualités, inciter à la visiter.
- Organiser un voyage, faire un emploi du temps construit, prévoir un budget, tenir compte de son public, présenter dans le détail une région de son pays.
- S'initier à la poésie française et mettre en évidence des relations entre le sens et la prosodie.
- Rendre compte du phénomène de la francophonie : définitions, répartition géographique, raisons historiques.
- Construire un projet de visite pour des étrangers dans son pays.
- Rédiger une réponse à une demande d'informations.

Nel   **Jing**   **Cielo**   **Alessandra**   **Ho**   **Ayako**

1 DÉCOUVREZ LE DOCUMENT. 📺

Visionnez la séquence 1 avec le son.

1 À votre avis, quel est le pays d'origine de chaque intervenant ?
   a Hollande.   **c** Japon.   **e** Italie.
   b Colombie.   **d** Chine.

2 Retrouvez leur situation.
   a Qui est fiancé(e) ou marié(e) avec un(e) Français(e) ?
   b Qui est né(e) en France ?

3 En quoi l'histoire de Ho est-elle différente.

4 Quelle a été la question posée aux intervenants ?
   a D'où venez-vous ?
   b Pour quelle raison êtes-vous venu(e) en France ?
   c Comment avez-vous été accueilli(e) ?

5 Cette question est-elle de type :
   a descriptif ? **b** émotif ?

6 Qui se sent intégré(e) en France ? Pourquoi ?

7 Attribuez à chacun les expressions qu'il emploie pour parler de son intégration.
   a Jing.   **1** Je me sens totalement bienvenue.
   b Nel.   **2** J'ai accepté beaucoup de choses.
   c Cielo.   **3** J'ai eu beaucoup de chance de rencontrer un Français.
   d Alessandra.   **4** J'ai eu la chance de trouver une famille adorable.

Visionnez les séquences 2 à 5 sans le son.

8 Relevez le nombre de séquences et faites des hypothèses sur les différents thèmes évoqués en vous basant sur les images.

9 Décrivez avec précision les images qui vous ont permis de découvrir chaque thème.

10 Listez les thèmes. Mettez-vous par groupes de trois ou quatre par thème et donnez trois traits caractéristiques synthétisant l'image que vous avez de la France et des Français après l'étude des onze dossiers.

Visionnez la séquence 2 avec le son.
Ayako

11 Quelle différence Ayako fait-elle entre la famille française et la famille japonaise ? Choisissez la bonne réponse.
   1 Les occasions de se réunir en France sont :
      a plus nombreuses qu'au Japon ;
      b moins nombreuses qu'au Japon.
   2 Les Japonais ont une conception :
      a plus large de la famille ;
      b moins large de la famille.
   3 En France, la famille comprend :
      a les membres de la famille et les amis ;
      b le couple et les enfants.

Cielo

12 Quels sont les deux types de familles évoqués par Cielo ?

13 Quel jugement porte-t-elle sur ces types de familles ?

Jing

14 De quelle sorte de famille Jing parle-t-elle ?

15 Où habitent les enfants ?

16 Qui s'occupe d'eux :
   a une personne de la famille ?
   b une personne extérieure à la famille ?

17 Dites, pour chacun des domaines suivants, s'il est source de simplicité ou de complication/difficulté dans la famille.
   a La cuisine.
   b Le ménage.
   c Les personnes extérieures à la famille qui s'occupent des enfants à la maison.
   d Un changement de domicile.
   e Les relations entre frères et sœurs.
   f Les relations entre parents et enfants.

18 Résumez en deux mots :
   a ce qui est simple ;
   b ce qui est compliqué/difficile.

Transcriptions en fin d'ouvrage.

CROISÉS

Visionnez la séquence 3 avec le son.

19 Dites si ces affirmations correspondent à ce que dit Ho.
   a Les Français font passer le travail avant la famille.
   b Les Français n'aiment pas perdre leur temps lors de réunions.
   c Dans les situations d'urgence, les Français réagissent très vite.

20 Résumez le paradoxe des Français au travail selon Ho.

21 Que préférait Cielo dans son travail, il y a dix ans ?

22 De quoi est-il question dans l'anecdote racontée par Nel ? Qu'est-ce qui lui paraît étrange :
   a que les employés fassent grève ?
   b que la grève modifie le fonctionnement d'un service public ?
   c que les Français se mettent souvent en grève ?

Visionnez la séquence 4 avec le son.

23 Voici des reformulations de phrases prononcées par Alessandra ou Nel.
   Retrouvez les propos d'Alessandra et ceux de Nel.
   a La France est un pays où l'on trouve un équilibre entre le travail et la qualité de la vie sociale.
   b Paris est le centre géographique de l'Europe.
   c Les loisirs ont une place importante dans la vie des Français.
   d Paris est un carrefour dans le réseau des transports.
   e Dans un système centralisé, le fait que tous les organismes soient regroupés dans la capitale présente un grand avantage.

Visionnez la séquence 5 avec le son.

24 Redonnez à Nel, Jing et Ayako leur sujet d'amusement.
   a Les blagues françaises.
   b La façon de s'habiller.
   c Les réglementations insolites.
   d Les sujets de discussion.
   e Les commentaires autour de la gastronomie.
   f Le refus d'être responsable.
   g La manière de manger la fondue.
   h Le goût pour certains produits alimentaires.
   i La manière de servir à table.
   Quel est celui qui vous frappe le plus ?

25 L'expression *Le fromage puait* signifie qu'il :
   a coulait ?
   b sentait mauvais ?

26 La *ligne* dont parle Nel est :
   a une ligne téléphonique ?
   b une corde à linge ?
   c une file de gens ?

27 Racontez à votre voisin(e) l'anecdote de Nel au sujet des vêtements.
   Votre voisin(e) vous relate ce qui a amusé Jing pendant un repas de famille.

2 FAITES LA SYNTHÈSE.

Comment Ayako, Ho, Jing, Nel, Alessandra et Cielo voient-ils les Français ?

La famille

1 L'image dégagée est-elle :
   a plutôt négative ?
   b plutôt positive ?

2 Résumez les sentiments de Cielo et Jing envers les familles avec lesquelles elles travaillent.

Le travail

3 Rappelez le trait caractéristique de la place du travail dans la vie des Français.

Paris, capitale de l'Europe

4 Donnez deux raisons pour lesquelles Alessandra et Nel citent Paris comme capitale de l'Europe.

5 Parmi les mots suivants, choisissez celui qui résume le mieux leur opinion.
   Croissance – équilibre – liberté.

3 ET VOUS ? QU'EN PENSEZ-VOUS ?

1 Donnez votre avis sur les différents sujets abordés et comparez-les avec l'image des Français que vous avez dégagée dans *Faites la synthèse*.

2 Voici une liste de remarques faites par les six intervenants. Relevez celles qui vous paraissent surprenantes par rapport à l'image que vous avez des Français. Justifiez votre choix.
   a Avoir l'esprit de famille.
   b Peu se soucier des tâches ménagères quotidiennes.
   c Réagir rapidement à l'urgence.
   d Perdre beaucoup de temps à discuter.
   e Accepter des réglementations contraignantes.
   f Avoir des goûts alimentaires choquants.
   g Ne jamais accepter d'être responsable.

3 Parmi ces comportements, quels sont ceux qui vous paraissent :
   a les plus proches du comportement des habitants de votre pays ?
   b les plus éloignés du comportement des habitants de votre pays ?

Île-de-France
- Jardins et vergers, champs ouverts.
- Première destination touristique du monde.
- Églises, châteaux : Versailles, Fontainebleau.
- Paris, la Ville lumière.
- Barbizon, Giverny, Vernon, terre des impressionnistes.
- Croisières sur la Seine.
- Brocantes traditionnelles.

Barbizon.

Normandie (Haute-Normandie et Basse-Normandie)
- Bocage, forêts, plaines, équilibre écologique.
- Côtes avec falaises de craie (Haute-Normandie).
- Tourisme du souvenir : les plages du Débarquement.
- Le Mémorial pour la paix à Caen. Cures marines, thermalisme.
- Rouen, vieille ville médiévale.
- Curiosité : le Mont-Saint-Michel.
- À voir : le pont de Normandie sur l'estuaire de la Seine.

Étretat.

Carnac.

Bretagne
- Climat doux et tonique.
- Lande : fougères, bruyères, genêts.
- Quatrième rang national pour le camping.
- Ports plaisanciers : voile, pêche.
- Excursions dans les îles.
- Circuits historiques : Carnac, Saint-Malo.

Provence-Alpes-Côte d'Azur (PACA)
- La région la plus ensoleillée de France.
- Végétation « exotique » : palmiers, oliviers, citronniers.
- Fleurs (Nice) et parfums (Grasse).
- Côtes avec falaises escarpées et criques.
- Villages d'art perchés dans l'arrière-pays.
- Nombreux festivals : cinéma (Cannes), jazz (Antibes)…

Crique de Port Pin.

dossier 12

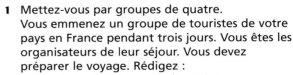
1 VISITE GUIDÉE.

1 Mettez-vous par groupes de quatre.
Vous emmenez un groupe de touristes de votre pays en France pendant trois jours. Vous êtes les organisateurs de leur séjour. Vous devez préparer le voyage. Rédigez :

a une fiche technique sur la région que vous allez faire visiter ;

b la présentation détaillée de l'itinéraire et de l'emploi du temps.

2 a Décidez ensemble du type de tourisme que vous allez promouvoir : tourisme de luxe, tourisme sportif en camping ou tourisme culturel et de découverte.

b Choisissez, parmi les régions proposées ci-contre, celle qui correspond le mieux aux aspirations de votre clientèle.

Rhône-Alpes
- Vallée du Rhône, gorges sauvages, montagnes.
- 180 stations de sports d'hiver, alpinisme (mont Blanc).
- Parcs naturels, randonnées, cyclisme.
- Lyon, deuxième ville de France, carrefour commercial depuis le Moyen Âge. Gastronomie réputée la meilleure de France.
- Annecy : lac, sports nautiques.

Le mont Blanc.

2 RÉALISEZ VOTRE PROJET.

1 Cherchez une carte détaillée de la région choisie. Précisez l'itinéraire, les étapes (deux nuits), l'emploi du temps, les moyens de transport sur place (train, autocar, bicyclette, etc.). Aidez-vous d'Internet, de guides et de dictionnaires.

2 Notez les possibilités d'hébergement, la restauration et prévoyez un budget en euros. Indiquez les activités : découvertes, promenades, visites, sports…

3 Préparez une fiche sur le modèle ci-dessous.

4 Présentez oralement votre projet aux autres groupes en vous aidant de la fiche et avec le plus de conviction possible. Utilisez des cartes, photos, schémas. Les membres des autres groupes se mettent dans la situation des clients, posent des questions pour avoir des informations supplémentaires et choisissent leur voyage.

MIDI-PYRÉNÉES	
Situation	À la frontière espagnole.
Climat	Ensoleillé à l'est, montagnard au centre, plus doux à l'ouest.
Paysages	Collines et montagnes des Pyrénées, vallées et plaines, plateaux du Massif central, criques glacières.
Villes	Toulouse, la « Ville rose », centre universitaire et technologique. Lourdes, lieu de pèlerinage. Cahors, réputée pour ses vignobles.
Activités	Thermalisme, sports d'hiver, randonnées et tourisme fluvial sur rivières et canaux.
Sites historiques	Environ 300 bastides des XIIIe et XIVe siècles, le canal du Midi réalisé sous Louis XIV et classé au patrimoine de l'humanité par l'Unesco.
Gastronomie	Charcuterie, fromages.
Faune	Quelques ours des Pyrénées, espèce protégée.
Curiosités	Musée Toulouse-Lautrec (Albi). Observatoire du pic du Midi. Les caves du Roquefort.

GRAMMAIRE

Exprimer la condition et l'hypothèse

1 *Lisez ces extraits de guides et relevez les formes exprimant la condition ou l'hypothèse.*

1 Si vous demandez à un agent de police où se trouve l'Opéra, il vous répondra peut-être gentiment selon qu'il est de bonne humeur ou non. Mais au cas où vous lui demanderiez la boutique Hermès, il vous interrogerait sur ce qu'on y vend. (Guide japonais.)

2 Si la Défense n'était pas située à la périphérie de Paris, cela voudrait dire malheureusement qu'elle serait DANS Paris. (Guide nord-américain.)

3 Messieurs, ne laissez jamais votre portefeuille sur la table, sinon, il disparaîtra aussitôt. Mesdames, en faisant confiance au physique agréable du premier venu, vous seriez déçues. (Guide russe.)

4 Les Français peuvent aimer les étrangers, pourvu qu'ils soient comme eux. (Guide britannique.)

5 Si vous aviez su, vous n'auriez pas visité la France ? Je ne l'aurais pas visité au moins une fois dans ma vie, j'en aurais eu des regrets. (Guide allemand.)

2 *Classez les formes relevées dans le tableau ci-dessous.*

1 Si	**2** Conjonctions + subjonctif	**3** Conjonctions + indicatif	**4** Gérondif	**5** Autres
Si + présent	…	…	…	…
…	…	…	…	…

Condition et hypothèse

• *Si* + présent/passé composé → présent/futur/passé composé (probabilité) :
*Si vous **demandez/avez demandé** à un agent de police où se trouve l'Opéra, il vous **répond/répondra/a répondu** gentiment.*
• *Si* + imparfait → conditionnel présent (hypothèse irréalisable) :
*Si j'**avais** de l'argent, je **ferais** le tour du monde.*
• *Si* + plus-que-parfait → conditionnel passé (hypothèse sur le passé) ou parfois présent :
*Si j'**avais eu** le temps, je **serais resté** plus longtemps.*
*Si j'**avais eu** des billets, je **serais** en Inde à l'heure actuelle.*

Conjonctions + subjonctif : *à condition que, pourvu que, pour peu que (= il suffit que), à moins que, à supposer que/en admettant que.*
*Nous partirons demain **à moins que** la voiture ne **soit** pas **réparée**. (Sauf si la voiture n'est pas réparée.)*
*Nous ferons une randonnée, **en admettant que** le temps le **permette**.*

Conjonctions + infinitif : *à condition de, à moins de.*
*J'irai avec toi à Cuba **à condition d'avoir** deux semaines de vacances.*

Conjonctions + indicatif : *suivant que, selon que.*
***Selon que** j'**aurai** le temps, j'irai voir plusieurs amis.*

Conjonctions + conditionnel : *au/dans le/pour le cas où, dans l'hypothèse où.*
***Au cas où** je ne **serais** plus là, tu trouveras la clef chez le gardien.*

---

3 *Mettez le verbe entre parenthèses à la forme qui convient.*

1 Si l'avion avait du retard, nous (pouvoir) vous attendre.

2 Si vous (venir) plus tôt, nous aurions eu le temps de visiter le château.

3 Pour peu que tu (ne pas encore finir) de préparer tes bagages, je viendrai t'aider.

4 Dans l'hypothèse où tu (trouver) un change intéressant, prends-moi des dollars.

5 J'irai retenir les places de TGV à moins que tu ne (déjà le faire).

6 Je réserverai plusieurs places selon que tes amis (venir) ou pas.

4 *Complétez par une conjonction de condition.*

1 Nous irons en Chine … avoir obtenu le visa.
2 Il pourra faire son excursion … il ait bien préparé son itinéraire.
3 Elle visiterait Paris avec plaisir … ce n'était pas en voyage organisé.
4 Ce sommet est inaccessible … y aller à pied.
5 Nous emporterons une tente … les hôtels seraient trop chers.

> **Prépositions + nom + présent, futur ou conditionnel**
> *Avec, moyennant, sans, en cas de + nom + conditionnel :*
> **Sans ce problème, nous aurions gagné la course.**
>
> **Gérondif + futur ou conditionnel**
> *En économisant, tu pourras partir avec nous.*
>
> **!** Langue orale : verbe au présent + *et* :
> *Tu **économises et** tu peux partir avec nous !*
>
> **Conditionnel + conditionnel**
> *Tu me l'**aurais dit** plus tôt, je ne **serais** pas **parti.***
>
> **!** Les expressions *sinon* et *autrement* expriment une condition sous-entendue :
> *Elle n'a pas dû venir, **sinon** nous l'aurions vue.*

5 *Complétez librement les phrases.*

1 En choisissant une destination plus proche, vous…
2 Avec plus de moyens, tu…
3 Moyennant un billet de train international, je…
4 Prenez de la crème solaire sinon…
5 Heureusement que vous avez pris les places longtemps à l'avance, autrement nous…

> **Le conditionnel passé**
> Il sert à exprimer un regret :
> *Si j'avais eu le temps, j'**aurais prolongé** mon voyage.*
> *On **aurait dû** passer par Florac, ça **aurait été** moins long.*

6 *Exprimez quatre regrets sur un voyage que vous avez effectué récemment*

7 *Complétez librement les phrases.*

1 Heureusement que vous êtes venus, sinon…
2 Je ne l'ai pas su à l'avance, autrement…
3 C'était bien qu'il y ait de la place, sinon…
4 Tu trouveras la clé sous le paillasson, autrement…

VOCABULAIRE ⑫

Les mots du voyage

1 **Classez les mots ci-dessous dans la grille ci-contre.**

faire étape à, un dépaysement, flâner, un chemin, traverser, se déplacer, visiter, explorer, un périple, un trajet, découvrir, séjourner à, faire une halte à, se rendre à, parcourir, s'installer, circuler, faire un détour par, être de passage, partir pour, faire route vers, une arrivée, une désillusion, aller à l'aventure, une excursion, prendre la route, une image idyllique, rester à, faire une escapade, passer par, une randonnée, l'exotisme, un parcours, se diriger vers, se déplacer, des sentiers battus, un choc, faire le tour de, tout

	Déplacement	Arrêt	Passage	Impressions
Noms	…	…	…	…
	…			
Verbes	…		…	…

2 **Racontez votre voyage.**
Pendant l'un de vos voyages, vous avez été (au choix) :
– un(e) touriste un peu timoré(e) et méfiant(e) ;
– un(e) randonneur/randonneuse sportif/sportive et jamais fatigué(e) ;
– un(e) voyageur/voyageuse fantaisiste, curieux/curieuse et mal organisé(e) ;
– un(e) touriste chauvin(e), rivé(e) à son guide de voyage.
Sélectionnez dans chacune des colonnes du tableau ci-dessus les deux mots qui conviendraient le mieux à votre personnage. Vous devez utiliser dans votre production tous les mots que vous avez sélectionnés.

Espace francophone

1 Lisez les informations suivantes.

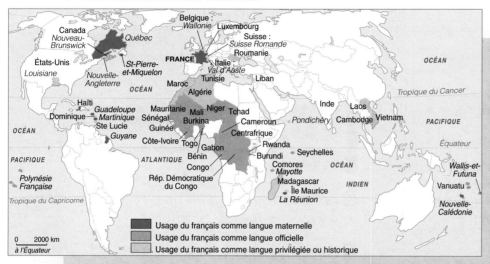

a En 1970, les chefs d'État du Sénégal, de Tunisie et du Niger suscitent la création d'une Agence de coopération culturelle et technique pour mener des actions entre les pays francophones dans l'éducation, la culture et le développement en général.

b Le français a été la première langue de France parce qu'elle a été celle du roi.
Si le français a été la première langue d'Europe jusqu'au XVIIe siècle, c'est parce que la France était le pays le plus peuplé du continent.

c Le premier cercle francophone est constitué des pays dont le français est la langue maternelle. Il s'agit, en Europe, par exemple, d'une partie de la Belgique et de la Suisse, du Luxembourg, du Val d'Aoste. En Amérique, du Québec et des zones de la Louisiane.

d Les raisons du parler français dans divers lieux du monde sont coloniales. Après l'Amérique et les Antilles, la France a établi des comptoirs commerciaux dans l'océan Indien et dans quelques pays d'Afrique noire. L'expansion a repris à la fin du XIXe siècle : Polynésie, Nouvelle-Calédonie, Indochine, Afrique... En 1914, l'empire colonial français avait une superficie de trente fois la France.

e On trouve ensuite les États où le français est langue officielle ou d'usage : les pays qui parlent créole, les pays d'Afrique noire (plus Madagascar et les Comores) et ceux du Maghreb. Le cercle suivant est constitué de pays dans lesquels des vestiges de la langue sont encore très importants : c'est le cas de la péninsule indochinoise.

f À Cotonou, en décembre 1995, la francophonie a pris sa pleine dimension politique. L'Agence de la francophonie a été créée et on a décidé d'élire en 1997, à Hanoi, son responsable, un secrétaire général, élu pour quatre ans.

g Viennent enfin les pays où le français est une des langues de communication internationale encore privilégiées : la Syrie et l'Égypte par exemple, ou la Bulgarie et la Roumanie.

2 Classez les différents paragraphes sur la francophonie dans les catégories suivantes.
   a Une réalité linguistique.
   b Une institution.
   c Une histoire du français.

Une réalité linguistique
1 Quels sont les différents usages du français dans les pays francophones ?
   a *Une langue maternelle* **b** ... **c** ... **d** ...

Une institution
2 Quand, par qui et pourquoi l'institution a été initiée ?
3 Qui la dirige aujourd'hui ?

Une histoire du français
4 Par qui et pourquoi la langue française a-t-elle été imposée en France ?
5 Notez les raisons qui justifient son expansion en Europe puis dans le monde.

3 Synthétisez en trois courts paragraphes les connaissances que vous venez d'acquérir.
La francophonie regroupe un ensemble de pays dont...
C'est aussi une institution qui...
La langue française a d'abord... puis... enfin...

EXPOSÉ

Votre langue est-elle utilisée dans différents pays ?
Si oui, retrouvez-en les raisons et exposez son histoire.
Si non, présentez les causes de sa spécificité et les moyens de sa sauvegarde.

1 RYTHME ET INTONATION. 🔊

Charles Baudelaire,
« Le port », *Petits Poèmes en prose*, première publication
en 1864 dans *La Nouvelle Revue de Paris*,
Gallimard, coll. « Poésie ».

1 *Écoutez l'enregistrement, laissez-vous bercer
par le poème, puis relevez le thème principal.
Est-ce :*
   a l'aspiration à partir pour un grand voyage ?
   b le désir de rentrer chez soi ?
   c l'observation des mouvements du port ?

2 *Écoutez de nouveau le poème. Notez les
pauses et les respirations.
Que soulignent-elles :*
   a le mouvement précipité des départs ?
   b le va-et-vient au rythme de la mer ?
   c le tohu-bohu des passagers sur le môle ?

3 *Lisez le texte des yeux (voir transcription p. 175)
en écoutant une nouvelle fois l'enregistrement.
Notez les différences de forme qu'il présente
avec ce que vous savez de la poésie
classique.*

Gréement (n. m.) : ensemble des voiles, des cordages et
des mâts d'un bateau.
Houle (n. f.) : mouvement de la mer.
Oscillation (n. f.) : un balancement.
Belvédère (n. m.) : construction avancée en surplomb.
Môle (n. m.) : construction qui protège l'entrée d'un port.

4 *Relevez la partie de phrase la plus longue
et justifiez sa longueur, en fonction du sens.*

5 *Relisez ou réécoutez le poème, puis relevez
et classez dans le tableau ce qui évoque :*

a Le mouvement	b Le bruit	c Le spectacle visuel
mobile, changeantes…	…	*l'ampleur du ciel, l'architecture des nuages…*

*Que remarquez-vous ? Qu'en concluez-vous sur
les intérêts du poète ?*

6 *Relevez les lieux d'observation privilégiés du
poète et précisez sa position.*
   a Il est dans le port, mêlé à la foule.
   b Il est sur la mer et observe le port.
   c Il est entre les deux.

7 *Donnez les deux mots clés du texte qui
résument le choix de cette description
poétique.*

8 *Caractérisez l'état d'esprit du poète.*

9 *Exercez-vous à dire ce texte en respectant
son rythme.*

2 SITUATION VÉCUE. 🔊

*Écoutez ces questions et répondez spontanément
en donnant un maximum de précisions.
Si je partais en Amazonie, les trois premières choses
que je mettrais dans ma valise, ça serait d'abord une
crème anti-moustiques car je ne supporterais pas
d'être dévoré(e) par ces insectes, puis j'emporterais…*

3 RADIO REFLETS. 🔊

Séquence 1

1 *Vrai ou faux ? Choisissez les bonnes réponses
et justifiez votre réponse.*
   a Ce sont les sites naturels qui attirent le plus de
   visiteurs.
   b Le tourisme de mémoire prend de l'importance.
   c Les parcs à thème sont moins prisés qu'autrefois.
   d Les lieux sacrés sont toujours très visités.

Séquence 2

2 *Mettez en relation les nationalités, leurs
préférences et leurs regrets.*
   Nationalités
   Hollandais – Anglais – Espagnols – Allemands
   Préférences
   a Tourisme de repos.   **c** Tourisme alpin.
   b Tourisme vert.   **d** Tourisme culturel.
   Regrets
   e Accueil pas assez chaleureux.
   f Refus de parler une langue étrangère.
   g Mépris de la nature.
   h Attitude réservée.

4 JEU DE RÔLES.

*Radio reflets vous demande de réaliser un
reportage sur les touristes étrangers dans votre
pays. Cécile Caron veut savoir précisément :*
   1 de quels pays ils viennent ;
   2 quelles régions ils visitent ;
   3 ce qu'ils viennent y faire ;
   4 quels sont leurs comportements ;
   5 comment ils trouvent l'accueil dans votre pays.
*Par groupes de deux, rédigez et enregistrez votre
réponse sous forme de reportage ou de dialogue.*

5 DÉBAT.

1 *Mettez-vous par groupes de quatre. Faites la
liste des comportements des touristes qui vous
exaspèrent le plus.*

2 *À partir de cette liste, dégagez les
comportements que vous aimeriez rencontrer
chez les touristes qui viennent visiter votre pays.*

12
dossier

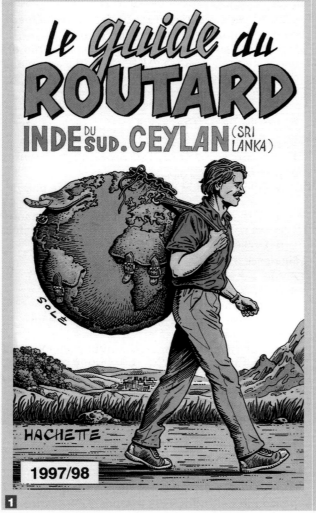

LE *GUIDE DU ROUTARD*

En 1973, qui aurait cru qu'un guide hippie deviendrait un phénomène de l'édition, incontournable compagnon des voyageurs ?

Né de la mouvance soixante-huitarde, le *Routard* trouve ses racines dans la littérature beatnik et la vague culturelle qui en découla. Son succès n'est pas seulement commercial : il tient avant tout aux valeurs partagées par son lectorat : mélange d'humanisme, d'écologie, de respect des peuples, d'autodérision, d'humour bon enfant, de quête d'authenticité, de nostalgie des paradis perdus…

Créé par un journaliste « vagabond des routes du monde », Philippe Gloaguen, il promeut une nouvelle façon de voyager, les mains dans les poches, le sac au dos et la fleur entre les dents… Avec son autre collaborateur, Pierre Josse, arrivé en 1975, il prend un essor extraordinaire en gardant son enthousiasme et ses « bons tuyaux », amélioré d'une plume de poète urbain.

Recueil underground puis livre pop, le *GDR* s'est toujours attaché à refléter un mode de vie particulier, synonyme de liberté, de jeunesse, d'insolence et de curiosité.

Aujourd'hui, le lectorat a évolué. Les anciens lecteurs ont eu le temps de s'embourgeoiser et deviennent plus exigeants (ce n'est pas un défaut !) : ils recherchent davantage le petit hôtel de charme que l'auberge de jeunesse inconfortable… Le *Routard* ne perd pas ses valeurs pour autant. La charte du Routard, publiée dans tous les guides, rappelle les voyageurs à leur devoir : « À l'étranger, l'étranger, c'est nous ! »

1 LISEZ.

Lisez le texte de présentation et la lettre de demande.

2 ANALYSEZ.

— DOCUMENT 1
1 À votre avis, que signifie le mot *routard* :
   a celui qui conduit sur route ?
   b celui qui découvre des itinéraires originaux ?
   c celui qui suit les grandes routes ?
2 Retrouvez les synonymes des mots ou expressions suivants.
   a Indispensable.
   b Mouvement.
   c Commercial.
   d Renseignements utiles et bon marché.
   e Logement pittoresque.

3 À quelle époque situez-vous la génération « beatnik » ?
4 Relevez cinq caractéristiques majeures de la « philosophie du routard » et le mode de voyage qui en découle.
5 Pour vous, que signifie la devise finale sur les « devoirs » des voyageurs ?
   a On doit bien nous accueillir parce que nous sommes étrangers.
   b On doit nous regarder comme des touristes étrangers.
   c Il ne faut pas se comporter à l'étranger comme si on était chez soi.
6 Dites quelles sont, selon vous, les attitudes les plus importantes que doit avoir un voyageur étranger.

Vous allez présenter dans une lettre à l'attention du Guide du routard un itinéraire de voyage pour des groupes de touristes français venant visiter une région de votre pays.

LA LETTRE DU ROUTARD
5, rue de l'Arrivée   92190 Meudon

Paris, le...

Messieurs,

Pour compléter notre *Guide du routard* et satisfaire à des demandes nouvelles qui viennent de nous être adressées sur votre pays, nous voudrions alimenter la partie intitulée « visite région par région ». Sachant que vous êtes spécialistes des circuits culturels et sportifs dans votre région, nous vous serions reconnaissants de bien vouloir nous fournir toutes les informations que vous possédez sur les points suivants : situation, climat, paysages à ne pas manquer, villes principales, activités, ressources, gastronomie, faune, flore, traditions, histoire et curiosités. Vous n'êtes pas sans savoir que notre guide est particulièrement réputé pour sa rigueur, sa précision et la qualité de ses suggestions à des tarifs imbattables…

D'autre part, pour répondre à la demande, notre guide doit proposer des exemples de circuits personnalisés de deux à quatre jours, pour des groupes ayant des objectifs différents. Les uns privilégient la découverte culturelle, les autres sont en quête d'un tourisme plus sportif. Enfin, nous avons une clientèle du troisième âge pour laquelle il faudrait prévoir un itinéraire plus souple et un hébergement confortable.

En conséquence, vous serait-il possible d'adjoindre au descriptif de la région la photo d'une curiosité ainsi qu'une carte détaillée qui permettrait de visualiser un exemple de circuit pour chacune de ces trois catégories de touristes ?

Dans l'attente de votre réponse, en vous remerciant à l'avance et en souhaitant que notre collaboration soit fructueuse, nous vous prions d'agréer, Messieurs, l'expression de nos sentiments les meilleurs.

Crozat

2

DOCUMENT 2
Vous avez reçu la lettre de demande ci-dessus.

7 Relevez les formules qui marquent les différentes parties de la lettre et les expressions de la sollicitation explicite ou implicite.

8 Donnez trois caractéristiques de l'expéditeur de la lettre.

9 Notez les spécificités de la demande.

10 Faites la liste des documents complémentaires que vous devrez joindre à votre courrier.

3 PRÉPAREZ VOTRE PRODUCTION.

1 Mettez-vous par groupes de trois et décidez ensemble quel interlocuteur vous représentez (guide, historien, association de promotion pour une région, club de loisirs…).

2 Choisissez une région que vous connaissez bien.

3 Réunissez des informations sur cette région.

4 Triez les informations et faites votre budget en prenant en compte le style et la philosophie du *Guide du routard* (voir document 1). Préparez les documentaires complémentaires.

4 ÉCRIVEZ.

Rédigez votre lettre de réponse. N'oubliez pas de vous identifier, en haut à gauche. Respectez le rituel d'une lettre formelle : date et lieu, formule d'appel, formule de politesse…

Corps de la lettre :

1 Référez-vous au courrier ci-dessus.

2 Présentez la région que vous avez choisie (utilisez la fiche technique et rédigez les informations qu'elle comporte).

3 Proposez vos trois circuits illustrés.

4 Terminez votre lettre en exprimant des conditions et des hypothèses sur votre collaboration avec votre interlocuteur/ interlocutrice.

BILAN

Bilan grammatical général

1 Mettez les verbes aux temps et aux modes corrects.

Après (reprendre) la direction de la maison familiale en 1991, le P-DG des éditions Gallimard lance ses premiers guides de voyage. Il y a deux ans, il (s'offrir) une escapade à Madagascar avec ses filles.

1 « J'organise un grand voyage avec mes filles comme si c'(être) un rite. Nous attendons tous ce moment parce que je deviens plus disponible à condition qu'elles (ne pas prendre) leur téléphone portable. » Son aînée, Charlotte, (confirmer). À vingt ans, elle possède une belle collection de photos de voyage qu'elle partage avec sa sœur Laure, dix-sept ans. La petite Margaux, treize ans, les (accompagner) en fin d'année pour la première fois. Leurs destinations (décider) au gré des opportunités. Il y a deux ans, ils (profiter ainsi) du lancement du guide consacré à Madagascar pour (organiser) leur circuit, de sorte qu'ils (pouvoir) en vérifier la validité.

2 « Ce pays me (bouleverser), avoue Antoine Gallimard, car, quoique la plupart des gens (vivre) dans un dénuement complet, ils vous accueillent avec une gentillesse infinie. »

3 Pendant ce voyage, la famille (s'installer) dans un confortable hôtel trois étoiles. Tôt le matin, tous (partir) à la recherche des lémuriens, des animaux dont la présence (attester) par des guides locaux, mais qu'ils (ne jamais réussir) à apercevoir.

4 De Ranohira, la route nationale 7 conduit à Tuléar. Après, c'est la mer, au-delà, l'Afrique. La ville, ancien comptoir colonial que les Français (construire) à la fin du XIXe siècle, (aligner) des boulevards larges et rectilignes, souvent (balayer) par le vent tsiokatsimo venu du sud.

5 Après Ranohira, ils (s'embarquer) sur une fragile pirogue pour rejoindre le site d'Anakao et le chef de famille (devoir) rassurer ses troupes effrayées devant la frêle embarcation. Trois heures de navigation plein sud, et plus question d'hôtel trois étoiles ! Là, un sublime lagon (attendre) les voyageurs qui (aimer) y séjourner plus longtemps. Les pirogues des pêcheurs vezo se dessinaient sur l'horizon ; on savait qu'elles (rentrer) bientôt à terre avec leurs prises du jour : un requin ou d'énormes pieuvres. La nuit (être) un peu agitée sous une tente squattée par des araignées... Mais c'est ainsi que (se fabriquer) des souvenirs inoubliables ! S'ils (avoir) le temps, ils (prolonger) leur circuit. Malheureusement, il y a toujours un moment où il (falloir) rentrer !

D'après *L'Express, le magazine*, n° 2593 du 15 au 21 mars 2001.

2 Employez les articulateurs du discours.

A Choisissez la bonne proposition.

Ici se dresse la silhouette massive du musée des Beaux-Arts de Boston. Cette semaine, ses visiteurs viennent (alors – d'abord – ensuite) y vénérer le cinéma français. À la soirée d'ouverture, Bo Smith, directeur de l'événement, doit (aussi – pourtant – même) refuser du monde. « Pour la première fois, certaines de nos 38 séances ont affiché complet (après – avant – devant) le début du festival. C'est un bon indicateur de succès ! (En – Dans – Pour) six ans, nous avons multiplié par cinq le nombre de nos spectateurs. (Car – Cependant – Comme), cela me gêne de refuser l'entrée à des cinéphiles, (d'autant plus – davantage – de plus) qu'ils n'auront pas l'occasion de les revoir. » (Au contraire – En effet – En conséquence), la majorité de la sélection ne sera pas diffusée commercialement, sauf pour quelques rares exceptions. « Je considère (quelquefois – toutefois – autrefois) que c'est notre rôle d'essayer de séduire les producteurs américains (parce qu'ils – dès qu' – bien qu'ils) ont l'occasion de voir ici l'engouement du public pour ces films. Je suis sûr (qu'à cause – qu'à force – qu'à condition) de les inviter, ils finiront par acheter le cinéma français ! »

D'après *Le Figaro*, 26 juillet 2001.

B Complétez le texte avec les articulateurs suivants : en revanche – ainsi que – d'un côté... de l'autre – pourtant – si – tandis que – malgré – quoique – contrairement – quant à – en effet.

L'activité touristique estivale en France est globalement bonne, selon les constats des professionnels, ... une répartition différente selon les régions. ..., le groupe de résidences de tourisme Maeva note que ... l'été est globalement bon, le taux d'occupation est exceptionnel dans le sud de la France.

... aux années précédentes, la Fédération des gîtes de France a observé cette année une France « coupée en deux » : ..., le Sud avec une meilleure fréquentation que celle de l'an passé et, ..., le Nord, dont la Bretagne, avec une baisse très marquée.

... la clientèle étrangère, l'organisme Pierre et Vacances fait état d'une « très forte progression du marché anglais » ... d'une « très forte poussée du marché hollandais et scandinave », ... la fréquentation alle-mande ne connaît qu'une « faible progression ». Gîtes de France, ..., note une légère baisse de sa clientèle britannique qui a préfé-ré le Sud, ... son marché néerlandais soit en légère haus-se. Tous les professionnels estiment que les réservations ont un cours normal. Pour certains, la reprise a ... été moins bonne qu'ils ne l'espéraient.

D'après *Le Progrès Normandie*, 28 juillet 2001.

TRANSCRIPTIONS

DOSSIER 1
Vidéo **p. 8-9**

Séquence 1
VOIX OFF : Léonie a connu Francis à l'école Charles-de-Gaulle ; elle n'avait pas neuf ans et, très vite, contrairement à ses copines, elle n'a eu aucun grand-père de référence. Alors, Léonie a élu Francis, elle en a fait son vrai papy d'adoption. Aujourd'hui, alors qu'elle est au collège, Francis continue d'accompagner sa vie d'adolescente.

LÉONIE : Je lui ai demandé un jour s'il voulait bien être mon papy parce que j'étais assez triste, je venais de perdre mon rappy, donc je lui ai demandé s'il voulait bien... eh puis, ça fait plusieurs années, et puis, euh, finalement, à force d'être ensemble, on a vraiment des rapports papy petits-enfants, quoi, c'est... on se voit souvent, je ne sais pas, c'est vraiment relations papy petits-enfants.

LA JOURNALISTE : Tu peux lui exposer tes problèmes ?

LÉONIE : Ouais, ouais, je lui parle de ma vie à l'école, je lui parle de ma vie à la maison, je lui parle de tout, de mes problèmes, de ce qui me fait plaisir, ouais, je lui parle de beaucoup de choses, ouais.

Séquence 2
VOIX OFF : Depuis le départ de son grand frère, Léonie vit seule avec sa mère.

LÉONIE : Je regarde si j'ai eu des notes. Euh, français non, maths non... Oh si ! J'ai eu 12 à mon DS[1] de maths, je suis dég[2]. Bon, je vais dans ma chambre, j'ai des devoirs à faire.

VOIX OFF : Et quand elle s'est choisie un papy adoptif, elle n'a demandé l'avis de personne.

LA MÈRE : Je me suis rendu compte que ça lui faisait beaucoup de bien. Et qu'en plus, euh, Francis s'occupait beaucoup de Léonie. Il s'intéresse beaucoup à ce qu'elle fait, à ce qu'elle vit, il participe aux moments importants de sa vie et c'est pas simplement une parole en l'air quoi, de dire : « Je serai papy d'adoption », c'était pas simplement, euh, théorique et... quand elle peut le voir, même quand elle ne va pas très bien, il demande, il s'inquiète, il discute avec elle... bon, là, elle le voit un peu moins depuis qu'elle a changé de collège, elle a des horaires plus difficiles, donc elle le voit un peu moins, mais quand elle peut le voir, c'est les grandes embrassades, c'est, euh...

LA JOURNALISTE : C'est important qu'il y ait, euh, un homme à la maison finalement dans cette famille ?

LA MÈRE : C'est important parce que, bon, elle voyait son père régulièrement... là maintenant, bon, euh, ils se sont fâchés, elle ne le voit plus... donc c'est important qu'elle ait un repère, oui.

1 *DS* : devoir surveillé.
2 *Je suis dég* : je suis dégoûtée.

FRANCIS : Ça va ? T'es prête pour la balade ? On fait une bonne balade, hein, attention ?

LÉONIE : On fait la même que la dernière fois quand on a été à Wasquehal...

FRANCIS : C'était quand la dernière fois ? Alors je vais prendre mon bâton... Tu sais que c'est mon troisième pied ça, ma troisième jambe, hein. Alors, c'est rien, voilà... avec ça...

LA JOURNALISTE : Francis, lequel des deux a adopté l'autre ?

FRANCIS : Ben, on s'est adoptés tous les deux...

LÉONIE : Ouais...

FRANCIS : On s'est adoptés tous les deux, hein ?

Séquence 3
VOIX OFF : Faire se côtoyer tous les âges, le rêve de Michel, justement. Michel, c'est l'âme du groupe ; il est instituteur de cours préparatoire à l'école Charles-de-Gaulle. Après le décès de ses parents, il a voulu favoriser les liens entre les générations. C'est lui qui le premier a invité des grands-parents dans sa classe. Une rencontre qui prenait bientôt la forme d'une association baptisée tout naturellement Grandparenfant.

LA JOURNALISTE : Pourquoi justement, les personnes âgées et les enfants : c'est les deux extrémités de la vie ?

MICHEL : C'est les deux extrémités de la vie et, euh, je pense que, euh, ces personnes, ces deux âges-là, peuvent avoir un regard, euh, assez semblable sur les choses de la vie, euh, puisque, bon, certaines sont dans un... dans un... disons dans un âge d'apprentissage de tout, d'émerveillement, et les autres sont dans un âge de recul, ils ont posé les choses, et ils peuvent maintenant les analyser avec beaucoup de recul... et, par là même, s'émouvoir encore des choses puisqu'elles ne sont plus dans le stress, elles sont plus dans la vie active, et je pense qu'elles peuvent encore beaucoup s'émouvoir de choses très simples. Et le regard de l'enfant et le regard de la personne âgée, il y a quand même des similitudes sur des choses comme ça.

VOIX OFF : On se connaît ou on apprend à se connaître ; deux petits groupes se forment, se parlent... L'initiative est modeste et le groupe excède rarement les vingt personnes : une petite échelle mais une échelle humaine.

Séquence 4
VOIX OFF : Pour Michel, ce sont ces petites intrusions mises bout à bout qui nourrissent une ambition plus vaste.

MICHEL : Il y a quelques... quelques petits résultats, bon, quand une mamie après trois quatre ans voit un enfant passer dans la rue qui vient lui dire bonjour, c'est très appréciable. Il vaut mieux cela que venir lui piquer son sac ! Euh, on espère que, euh, ça va se développer de plus en plus, que cette relation... qui se noue quand les enfants ont entre huit et onze ans, même entre, que dis-je, entre trois et onze ans puisque Grandparenfants intervient aussi en maternelle, euh, cette relation, donc, va compter pour les enfants et donnera des résultats bien sûr, des résultats en termes de paix sociale. Alors enfin, c'est un bien grand mot... c'est un bien grand mot mais derrière tout ça il y a quand même cet objectif-là, c'est-à-dire essayer d'atténuer justement la fracture sociale entre les gens, essayer de donner un petit peu, euh, une unité, une cohésion à cette société qui est de plus en plus morcelée et de plus en plus individualiste.

ORAL **p. 15**

1 Rythme et intonation.
1 Il ne m'a toujours pas rappelé. Je suis bien ennuyée !
2 Au début de notre rencontre, j'avais peur de ne pas être à la hauteur !
3 J'étais terrorisée à l'idée d'avoir à affronter sa famille !
4 Ils m'intimidaient. Devant eux, je perdais tous mes moyens.
5 D'ailleurs, j'ai toujours la gorge nouée quand j'y vais. J'appréhende le moment où ils apprendront notre séparation.
6 Dimanche, je dois dîner avec eux. Je ne saurai pas quoi leur dire. Ça m'embête.

2 Radio Reflets.
Séquence 1
Notre reporter de Radio Reflets, Cécile Caron, a interrogé aujourd'hui huit personnes sur les sentiments qu'elles entretiennent avec leur famille.

CÉCILE CARON :
Voilà ce qu'elles ont répondu à ma question : la famille, pour vous, qu'est-ce que c'est ?

JOËL, pâtissier, 30 ans :
La famille, ras le bol, je ne veux plus en entendre parler. On finit toujours par se disputer et se reprocher des vieilles histoires. Je ne peux pas le supporter.

CLAIRE-LISE, professeur, 26 ans :
Nous, on s'adore. Bien sûr, il y a des petites tensions, des difficultés, mais c'est toujours un vrai bonheur de se retrouver. Quelle joie ! C'est une relation très forte.

ASTRID, comptable, 27 ans :
Alors moi, je ne pourrais pas vivre sans ma famille. On se comprend, on s'entraide. Et on se voit au moins une fois par mois avec mes parents, mes frères, mes sœurs et leurs enfants.

FRANÇOIS, pharmacien, 45 ans :
La famille, oh la la, ça n'existe plus aujourd'hui, avec tous ces divorces... On a perdu la morale et la religion qui faisaient tenir les couples.

SIMONE, retraitée, 78 ans :
Ben oui, j'aurais bien aimé avoir une famille. J'ai jamais eu d'enfant et mon mari est mort. Oui, j'aurais bien aimé... Si j'avais su...

LAURENT, serveur de restaurant, 36 ans :
La famille, pfu... quelle galère ! Qu'est-ce que ça me dit ? Rien du tout. J'ai vraiment rien à dire. Ma famille à moi, c'est moi.

CLAUDE, retraité, 70 ans :
La famille, c'est tout pour moi. Toute la vie, la base de la société. La famille, c'est magnifique !

CLÉMENT, étudiant, 18 ans :
Pour moi, la famille, c'est une réunion. C'est la liberté, l'éducation et l'avenir, ça implique joie, complications et amour. C'est... c'est fort !

CÉCILE CARON :
Merci à tous !

Séquence 2
CÉCILE CARON :
Il faut constater que les réactions de mes interlocuteurs sont très contrastées. Pourtant, d'après un sondage Ipsos pour le magazine *Ça m'intéresse*, se marier et avoir des enfants reste la forme de vie idéale pour les trois quarts des Français. Il est vrai que 83 % des 50 ans et plus ont choisi cette affirmation ainsi que 75 % des plus jeunes générations. Les entre-deux semblent les plus réticents.

3 Situation vécue.
Un air de famille (extrait du film de Cédric Klapisch, 1996).

DENIS : « People have the power... people have the po... (*La musique s'arrête.*) ... wer » !
L'un des clients du comptoir râle... Denis retourne au juke-box et l'ouvre... puis il passe derrière le comptoir.

LE CLIENT : *(À Denis.)* Elle veut pas qu'on s'occupe d'elle, la demoiselle ?
Les deux clients rigolent… Denis sourit et va vers Betty.
DENIS : Elle veut quequ'chose d'autre la demoiselle ?… non ?… tu veux pas encore un p'tit apéritif ?
BETTY : Non ! non, elle veut rien, merci.
DENIS : C'est vrai ?
BETTY : Ben ouais !
(Denis ramasse les verres de la table à côté.)
DENIS : Elle veut bien encore une petite Suze, non ?
BETTY : Non, ça va aller… merci.
DENIS : Elle est en colère la demoiselle on dirait !
BETTY : Ça va… arrête Denis !
DENIS : Tu fais la tête ?
BETTY : Pas du tout.
DENIS : Tu fais pas la tête ? !
BETTY : Non ! non, non, j'fais pas la tête du tout.
DENIS : T'es contente ?
BETTY : Oui !… oui, oui, j'ai plutôt des raisons d'être contente… J'ai passé une très bonne journée… J'ai envoyé chier mon patron, ça faisait longtemps que j'en avais envie, j'suis très contente !
DENIS : Qui ? Benito ?
BETTY : *(L'air plutôt satisfaite d'elle.)* Oui, Benito, en personne !
DENIS : Eh bé !… et ton frère était là ?
BETTY : Non ! Non c'est con, il a raté ça ! C'est dommage !… quand j'vais lui raconter il va sauter au plafond !
DENIS : Quoi, heu… de joie tu veux dire ?
BETTY : Ben évidemment !
DENIS : Ah bon ! tu crois !
BETTY : Ben évidemment, il attendait que ça ! C'est Philippe qui s'le tape surtout, Benito !
DENIS : Ah tu l'aimes bien ton Philippe, hein ? *(Il s'assied à côté d'elle.)*
BETTY : Quoi ? !
DENIS : Ben j'sais pas moi… Philippe par-ci, Philippe par-là…
BETTY : Quoi ? ! C'est mon frère !
DENIS : Henri aussi, c'est ton frère !
BETTY : Ouais, mais c'est… c'est… c'est… c'est… c'est pas pareil ! J'ai plus d'affinités avec Philippe, quoi !

DOSSIER 2
VIDÉO **p. 22-23**

Séquence 1
VOIX OFF : Les accros de la techno aux fourneaux. Depuis des mois, les artisans de la récup' peaufinent d'étonnantes machines.
UNE PERSONNE INTERVIEWÉE : La bête a été construite à partir d'une moissonneuse-batteuse. La bête a été construite à partir de tubes cintrés récupérés et, euh, c'est très bien pour le hardcore.
VOIX OFF : Hardcore, techno, jungle, transe, house… la deuxième technoparade va donner une idée de la diversité de la scène française.
UNE PERSONNE INTERVIEWÉE : Y a pas si longtemps que ça, la techno c'était au fond des salles obscures, euh, dans les caves, euh, les raves, euh, un peu, un peu sauvages, quoi. Donc, là, c'est une reconnaissance publique.
VOIX OFF : Quarante chars venus de province, de Genève, de Bruxelles, de Londres vont se promener pendant quatre heures entre place de la République et la pelouse de Reuilly. Cinq kilomètres et demi en musique.
UNE PERSONNE INTERVIEWÉE : On avait tous envie de se fédérer autour d'un projet commun et je dirais que ça resserre les liens entre les différentes personnes qui ont l'habitude de faire la fête tous ensemble, euh, et, euh, le… l'énergie qu'on y a passé, c'est la même énergie qu'on passe sur un dance floor toute une nuit.
UNE PERSONNE INTERVIEWÉE : Le dance floor, la piste de danse, la piste en transe où vont communier des milliers de fidèles, des milliers de drôles d'oiseaux, une fête païenne en plein cœur de Paris.

Séquence 2
VOIX OFF : La danse du poisson, la transe de tous les allumés de la techno ; ils s'étaient donné rendez-vous au pied de la tour Eiffel. 120 000 personnes attendues au départ du cortège sur le parcours électronique, une vingtaine de bus venus de toute la France ; les rois de la fête : les DJ, magiciens de la platine.
UNE JEUNE FILLE : On s'éclate, c'est trop bien quoi !
VOIX OFF : Des jeunes qui s'éclatent, la techno, c'est fait pour se défouler. Et vous, Jean-Michel Jarre, vous dansez ?
JEAN-MICHEL JARRE : Évidemment, et vous ?
VOIX OFF : Ce soir, pas de grand concert, le budget de la parade a été diminué de moitié. Résultat, c'est dans les salles privées que les fans de techno vont continuer à danser.

Séquence 3
VOIX OFF : Voilà vingt ans que ça dure, vingt ans que Noël Henri transforme, l'espace d'un soir, la cour de sa ferme en salle de concert et de fest-noz. La scène principale est installée près du poulailler. Les hangars, débarrassés du matériel agricole, accueillent les danseurs.

NOËL : On se retrouve très jeune, euh, à la tête d'une exploitation et puis on se rend compte qu'on a, qu'on a besoin de de… de… s'évader ailleurs, euh, que dans la ferme et… et de s'ouvrir au niveau des gens, d'avoir des contacts avec les gens et de bon… c'est, c'est une solution pour, euh, pour joindre l'utile à l'agréable, en fait quoi.
VOIX OFF : Au départ, trois cents personnes ont assisté au premier fest-noz. Aujourd'hui, ils sont près de sept mille. *Le petit village*, c'est le nom de la ferme, est devenu un événement incontournable. Pascal Obispo y a même joué ici !
UNE PERSONNE INTERVIEWÉE : Ce fest-noz-là, il est connu euh… dans toute la Bretagne, c'est-à-dire, euh, que les gens disent… « *Le petit village*, machin quoi… » et que les organisateurs à droite, à gauche, euh, se gardent bien d'organiser quoi que ce soit ce soir-là parce que… il y a *Le petit village*.
VOIX OFF : Le soir du concert, Noël est entouré d'une centaine de bénévoles. Les copains, comme Philippe, le Lyonnais venu la première fois en spectateur il y a cinq ans.
PHILIPPE : On participe à la réalisation de quelque chose qui fait faire la fête à, euh, plein… plein de gens et ça… ça c'est la grosse motivation, c'est sûr, oui.
VOIX OFF : Mais la nuit celtique ne suffit pas à Noël. Dans une ancienne étable, il a même installé un café-concert.
NOËL : Si j'étais resté seulement agriculteur… il m'aurait… il manquait quelque chose, il manquait quelque chose, donc j'ai trouvé le… mon équilibre comme ça, en créant un… un bar-cabaret en organisant… en organisant des spectacles donc, euh, comme celui-ci, quoi…
VOIX OFF : À sa façon, Noël et ses copains perpétuent une tradition. Celle qui, à la fin des moissons, rassemblait le village pour faire la fête. Et si les fest-noz ne manquent pas en Bretagne, celui-là est peut-être le plus authentique…

ORAL **p. 29**

1 Rythme et intonation.
1 Préparer un bon petit plat, moi, j'en raffole ! C'est ma passion. Ça me détend !
2 Planter des tulipes, ça, c'est pas vraiment mon truc. Ça a le don de m'énerver !
3 Visiter systématiquement tous les monuments d'une ville, ah, ça, ça m'exaspère ! Je ne supporte pas ça !
4 La BD, les romans, j'adore ! Ça m'enrichit. Je crois que c'est la seule chose qui me fait vraiment réfléchir.
5 Faire des gammes, ça a plutôt tendance à m'endormir. Ça me fait bâiller en général. Je préfère passer au déchiffrage du morceau.

2 Radio Reflets.
Séquence 1
Si, pour beaucoup, la techno n'est qu'un brouhaha intolérable, les jeunes, eux, en raffolent. Cécile Caron a interrogé Joël, lycéen de dix-neuf ans.
CÉCILE CARON : Joël, tu aimes la techno ?
JOËL : Ouais, ouais, beaucoup.
CÉCILE CARON : Et quelles sensations te procure cette musique ?
JOËL : Ben, plusieurs fois par mois, on se retrouve avec des copains dans de vieux hangars ou alors des usines désaffectées ou des salles spécialement aménagées pour des raves. Plus on est nombreux, plus c'est sympa. J'éprouve des sensations inouïes. Je n'aurais jamais pu supposer ça avant. Je ne sais pas vraiment à quoi c'est dû, mais je sais, au fond de moi, que ça n'a rien de dangereux. Le moment que je préfère, c'est au début de la soirée, quand les fumigènes tournent à fond, la musique qui bat qui bat encore et encore et, peu à peu, je me sens « décoller ». Pourtant, je ne prends ni drogue ni alcool. Je n'entends plus rien, que des « boum boum » réguliers. Alors, je laisse alors mes bras, mes jambes « partir », bouger sans chercher une quelconque esthétique. Je laisse mes idées, mon esprit divaguer. Puis des images me viennent et s'en vont… Enfin j'oublie absolument tout : les profs, le bac, les parents, ma copine… c'est le seul moment où j'ai vraiment l'impression de ne vivre que pour moi et pour moi seul, enfin de ne chercher à plaire à personne.

Séquence 2
Cécile a aussi interrogé Céline, vingt-quatre ans.
CÉCILE CARON : Et toi Céline, bravo, tu t'éclates ! Quel effet te procure la musique techno ?
CÉLINE : Oh, c'est super ! Eh bien, je me suis retrouvée dans des raves un peu par hasard. C'est en réalisant que mon rythme cardiaque se synchronisait avec celui du son en dansant que j'ai eu l'impression de moins subir l'agression de cette musique répétitive. C'est vrai, c'est un peu envahissant comme musique et même harcelant. Ça fait un peu comme un lavage de cerveau, vous ne trouvez pas ? Mais, bon, je me suis complètement laissé emporter par la musique. Elle m'a délivrée du stress, je vous assure ! Pour moi, les raves ne sont pas des lieux de rencontre ; on ne communique pas avec les autres, mais on se sent tous en communion. C'est différent !

Séquence 3
Pour mieux comprendre ce phénomène de société, Cécile a interrogé Philippe Grimbert, psychanalyste et auteur du livre La **Psychanalyse de la chanson.**

CÉCILE CARON : Monsieur Grimbert, selon vous, qu'est-ce qui est spécifique à la techno ?
PHILIPPE GRIMBERT : Elle se caractérise par un rythme semblable aux pulsations cardiaques. C'est un bruit étrangement familier puisqu'il nous renvoie à notre vie intra-utérine, dans le ventre maternel.
CÉCILE CARON : Est-ce pour cette raison que les adeptes de la techno parlent de fusion dans leurs rassemblements ?
PHILIPPE GRIMBERT : Ce qui est paradoxal dans ces fêtes que l'on appelle « raves » – en anglais to rave signifie divaguer, délirer – c'est que les individus ne semblent ne faire qu'un ; ils sont tous ensemble à danser sur la même musique mais, en fait, chacun reste protégé dans une espèce de bulle. En plus, la musique ne s'arrête jamais, elle se répète tout le temps. Alors, chacun est centré, concentré sur ses sensations déclenchées par la musique. L'autre n'existe plus. C'est cette fusion imaginaire, d'où l'autre est en réalité absent qui procure ce sentiment de paix... C'est très intéressant !

3 Situation vécue. À la recherche d'une visite insolite.
– Bonjour messieurs, que puis-je faire pour vous ?
– Bonjour monsieur. Nous sommes de passage dans la région parisienne. Nous sommes photographes, spécialistes de la photo de constructions bizarres. Est-ce qu'il y a eu des personnages qui occupaient leur temps libre à faire des activités insolites dans cette région ?
– Vous êtes en voiture ? Alors, je vous conseillerais d'aller à Chartres, c'est à une centaine de kilomètres d'ici. Vous pourrez photographier l'étonnante maison de Raymond Isidore, dit Picassiette. Tiens, je vais vous raconter son histoire... C'est une histoire qui a fait couler beaucoup d'encre, vous savez, et qui ne manque pas de saveur ! Nous sommes en 1938. Isidore, né en 1900, est ouvrier dans une fonderie et décide d'acheter un petit bout de terrain. Il construit sa maison, une maison modeste de trois pauvres petites pièces qui abritera sa famille. Il a aussi des problèmes de santé et est obligé de quitter son travail. Il était bien modeste et n'avait pas beaucoup de ressources. Alors, il commence à récupérer tous les matériaux pour carreler les sols. C'est le début de l'aventure Picassiette. La ville lui procure un emploi à l'entretien d'un parc, puis du cimetière. Eh, bien, pendant ses heures de loisirs, savez-vous ce qu'il fait ? Il ramasse dans les décharges des morceaux de faïence, de vaisselle ébréchée, de cendriers... pour décorer sa maison. Intérieur et extérieur ! Puis, peu à peu, il fait des personnages, souvent d'inspiration religieuse, puis des animaux sur les murs. Il décore aussi son maigre mobilier : sa table, ses chaises, son buffet de mosaïques. Sur les murs défraîchis, il peint des fresques, dont une surprenante vision du Mont Saint-Michel. Il réalise ses cathédrales sur une des façades, bâtit une chapelle dont les murs sont décorés de milliers de morceaux d'assiettes. Ben, vous voyez, Picassiette n'a pas fait les Beaux-Arts, il est pauvre ! Eh ben pourtant, il a créé son environnement. C'est une histoire qui n'est pas banale n'est-ce pas ?
– Mais c'est exactement ce qu'on recherche ! On peut visiter la maison ?
– Sans problème. Depuis 1981, la maison d'Isidore a été rachetée par la ville. Elle est maintenant classée monument historique. Je vais vous donner une brochure avec les horaires d'ouverture et un plan pour y accéder. Vous verrez, vous ne serez pas déçus ! Je suis sûr que vous ne regretterez pas vos 100 km !

DOSSIER 3
VIDÉO p. 34-35
Séquence 1
RENÉ CARRIER : La question, c'était les filles. L'ét... euh, quand arrivait l'été dans les bals, plus moyen de danser. Tous les Parisiens, euh, dansent avec les filles du coin et puis nous, tintin[1] ! Et mes copains au... qui au retour du service militaire, dans les trois mois qui suivaient l'armée, ils se sont tous mariés parce qu'y sont... la plupart sont partis facteurs, cheminots, CRS[2] ou, euh, y en avait à l'EDF[3], y en... et là, dans les trois mois, y z'étaient mariés. Rester ici, c'était être condamné à être célibataire. Ici, trente garçons célibataires pour une fille dessus la commune, et moi... c'était là... c'était ça le gros problème, est-ce que, si je restais ici, est-ce qu'un jour j'arriverais à me marier ?
VOIX OFF : Finalement René s'est marié mais le déclin s'est poursuivi.
1 Tintin : expression familière pour dire pas nous, rien.
2 Policier membre d'une CRS (compagnie républicaine de sécurité).
3 EDF : électricité de France.
Séquence 2
VOIX OFF : À 1 km de là, le village de Molières. Les belles bâtisses du XVIIe sont reprises par des Anglais qui en font leurs résidences secondaires. Le reste de l'année il n'y a plus qu'une poignée d'habitants, la plupart anciens agriculteurs à la retraite. Au milieu de cette semi-désolation, deux jeunes agriculteurs...
À trente ans, Philippe et Esteban réalisent leur vieux rêve, celui de devenir paysans. Copains au lycée agricole il y a dix ans, ils ont obtenu leur brevet professionnel. Et puis, hasard de la vie, ils sont devenus animateurs dans le tourisme. Il y a tout juste un an, ils ont

tout laissé tomber pour franchir le pas. « T'es jolie, on va te faire la bague indienne. » Pour la première fois ils doivent marquer leurs brebis et ils ont encore le geste hésitant.

Séquence 3
ESTEBAN : On avait des bons boulots, hein, ça... ça allait bien pour nous, euh, mais, euh... ça correspondait plus à rien quoi, on avait plus envie d'être salariés, euh, de... de travailler pour, euh, on voulait travailler pour nous, quoi.
PHILIPPE : C'était tellement un souhait depuis toujours et tellement ancré dans les discussions que, bon, c'était obligé qu'on fasse ça, euh, maintenant c'est vrai que notre entourage, euh... est un peu sceptique sur ce choix-là quoi et, euh, parce que c'est vrai qu'on voit des agriculteurs qui, euh... qui sont de plus en plus en faillite, euh, le nombre d'agriculteurs qui diminue d'année en année, donc c'est un pari un peu fou quand même de... de tenter ce genre d'expérience.

Séquence 4
ESTEBAN : La vie que j'ai maintenant me... me demande moins de revenus, euh... et puis, euh, la priorité quand je travaillais pour les autres c'était de gagner quand même de l'argent alors que là, maintenant, la priorité c'est pas du tout celle-là, quoi. Disons que quand je travaillais quand j'étais, euh, dans une station de ski, ou comme ça, euh, s'il y avait des gens qui gagnaient de l'argent il fallait que j'en sois, quoi. Alors que maintenant, bon, ben, l'important, c'est que l'entreprise vive et... enfin que l'entreprise vive, ça c'est vraiment la priorité mais, euh, la... la deuxième priorité, c'est qu'on puisse vivre tous les trois ici, quoi, que nos deux familles puissent vivre ici, quoi.
PHILIPPE : Aujourd'hui, j'ai très très envie de devenir paysan, de retravailler la terre. Et, euh, c'est un choix aujourd'hui qui est mûri depuis plusieurs années et qui s'oriente vers une agriculture différente, moi je suis persuadé qu'on peut vivre d'une autre agriculture : limiter l'investissement, rester petit et essayer de tirer le maximum sur cette petite production en faisant de la qualité, en allant jusqu'au bout.

Séquence 5
VOIX OFF : Faire des produits de qualité pour Esteban et Philippe, c'est la seule façon de pouvoir rester petits et rentables. Stratégie identique pour Jean-François. Il parle de son huile comme on pourrait le faire d'un grand cru.
JOURNALISTE : Ça, c'est laquelle, ça ?
JEAN-FRANÇOIS : Ça c'est celle qui a été médaille d'or. Donc... elle est encore très verte et puis... elle sent... elle sent vraiment un très bon fruité... un très bon fruité. Ce sont des huiles qui sont très vitaminées qui ont une petite ardence pour le palais et puis qui sont très agréables en bouche. Quand vous l'avez avalée, vous avez dans le palais après... un... comme si vous aviez mangé de l'amande. Cette année, c'est de l'amande fraîche, y a deux années, c'était la noisette.
VOIX OFF : Pour sa première production, il a décroché la médaille d'or du concours agricole au dernier Salon de l'agriculture.
JOURNALISTE : Vous auriez imaginé que votre mari devienne agriculteur il y a quelques années ?
LA FEMME DE JEAN-FRANÇOIS : Non, non ! Quand je l'ai connu, il ne travaillait pas. Non, non, non, je ne pensais pas qu'un jour il allait se mettre oléiculteur !
VOIX OFF : Pour tous les deux comme pour beaucoup de jeunes qui s'installent, l'agriculture est un moyen d'échapper au travail salarié.
LA FEMME DE JEAN-FRANÇOIS : C'est vrai qu'on dépend du temps mais, à part le temps, on dépend de rien d'autre. Donc... euh... l'agriculture, c'est aussi ça, c'est travailler, bon, pour... pour soi, c'est travailler comme on a envie, comme on veut, euh... C'est une liberté quand même aussi. Lui, il a la passion de l'olivier, il dit : « Tiens, moi j'aimerais bien faire quelque chose avec ça », et il le fait, donc, euh même... même si c'est un échec, tant pis, il dira : « Mais moi, dans ma vie, j'aurai réalisé quelque chose, quelque chose que j'aime. » Ça, bon, euh, c'est formidable quand même !

INFOS p. 36
1 Population.
B Vrai ou faux ?
1 Les agglomérations urbaines regroupent 41 millions d'habitants, soit près des trois quarts de la population française.
2 Un récent sondage commandé par le Sénat nous a appris que près de la moitié des Français souhaite, d'ici dix ans, vivre dans une petite commune.
3 Il n'y a pas de population type s'installant en milieu rural. C'est un phénomène multiforme qui concerne aussi bien des retraités, des actifs, des jeunes que des personnes issues de milieux aisés ou défavorisés.
4 Le mouvement migratoire vers la campagne est un mouvement de fond, provoqué par l'accroissement du temps libre, la multirésidence, un nouveau rapport à la nature, à l'alimentation et à la santé.
5 Ce phénomène n'est pas uniquement français, d'autres pays tels que le Canada, les États-Unis ou l'Allemagne le vivent.
6 Les élus locaux sont favorables à ces nouvelles installations, même s'ils craignent une perte d'identité de leur territoire (populations ayant des modes de vie différents, moins conviviaux, et étant plus exigeantes vis-à-vis des équipements et services).

7 Mais la mobilité est souvent de proximité : entre 1982 et 1990, 5,6 % des ménages avaient changé de commune, 2,6 % de département, 1,6 % de région.

ORAL p. 41

1 Rythme et intonation.
1 Vivre en ville, pour rien au monde !
2 La ville ou la campagne ? Très bonne question, mais j'en sais rien, c'est à chacun de décider.
3 J'aime la campagne mais, côté pratique, c'est vraiment pas la joie ! Je préfère de loin la ville.
4 La ville, j'achète…
5 La ville ou la campagne, ben chacun son choix ! Mais je préfère tellement la nature !
6 Les oiseaux, les petites fleurs, tout ça c'est bien beau, mais pour gagner sa vie…
7 La ville, c'est vrai, c'est plein d'avantages : ciné, magasins, pizzas livrées mais, enfin bref, chacun ses goûts.
8 Vivre à la campagne, hors de question !

2 Radio Reflets.
Voici le reportage de notre envoyée spéciale à Dijon. Cécile Caron enquête sur les jeunes et le logement. Elle a rencontré Jean et Murielle.

Séquence 1
CÉCILE CARON : Quel a été votre premier logement ?
JEAN : Quand on s'est rencontrés, on a décidé rapidement de vivre ensemble. On n'avait pas beaucoup d'argent et on a commencé par louer un deux pièces dans un HLM en ville.
CÉCILE CARON : Et c'était quand à peu près ?
MURIELLE : Bah, il y a quatre ou cinq ans. On était étudiants et on avait droit aux aides au logement. Alors sur 308 € de loyer, on n'en avait que 154 € à payer. Alors, ça allait.
CÉCILE CARON : Et maintenant ?
JEAN : Quand j'ai commencé à travailler, forcément on a perdu l'allocation et puis on en avait assez de cet environnement bruyant. On avait toujours vécu en pavillon chez nos parents. Alors, on a eu envie d'une maison au calme en banlieue.
CÉCILE CARON : Et, ce n'est pas trop difficile, financièrement ?
MURIELLE : Ben, aujourd'hui, on travaille tous les deux et, à deux salaires, on gagne 2 000 €. C'est vrai qu'avec un loyer de 770, il nous reste pas grand-chose pour vivre. Mais c'est le choix que nous avons fait pour avoir cette maison.
JEAN : En attendant d'acheter… lorsque notre situation professionnelle sera plus stable. D'ailleurs, on a ouvert un plan d'épargne-logement à la banque. On va se marier et on voudrait un bébé. Pourquoi pas l'année prochaine ?

Séquence 2
CÉCILE CARON : Cette maison, c'est la première étape vers leur vie de famille. Comme 58 % des ménages français, Jean et Murielle habitent une maison individuelle et ils rêvent comme les trois quarts des gens de devenir propriétaires. D'après la dernière enquête Francop, 43 % des ménages privilégient le confort et 27 % l'éloignement du bruit. La même enquête révèle par ailleurs que 73 % des citadins interrogés aspirent à une mixité sociale forte au quotidien (89 % des 18-24 ans) ; que les habitants des banlieues souhaitent majoritairement plus d'activités culturelles dans leur lieu de résidence. Parallèlement, ceux des centres-ville souhaitent des espaces urbains d'un nouveau type, libérés de l'automobile et conçus pour les piétons. De Dijon, Cécile Caron pour Radio Reflets.

3 Situation vécue : une maison d'enfance.
Quand j'étais tout petit, j'allais souvent chez ma grand-mère. C'était un petit village du Sud, un petit village isolé de toute autre agglomération. Il était perché en haut d'une colline innondée de soleil. On ne pouvait pas l'atteindre en voiture. Et j'adorais faire cette montée au milieu des champs d'oliviers. Y en avait quand même pour une petite demi-heure ! Et une fois là-haut, il ne se passait plus grand-chose mais moi, ce que je n'ai jamais oublié, c'est ce que ça sentait… Les odeurs quoi ! C'était un mélange de miel, de lavande, de thym, toutes ces plantes aromatiques qui sentent si bon. Tout ça mêlé avec la senteur de l'huile d'olive, parce qu'on faisait de l'huile, vous comprenez… Et les cigales ! Quel chant plus harmonieux. On dit qu'elles craquettent. C'est vrai !

DOSSIER 4
VIDÉO p. 46-47

Document 1 : Gad Elmaleh

Séquence 1
VOIX OFF : Il a commencé par régler des lumières pour d'autres, pour Élie Kakou notamment et, dans ce même théâtre Déjazet, aujourd'hui, il est sur la scène. Avec une nouvelle galerie de portraits dont un grand-père confronté aux nouvelles technologies.

GAD ELMALEH/LE GRAND-PÈRE : Qu'est-ce qu'il y a ? Tout le monde est sur le portable et j'ai pas le droit ? La technologie, elle a enlevé la politesse. La preuve, c'est quand les gens, y t'appellent sur ton portable, y te disent même plus bonjour. Ils disent « Allô », la question d'après « Tu es où ? » Mais qu'est-ce que tu t'en fous ? Je suis où. Laisse-moi tranquille ! Parce qu'avant, quand ils t'appelaient à la maison, ils étaient sûrs que t'étais à la maison, tu bougeais pas, ça les rassurait. Maintenant, comme tu peux bouger avec le portable, ils ont peur que tu les feintes !

Séquence 2
JOURNALISTE : La rue lui inspire ses personnages. Il enregistre tout. C'est comme ça qu'est né Chouchou.
GAD ELMALEH/CHOUCHOU : J'aime la France à cause de sa culture, la musique, comme Chopin, mais aussi la sculpture, la peinture… Je connais un peu, ça me touche beaucoup la peinture. J'ai deux styles que je préfère, euh, dans la peinture, euh, c'est l'in… l'an… l'impressionnisme et le crépi…

Document 2 : Raymond Devos

Séquence 3
Récemment, dans la rue, j'entends quelqu'un qui criait « Au feu ! »… Oui, madame. Alors j'm'approche et j'm'aperçois qu'il y avait pas le feu. Alors, comme celui qui avait crié « Au feu ! » continuait de crier au feu, moi, j'ai crié « Au fou ! »… Hein ? Alors le fou qui avait crié au feu, quand il a entendu que je criais au fou, il a mis le feu… eh ben, pour pas passer pour un fou… eh ben, moi, quand j'ai vu que le fou avait mis le feu, j'ai crié « Au feu ! » Hein ? Alors, le fou a éteint le feu. Eh ben, comme il y avait plus le feu et que je continuais de crier au feu comme un fou, c'est moi qu'on a enfermé. Alors, maintenant, on peut bien crier au feu, je m'en fous !

Séquence 4
Passage, sans parole, du morceau de violoncelle joué sur le fil du yoyo.

Séquence 5
Ah ! mesdames et messieurs… et le spectacle continue ! Je vais jongler avec trois balles. Trois balles… Voulez-vous m'envoyer une première balle, s'il vous plaît, monsieur ? Pas si vite… Comment voulez-vous que je l'attrape ?… Au RA-LEN-TI…

Document 3 : Les Deschiens

Séquence 6
– Bruno, mon beau-frère.
– Hein ?
– Oh oui, d'accord, d'accord, d'accord !

ORAL p. 53

1 Rythme et intonation.
C'est un jeune homme qui voulait présenter sa fiancée à sa mère. Alors, pour tester sa réaction, il arrive à la maison avec plusieurs jeunes filles. Au bout de quelques minutes, très impatient, il lui demande si elle a deviné qui était l'élue de son cœur.
– C'est celle qui est assise avec le pull-over bleu.
– Non mais tu es incroyable ! Comment tu as deviné ?
– Ben, c'est la seule qui ne me plaît pas, lui répond sa mère.

2 Radio Reflets.
Très impressionnée par les dernières collections des créateurs de mode, Cécile Caron a interrogé des Françaises et des Français sur leurs réactions face à la mode :
ALEXANDRA, 23 ans, secrétaire :
« Je n'ai pas le physique pour porter ça ; le prix ? aucune idée… 190 euros ? Oh, allez, 350. La première est vraiment trop négligée. L'autre, le pantalon, c'est pas mal… »
JÉRÔME, 21 ans, étudiant :
« 770 euros ! Le jour où je serai P-DG, je lui offrirai ça, elle le mettra seulement pour moi parce que, hein, c'est un peu provoc là, avec toutes ces couleurs ; la première oui, peut-être, mais sans les bottes ! »
JEAN-PIERRE, 49 ans, vendeur-caissier :
« Ça alors, c'est choucar ! Choucar en argot, ça veut dire stylé. Elles sont mignonnes, c'est bien joli, sauf les bottes. Moi ? Offrir ça à ma femme ? Non. Elle croirait que je me moque d'elle. Elle est assez forte, alors… il faut rien avoir comme formes pour porter ça. Mais ça doit monter cher, hein, environ 800 euros. Je préfère aller voir mon copain tailleur : pour ce prix-là, il peut faire quelque chose de vraiment bien. »
MONIQUE, 41 ans, directrice d'un casino :
« Plus on s'approche, plus c'est minable. De loin, ça fait de l'effet, mais de près… je suis sûre que ça doit faire plus de 460 euros. Ah non. Je ne mettrais jamais ça, c'est une blague ! »
JEAN-JACQUES, 19 ans, coiffeur :
« Je pourrais offrir ça à des personnes excentriques, qui vivent sur un nuage, mais ça doit coûter cher, au moins 920 euros. J'aime bien le côté oriental de la première ; pour l'autre, c'est plutôt les couleurs qui me plaisent. »

3 Débat. Peut-on rire de tout ?

C'était pas un sketch sur les trisomiques, c'était l'histoire d'un garagiste, un personnage monstrueux… c'était lui qui… c'est comme ça, c'est un ton… (PATRICK TIMSIT)

L'humour est une arme qui peut être dangereuse. (MURIEL ROBIN)

Quand on fait rire, on ne doit pas faire rire avec n'importe quoi, et l'intention, surtout, c'est ce qui compte. (JEAN-MARIE BIGARD)

Quand on faisait notre émission sur l'actualité, on ne se moquait pas des victimes, des gens qui ont absolument tout perdu, ou de faits divers où il y a mort d'homme… (VIRGINIE LEMOINE)

Écoutez, le comique ne doit pas faire mal à des individus. Il doit éventuellement faire mal à des valeurs, à des institutions, au pouvoir, à des gens qui sont au pouvoir… (JEAN-FRANÇOIS DEREC)

DOSSIER 5

VIDÉO p. 58-59

Séquence 1

VOIX OFF : L'avenir est au frigo interactif. Faire du froid, c'est banal ; gérer les stocks et communiquer, ça, c'est moderne… Le frigo multimédia du groupe suédois Electrolux est déjà presque prêt. Un scanner pour tout savoir sur les produits qui entrent et qui sortent et un écran digital pour surfer sur le Web.

JOURNALISTE : C'est un réfrigérateur qui… qui sait tout faire ?

STÉPHANIE : Oui voilà, à partir de l'écran tactile, j'peux gérer tout ce que j'ai à l'intérieur de mon réfrigérateur. Donc, là, il m'indique que les œufs sont bien à bonne température, j'peux aussi voir le contenu de mon réfrigérateur, tout c'que… tout c'qu'il y a dedans, et là, en rouge, il m'indique que la crème fraîche est bientôt périmée donc il faut que je pense à en acheter. Il m'indique aussi, euh, tout c'qui manque donc tout c'que j'ai n'ai plus, le jus d'orange par exemple, donc là soit, euh, comme d'habitude, je vais au supermarché du coin, soit je vais sur Internet faire mes courses, à partir toujours de l'écran tactile donc, euh, j'peux commencer à taper mon adresse ou alors à partir du clavier qui est… voyez dans le haut du réfrigérateur.

VOIX OFF : En attendant la télé qui fait des glaçons, c'est le frigo qui sert de télé. Autrement dit, on passera beaucoup de temps à le regarder et ce sera le dernier endroit où l'on cause avec sa famille.

LA FILLE : Salut, maman, comme je sais que tu rentrais tard ce soir, j'ai déjà préparé la salade, elle est dans le réfrigérateur. Moi j'mange pas avec vous parce que je vais au théâtre…

VOIX OFF : Plus de petits papiers collés sur la porte, à la place, des messages vidéo.

LA FILLE : … salut !

Séquence 2

LA MACHINE : Bienvenue, cette borne vous permet d'obtenir des horaires de train, le prix d'un trajet ou d'acheter un billet. Appuyez sur le bouton vert.

LE CLIENT : Je voudrais aller de Paris à Rennes demain.

LA MACHINE : À quelle heure partez-vous ?

LE CLIENT : Je souhaiterais partir vers…

VOIX OFF : Une machine qui parle, qui pose des questions et qui, apparemment, comprend les réponses : à la SNCF, c'est possible ou presque… Ce distributeur de billets à reconnaissance vocale est encore en cours de test au CNRS.

LE CLIENT : Oui, j'achète ce billet.

LA MACHINE : La SNCF vous remercie et vous souhaite un agréable voyage.

LE CHERCHEUR/CLIENT : Il faut bien comprendre que la langue c'est un phénomène qui est… assez compliqué, il faut prendre en compte une série d'accents, on ne parle pas tout à fait comme le Parisien ou le comme le Lillois, euh, quand on s'exprime à l'oral, on a un certain nombre d'hésitations, on peut prononcer des « euh », bafouiller, donc le système, euh, de dialogue doit permettre, euh, de… de reconnaître et de comprendre et de traiter ces difficultés de la langue française à l'oral.

VOIX OFF : Hélas, il arrive que la machine déraille et devienne dure d'oreille. Elle se montre alors franchement bête, têtue et obstinée. Vous avez dit Paris-Toulouse ?

LA CLIENTE : Bonjour, je pars de Paris et je vais à Toulouse.

LA MACHINE : Quel jour partez-vous ?

LA CLIENTE : Je pars demain.

LA MACHINE : Quel jour partez-vous ?

LA CLIENTE : Je pars demain.

LA MACHINE : Voici les horaires de Mâcon-ville à Tours.

Séquence 3

VOIX OFF : L'anonymat, ça n'existe plus. Partout, *Big Brother* vous surveille. Avec les technologies modernes, il n'est plus possible d'échapper au grand fichage informatique, nous sommes tous immédiatement identifiables par les banques, les employeurs, les administrations… enfin presque…

Aujourd'hui, ce qui nous différencie ce sont nos code-pin et les mots de passe de nos cartes. Dans un futur très proche, tout passera par la biométrie, l'identification par le vivant, en clair notre corps : nos empreintes digitales, notre visage, notre haleine, notre sueur ou nos yeux. Un domaine de recherches exploré depuis plusieurs années par l'allemand Siemens ; avec l'empreinte digitale, plus besoin de clé d'hôtel, ou d'antivol de voiture… Question non réglée : pourra-t-on prêter sa voiture ?

Quant à votre téléphone, il obéira au doigt et à l'œil.

T'as de beaux yeux, tu sais.

ORAL p. 65

1 Rythme et intonation.

Séquence 1

Fini les enchevêtrements de câbles électriques derrière la bibliothèque… La maison du futur rimera avec « sans fil », Internet et convivialité.

1 Côté cuisine, plus de crainte de manquer de confiture… Dès que les stocks diminueront, votre réfrigérateur, doté de son propre ordinateur, commandera du ravitaillement à l'épicerie du coin.

2 Tous les appareils ménagers seront reliés directement à leur constructeur, via Internet. Au moindre signe de défaillance, ils pourront être réparés à distance.

3 Le réfrigérateur devenu intelligent pourra suggérer des menus à partir de ce qu'il y a dans la maison.

4 Votre petit déjeuner s'accompagnera de la lecture de vos journaux préférés, téléchargés à l'avance sur l'appareil de votre choix : téléphone portable, ordinateur de poche, console de jeux vidéo ou écran télé.

5 Côté salle de bains, le WC intelligent se chargera d'analyser les dépôts laissés par ses hôtes et d'en communiquer les résultats à un centre de santé.

6 Vous pourrez régler la température de votre bain en appuyant sur une touche ou l'arrêter en appuyant sur une autre.

7 Une fois hors de chez vous, des caméras permettront de vérifier à partir d'un téléphone portable ou d'un ordinateur de poche, quand bon vous semble, ce qui se passe chez vous.

8 Selon les chercheurs, une dizaine d'années seulement serait nécessaire pour que ce scénario de science-fiction devienne réalité.

Séquence 2

a J'en reste baba, non vraiment, les bras m'en tombent… Toi qui ne répares jamais rien !

b Moi, je trouve que c'est des trucs qui ne servent absolument à rien…

c Ça, je trouve que c'est formidable ! Je n'aurai plus besoin de sortir le matin.

d Mais qu'est-ce que c'est que ça ? C'est inimaginable quand même ! On est tout le temps surveillé alors !

e Je n'en crois pas mes oreilles, moi qui ne sais jamais quoi faire à manger !

f Pffut ! Encore du bluff… dix ans, tu parles !

g Ah, mais c'est dégoûtant, pourquoi on nous raconte ça ?

h Génial, mais vraiment hyper-génial, non ? Pourvu qu'il y ait encore des épiciers…

2 Radio Reflets.

Cécile Caron, notre reporter pour Radio reflets, a interrogé aujourd'hui quelques Français sur leur sentiment face à l'avenir. Voici les réponses qu'elle a obtenues.

1 VALÉRIE : Si ça continue comme ça, ce sera pire que maintenant. Les découvertes servent seulement au profit de quelques-uns, ils sont de moins en moins nombreux, et elles augmentent la misère de tous les autres.

2 CÉDRIC : Si tout le monde faisait un effort, on pourrait essayer de remédier à la destruction programmée… Protection de l'environnement et santé publique, c'est à ça que devrait servir l'avancée technique. Mais, mais c'est surtout la volonté politique qui manque.

3 NICOLE : C'est bien, c'est très bien de faire des recherches très pointues, mais il faudrait d'abord redistribuer les richesses, je veux dire : pas seulement entre les plus fortunés et les plus pauvres mais aussi au travers de la planète. Les pays pauvres sont de plus en plus pauvres, mais surtout, surtout de plus en plus peuplés ; il faudrait faire quelque chose, et vite et très vite !

4 JACQUES : Moi je pense qu'il y aura tellement de progrès techniques que tout le monde pourra y avoir accès. Si on baisse les coûts de production des innovations pour mieux pouvoir les vendre, le marché explosera et tout le monde pourra en profiter. C'est ça l'avenir : une amélioration généralisée de nos conditions de vie.

5 ALAIN : L'avenir ? C'est hier qu'on aurait dû y penser… si on avait pris les précautions suffisantes, on aurait prévu les désastres écologiques qui nous menacent. C'était à ça que le progrès technologique devait servir, non ?

6 JULIETTE : Moi, je crois en la science. On a trouvé des remèdes contre le cancer, le sida et d'autres maladies terribles.

3 Situation vécue : le concours Lépine.

PRÉSENTATEUR : Écoutons l'un des candidats au concours Lépine présenter son invention que je vous laisse admirer pendant quelques intants… Bernard, vous pouvez présenter votre objet ?

BERNARD : Alors je vous présente un ventilateur révolutionnaire. Ça tombe bien, on a tous chaud aujourd'hui n'est-ce pas ? *(La foule : Oui…)* Je l'ai nommé le ventilateur-éventail, tout ça c'est dans le vent n'est-ce pas… Alors, c'est un instrument hyper-pratique qui a l'avantage de produire un « petit vent du nord » des plus agréables. Vous sentez ? Hm… Il est composé de deux parties latérales en bois. Elles sont arrondies et forment un petit manche. À la partie supérieure, se trouvent trois petites ailes qui tournent sur un pivot. Elles peuvent être animées d'une vitesse plus ou moins grande. Voyez… Pour cela, j'appuie sur un bouton à ressort et ça met en marche un mouvement d'horlogerie que je peux régler. Miracle : quand j'arrête d'appuyer sur le bouton, le ventilateur s'arrête immédiatement. Et le tour est joué ! Les petites ailes se replient les unes derrière les autres, ce qui rend l'instrument très facile à manier et à loger dans sa poche.

DOSSIER 6

VIDÉO p. 72-73

VOIX OFF : La tanière de Talleyrand, Valençay, était peu à peu désertée. Depuis 96, le château est revenu de 65 000 à 91 000 visiteurs par an. Ce miracle n'est pas arrivé en claquant les doigts. La belle demeure au bois dormant, du Val de Loire, s'est réveillée grâce à la politique de relance. Exemple : les animations avec des comédiens.

UN COMÉDIEN : Ah vous ne pouvez savoir le plaisir que j'ai ressenti quand je vous ai aperçu tout à l'heure chez Wellington…

UN AUTRE COMÉDIEN : Vous avez remarqué comme il s'est efforcé de nous tenir loin l'un de l'autre ?…

LE PREMIER COMÉDIEN : Comme s'il avait peur que nous en vinssions aux mains.

VOIX OFF : Le diable boiteux de Napoléon, le « mal-jambé », voici d'ailleurs qui, reste appareillage, reste la star du Palais. Face à la dégringolade de sa fréquentation, les propriétaires, conseiller général de l'Indre et groupe AMA, ont confié la demeure à une maison privée, Culture et Développement. Question au directeur, ancien du parc Astérix : « Est-ce que les vieilles pierres se gèrent comme une industrie ? »

LE DIRECTEUR : Oui, manifestement, c'est un produit touristique, c'est un produit… culturel mais c'est un produit touristique. Donc on est bien amené à avoir la même démarche lorsque l'on gère un produit… même le plus culturel possible, comme on est amené à avoir une démarche de gestion une mé… une démarche d'équilibre pour un site qui soit de loisirs.

VOIX OFF : Cent pièces, des meubles souvent historiques, exemple : la table ronde sur laquelle Talleyrand a négocié lors du fameux Congrès de Vienne, 1815… Valençay attire à nouveau les foules. D'ordinaire, un château s'équilibre financièrement à partir de 100 000 visiteurs. Ici, grâce aux idées et aux investissements, la gestion ne perdra plus d'argent dès l'an prochain, avec seulement 95 000 entrées à 50 francs. Talleyrand, le génie, tenait parfois les rênes de la diplomatie depuis Valençay, son ministère bis.

UN COMÉDIEN (CARÊME) : Monseigneur, voici le menu de ce jour.

UN COMÉDIEN (TALLEYRAND) : Ah, très bien, merci Carême.

VOIX OFF : Ses dîners, avec Carême pour cuisinier, y étaient renommés dans toute l'Europe.

LE COMÉDIEN (TALLEYRAND) : C'est nouveau ?

LE COMÉDIEN (CARÊME) : C'est une surprise, Monsieur.

LE COMÉDIEN (TALLEYRAND) : Très bien. Vous… servirez du Valençay, naturellement, et du brie, le roi des fromages !

LE COMÉDIEN (CARÊME) : Le seul roi que vous n'ayez jamais trahi, Monseigneur, ah, ah !

L'APPARITEUR : Bonne fin de journée en pays de Valençay, mesdames et messieurs !

VOIX OFF : Valençay n'est plus un château-musée, c'est un château vivant.

ORAL p. 79

1 Rythme et intonation.

a Si on allait au cinéma ?
7 Si tu veux, qu'est-ce qu'on va voir ?
b *La vie en rose.*
5 Oh, non, je l'ai déjà vu !
c Bon, alors, *Sauve-moi !*
1 Quoi ? Qu'est-ce que c'est que ça ?
d Le dernier film de Christian Vincent.
6 Ah… les critiques ne sont pas très bonnes…
e Moi, on m'en a dit du bien.
2 Les avis sont très partagés.
f Je suis sûr que c'est pas mal.
3 Tu crois ? Bon, on verra bien. Ça passe où ?
g Au Rex. Il y a une séance à 18 heures. Ça te tente ?

8 C'est un peu juste, là… Moi, je finis mon boulot à moins le quart.
h Il y a des pubs avant le film. Je t'attendrai.
4 D'accord, à tout à l'heure.

3 Situation vécue.

Radio France, *Le Masque et la Plume*, émission du 17 septembre 2000. Critique de spectacle.

Séquence 1

JÉRÔME GARCIN : Bonsoir à tous, bienvenue en public au studio Charles-Trenet de la maison de Radio France pour un *Masque et la Plume* consacré ce soir à l'actualité du cinéma avec les « space-cowboys » de la critique, j'ai nommé évidemment Michael Ciment, de *Positif*, Philippe Colin de *Elle*, avec Thierry Jousse des *Cahiers du cinéma* et la seule demoiselle de la soirée, j'ai nommé Danielle Heymann de *Marianne* pour parler évidemment du film de Clint Eastwood, mais également de ceux d'Amos Kollek, Christian Vincent, Stephen Frears, Amos Gitaï et j'espère aussi de quelques autres films en fin d'émission…

Séquence 2

Première partie

JÉRÔME GARCIN : *Sauve-moi*, c'est, après *La Discrète* et *La Séparation*, le nouveau film de Christian Vincent avec Roschdy Zem, Rona Hartner, Jean-Roger Milo et quelques autres, ce film, comme la « série noire » dont il s'est inspiré, a la particularité d'avoir été écrit par des chômeurs réunis, donc, dans ce qu'on appelle un atelier d'écriture, euh, en l'occurrence à Roubaix, animé par Ricardo Montserrat, euh, qui est le… l'auteur, hein, on peut croire que c'est un chanteur, euh, de bel canto, non, c'est un… c'est un écrivain. L'histoire : Mehdi, un taxi clandestin qui prend en charge à Roubaix une voyageuse clandestine venue de Roumanie et qu'il abrite parmi ses amis qui subsistent de… de petits travaux, évidemment clandestins. On voit par là que tous les personnages de *Sauve-moi* ont des vies clandestines, que, euh, donc Christian Vincent a… a traitées en s'inspirant donc d'eux et en travaillant avec ces… ces chômeurs de… de Roubaix…

Deuxième partie

JÉRÔME GARCIN : Qui a été touché par ce film de… de Christian Vincent ? euh, Thierry Jousse ?

THIERRY JOUSSE : Ben, je… je… j'ai été assez… non, mais, je suis assez… assez partagé sur ce film, j'ai été assez touché par certains côtés et, en même temps, je trouve que c'est un film qui arrive très tard parce qu'il y a eu beaucoup de films sur le Nord, euh, c'est un peu un mélange, c'est un peu un espèce, non mais, c'est vrai que c'est un film qui ne fait pas découvrir de choses très nouvelles on a… on a déjà vu quand même la plupart des situations dans des… dans d'autres films sur le Nord. C'est un film dont on n'a absolument pas, et moi le premier, envie de dire du mal parce je trouve qu'il est assez talentueux mais, en même temps, il lui manque quelque chose, là, justement, je trouve qu'il est un peu trop dans l'imitation de la vie et que il lui manque quelque chose qui viendrait un peu transcender son matériau, euh, qu'il va pas assez loin dans ce travail…

MICHEL CIMENT : C'est un film qui, au début, laisse insatisfait, on a l'impression qu'on est un peu dans la platitude, dans une sorte de… de médiocrité quotidienne, et, petit à petit, tous les fils du récit se recoupent, ça a, euh, tous ces personnages, ça pourrait s'appeler *Sauve… Sauvez-nous* parce que y a pas un personnage qui dit « sauve-moi », chaque personnage et tous, donc je trouve que… je trouve que c'est un joli film et je suis vraiment catastrophé de voir que, après une semaine, euh, ce film ne… n'est pratiquement plus à l'affiche… Mais je trouve que… que c'est un cinéaste qui fait son chemin et je pense que le film a vraiment de… de l'intérêt.

DOSSIER 7

VIDÉO p. 86-87

Séquence 1

VOIX OFF DE FEMME : La côte Ouest sera la première et la plus sévèrement touchée. La dépression est née à minuit, lundi, à 2 300 km des côtes, en plein Atlantique. Avançant à plus de 100 km/h, elle atteint la France hier, vers 18 heures, pour balayer le pays, d'ouest en est. La région Poitou-Charentes paye le plus lourd tribut[1] : au moins 19 morts.

UN TÉMOIN : J'sais pas comment on va s'en sortir, mais, euh, tout est urgent. Ben la mer monte, on est en coefficient de marée… on n'avait pas trop prévu ça, mais c'est vrai que la mer déborde des digues[2] et envahit les maisons en plus du vent, en plus de tout, euh…

VOIX OFF DE FEMME : La nuit est tombée et les voitures sont prises au piège. Les rafales de vent à plus de 160 km/h rendent les routes de la région impraticables. Une seule solution : trouver un refuge, même sans électricité, comme ici à Saint-Hipholyte, en Charente-Maritime.

UN TÉMOIN : On a été pris sur des petites routes de campagne, on sui-vait la camionnette des pompiers et on… y avait les arbres qui tom-baient au fur et à mesure devant la camionnette des pompiers, donc, on a bien mis deux heures pour, euh, arriver jusqu'ici.

1 *Un tribut* : contribution forcée.
2 *Une digue* : construction pour contenir l'eau le long de la mer ou d'un fleuve.

Séquence 2

VOIX OFF D'HOMME : Vers 21 heures après avoir touché l'Aquitaine, les vents s'abattent sur le Limousin. Les pompiers travaillent au milieu de rafales de plus de 100 km/h, les routes sont bloquées et le trafic SNCF arrêté.

UN TÉMOIN : Ben, y a des arbres partout en travers de la voie, donc, euh, faut… faut dégager, et ça va prendre du temps.

VOIX OFF D'HOMME : Du coup des centaines de voyageurs passent la nuit dans les bâtiments publics. Puis, vers 23 heures, la tempête arrive en Auvergne. Les pompiers interviennent toutes les quinze secondes, surtout dans le Puy-de-Dôme et dans l'Allier. Dans la région, pas de victimes, mais une dizaine de blessés et près de 300 000 foyers privés d'électricité.

VOIX OFF DE FEMME : 3 500 interventions des pompiers rien que dans les trois départements alpins de la région Rhône-Alpes. La tempête y est arrivée dans la nuit, balayant d'un souffle cette école près de Grenoble.

UN TÉMOIN : Nous avons eu très peur sur les coups de 23 heures… une bourrasque de vent… on pensait que c'était notre toit de la maison particulière et c'est le toit de l'école qui s'est affaissé dans notre propriété.

VOIX OFF DE FEMME : Plus impressionnants encore sont les dégâts d'Annonay, en Ardèche. Au petit matin les habitants y découvrent un vrai désastre, heureusement sans victimes.

VOIX OFF D'HOMME : Vers 4 heures du matin, la dépression touche à la fois le nord-est et le sud-est du pays. Elle ira jusqu'à Nancy, qui avait déjà essuyé la tempête de dimanche dernier, du vent et de la pluie qui vont inonder la région. Ici, pas de victimes mais les dégâts sont considérables.

VOIX OFF DE FEMME : Au même moment dans la nuit, la Côte d'Azur est balayée par des rafales de 140 km/h qui feront une victime dans le Var. La dépression a quitté la France par la Corse, vers 5 heures du matin. Mais les vents ont continué de souffler toute la journée dans le sud-est du pays.

ORAL p. 93

1 Intonation.

a Gilbert Trigano est mort. Le cofondateur du Club Méditerranée est décédé cette nuit des suites d'une longue maladie. Gilbert Trigano, qui fut P-DG du Club Méditerranée pendant près de quarante ans, était âgé de 80 ans. Ses obsèques auront lieu lundi après-midi au cimetière du Montparnasse, à Paris.

b Une dépêche qui nous vient de Sofia. Une Bulgare de 50 ans, accusée de fraude, ne peut comparaître devant le tribunal ni être arrêtée, à cause de son poids de 200 kg. En effet, Sevdalina Alexandrova est immobilisée depuis des années dans son lit au sep-tième étage d'un immeuble à Roussé.

c La Joconde se prépare à faire chambre à part. D'importants tra-vaux vont débuter au musée du Louvre pour une meilleure mise en valeur du célèbre tableau de Léonard de Vinci admiré chaque année par 5 millions de visiteurs.

d En Irlande, des cellules monacales sont actuellement creusées dans la région de Wicklow surnommé le jardin de l'Irlande à cause de sa beauté. Gratuites et construites par des moines à l'intention des gens surmenés et stressés, ces cellules très austères sont déjà réservées pour des mois par des Britanniques et des Américains pour qui la simple idée de se retirer du monde quelques jours est tout simplement divine.

e Dix-sept personnes se sont portées candidates pour remplacer M. Stock qui quittera son poste de président de TV5 en fin d'année, a déclaré le porte-parole du ministère des Affaires étrangères, sans dévoiler l'identité des candidats.

f Le Premier ministre Lionel Jospin a estimé, mardi soir, sur France 2, que gouverner c'était « régler des problèmes, répondre à des crises et donner du sens ».

g Le Britannique Lennox Lewis, champion du monde de boxe des poids légers, qui doit défendre son titre dimanche près de Johannesburg, a annulé un entraînement qu'il devait effectuer en public ainsi qu'une visite à Soweto. Prévus mercredi et jeudi, ces deux événements ont été annulés en raison de la « fatigue » du boxeur, selon son entourage. Cette nouvelle, annoncée mardi par les organisateurs de cette rencontre, vient alimenter les rumeurs concernant la préparation de Lewis pour ce combat qui doit se dérouler à quelque 2 000 m d'altitude.

2 Radio Reflets.

Cécile Caron a enquêté pour savoir si Internet n'allait pas entraîner la mort des journaux imprimés…

CHARLES : Oh, il est vrai qu'on ne peut pas prendre son ordinateur sous le bras pour lire aux toilettes ou dans le métro. Mais, mais rien

ne nous empêche d'imprimer quatre ou cinq articles le matin avant de partir. Non, pour moi, dans quelques années, c'est ce que tout le monde fera.

PATRICK : Internet ne prendra jamais la place de la presse écrite, ni même électronique. C'est un outil complémentaire, même si les journaux ne pourront jamais profiter d'un espace planétaire, le temps de cliquer sur une adresse.

ÈVE : Non, les médias dits traditionnels ne disparaîtront jamais com-plètement. Mais attention, je pense qu'ils devront s'adapter.

MATHIEU : En achetant mon journal au kiosque, je me suis demandé combien d'arbres il avait fallu abattre pour l'imprimer ! Tout ce qui peut sauver notre environnement sera bienvenu !

ÉLODIE : Mais non. Jamais nous ne renoncerons aux journaux et aux magazines. Ils font partie intégrante de nos vies et de notre démo-cratie, de notre droit d'expression et bien sûr de notre liberté.

CAROLINE : Il est vrai que ce nouveau support entre en concurrence directe avec ce qui est fait sur le papier. Mais Internet permet à n'importe quel entrepreneur de créer son site et de devenir éditeur sans avoir des fortunes à dépenser pour lancer une publication dans un monde réel. C'est une chance !

CÉCILE CARON : La recherche d'informations en ligne est la deuxième préoccupation des internautes français après le courrier électro-nique. 20 % des utilisateurs américains font d'Internet leur pre-mière source d'information. Rien n'est insurmontable. Aussi faut-il rester optimiste et voir dans Internet une chance plutôt qu'une menace mortelle pour la presse.

DOSSIER 8

VIDÉO **p. 98-99**

Séquence 1

VOIX OFF : Jamais le baccalauréat n'avait attiré autant de candidats : 644 128 pour cette dernière session du siècle. Ils n'étaient que 10 000 en 1900. Plus de la moitié des postulants se présentent au bac général : 345 000 au total, la grande majorité en série scienti-fique. Effectifs en hausse également en série économique et sociale alors qu'ils sont de moins en moins nombreux en série littéraire. Le bac technologique comme le bac professionnel attirent cette année encore de plus en plus de candidats : 189 000 pour le pre-mier, 110 000 pour le second. Les candidats se répartiront dans 3 000 centres d'examen, 119 000 examinateurs sont mobilisés pour corriger 4 millions de copies. Les règles ne changent pas : il faut une moyenne de 10 sur 20 pour être reçu ; entre 8 et 10, une deuxième chance est offerte avec les oraux de rattrapage mais, en dessous de 8, c'est raté. Les résultats seront affichés à partir du 4 juillet pour le bac techno, du 5 pour le bac général. À noter que le plus jeune can-didat cette année n'a que 13 ans, le doyen 71 ans.

Séquence 2

VOIX OFF : Le bac pour Alexia et Anne-Claire a déjà commencé. En section littéraire, elles sortent tout juste de leur oral d'italien. Ces dernières révisions, elles les planifient avec soin et, loin des tradi-tionnelles annales, elles ont choisi Internet et les nouvelles techno-logies pour consolider leurs acquis.

ALEXIA : Il y a des fiches pratiques avec des QCM, les questions essen-tielles qu'il faut se poser, euh, la méthode, euh, c'est pas un gadget, euh, c'est… c'est une nouvelle manière en fait de travailler. Réponse à la question : qu'est-ce que les lumières d'Emmanuel Kant ?

VOIX OFF : Pour les angoissés qui n'ont pas compris Kant ou Descartes, des sites spécialisés en philo proposent des synthèses de cours. Plus général, d'autres sites comme « génération bac.com » offrent des fiches pour réviser la totalité du programme de termi-nale, des exercices que l'on peut même personnaliser.

ANNE-CLAIRE : Quand on va sur le site, on va s'inscrire, donc on a un dossier créé pour nous et, avec ça, on sait où on en est, on sait ce qu'on a travaillé, il nous dira où on s'est arrêtés, quels QCM on a faits, quelles fiches on a apprises, etc. C'est pour ça que c'est bien fait.

VOIX OFF : Avec plus de mille connexions par jour, ce site propose gratuitement des fiches de synthèses et des conseils pratiques en ligne. L'espoir de cette équipe de professeurs, tous normaliens ou agrégés : fidéliser les lycéens. Dès l'an prochain, les futurs bache-liers pourront également acheter des cours sur le Net.

UN PROFESSEUR : C'est une nouvelle, euh, une nouvelle forme de pédagogie ; euh, j'aime beaucoup le contact avec les élèves, les voir face à face mais, en même temps, cette façon de vouloir être syn-thétique et puis de pouvoir toucher un nombre beaucoup plus important d'élèves, c'est quelque chose qui titille un peu le profes-seur que je suis…

VOIX OFF : Idée toute nouvelle pour réviser : la télé, la chaîne câblée Histoire propose une émission pour revoir tout le programme de terminale. Mais, virtuels ou télévisuels, ces bachotages ne suffiront peut-être pas. Quelques heures avant l'épreuve, la bonne vieille fiche bristol et les annales peuvent toujours servir. Elles n'ont pas dit leur dernier mot.

Séquence 3

RODOLPHE : Oui, ça va à peu près... à peu près... à peu près, ça révise, quoi...

VOIX OFF : Dernières révisions, dernière ligne droite avant le jour fatidique. Nous sommes à J-1 et cette semaine, Rodolphe, 18 ans, l'a vécue au rythme des révisions entrecoupées de pauses et de vrais moments de détente. Une alimentation équilibrée, du repos, et à chacun sa méthode, à chacun son plan de bataille. Cette année, Rodolphe a 11,5 de moyenne ; pour lui, pas d'inquiétude particulière.

RODOLPHE : Quand c'est des textes, en fait, je fais deux heures ; après, je fais une petite pause, puis après je reprends une ou deux heures, ça dépend.

VOIX OFF : La veille du bac, il faut surtout penser à autre chose, plus facile à dire qu'à faire ! La baguette contre le stress : on oxygène comme on peut les neurones fatigués par des heures et des heures de révision. Pour les quelque 650 000 candidats au bac, la pression monte et, une fois de plus, la musique adoucit les révisions de dernière heure ? Respirer car, quel que soit le motif, se jeter à corps perdu dans les révisions la veille des épreuves n'est pas la meilleure des solutions. Bien des profs vous le diront !

UN PROFESSEUR : À partir du moment où on n'a pas travaillé régulièrement toute l'année, là euh... je conseillerais aux... aux lycéens qui ont eu cette attitude de continuer à aller, euh, regarder les matchs de tennis ou les matchs de foot. Pour les plus sérieux d'entre eux, par contre, faut peut-être commencer à se détendre un petit peu !

VOIX OFF : Pour cette dernière journée, donc, revoir ses fiches ou les survoler à la rigueur, mais surtout s'oxygéner l'esprit et faire un break car, de toute façon, les dés sont jetés !

Séquence 4

VOIX OFF : Tous avaient ce matin cette petite boule d'angoisse que des millions de candidats ont eue bien avant eux.

JOURNALISTE : Vous pouvez nous dire comment vous êtes, là ?

UNE JEUNE FILLE : Ben... très stressée, pas grand-chose à dire ! Là, je suis vraiment...

UN JEUNE HOMME : Y a le cœur qui bat un peu, on s'dit que ça va aller. On va faire ce qu'on peut faire quoi...

JOURNALISTE : C'est le stress, l'angoisse ?

LE JEUNE HOMME : Euh, jusqu'à maintenant, ça allait, mais juste devant l'école, on commence un peu... On va voir c'que ça donne.

VOIX OFF : L'art modifie-t-il notre rapport à la réalité ? Les sciences humaines pensent-elles l'homme comme un être prévisible ? Les quatre heures que dure l'épreuve ne seront pas de trop pour répondre à cette question sauf pour Ludovic, premier candidat à jeter l'éponge au bout d'une heure et demie.

LUDOVIC : Bon, la philo c'est pas ma spécialité. Donc, euh, j'ai fait ce que j'ai pu, puis, euh, voilà, j'en avais marre, j'suis sorti.

VOIX OFF : La philo, épreuve difficile ? À la sortie de la salle d'examen, les avis sont partagés.

JOURNALISTE : Alors ?

UN JEUNE HOMME : Alors, euh, premières impressions, ben ça s'est passé plutôt bien, bon, à priori, je pense que ça devrait bien se passer mais bon, on a toujours quelques doutes, quoi, voilà !

UNE JEUNE FILLE : Ça allait pas. J'ai pas pris tout mon temps, euh, j'arrivais pas à remplir ma feuille, euh, tant pis !

ORAL p. 105

1 Rythme et intonation

A Atteindre son but.

1 Allez, lance-toi ! Tu vas y arriver ! Ne baisse pas les bras ! Continue !
2 Tu n'y arriveras jamais ! À quoi bon ? D'abord, tu t'y prends mal ! Tu vois trop grand !
3 J'ai échoué ! Je ne suis pas arrivé à le faire ; pourtant, j'y croyais.
4 Je ne sais pas par quel bout commencer ; je n'y arriverai jamais !
5 Ça y est, j'ai réussi ! Mission accomplie ; mon but est atteint !

B Réagir après un examen.

1 Je crois que ça a marché et que je serai reçue. En tout cas, je n'ai pas envie de redoubler.
2 Je n'arrive pas à être sereine. Ce qui m'angoisse surtout, c'est le correcteur.
3 Les sujets n'étaient pas très difficiles, mais j'ai tout raté.
4 Je pense avoir réussi.
5 L'épreuve s'est bien passée mais les sujets n'étaient vraiment pas évidents.
6 Je suis contente de moi et surtout contente d'avoir fini !
7 Maintenant, il n'y a plus qu'à attendre les résultats !
8 En général, ça devrait aller ; au pire, j'irai au rattrapage !
9 On est tombé sur quelque chose qu'on n'attendait pas du tout ! C'est la cata !
10 Oh, je ne veux pas faire de pronostics !

2 Radio Reflets.

Cécile Caron a choisi d'interviewer un ancien élève d'une grande école d'électricité, Supélec, pour connaître son parcours.

CÉCILE CARON : Pierre, vous êtes actuellement directeur d'une entreprise de conseil en informatique, pourriez-vous nous parler de votre parcours ?

PIERRE : Oui, bien sûr. Après avoir obtenu mon bac S avec mention, je n'ai pas suivi le chemin classique de la classe préparatoire pour entrer à Supélec. J'ai passé un DUT (un diplôme universitaire de technologie), et, au bout de deux ans, j'ai pu intégrer Supélec en réussissant un concours, assez difficile d'ailleurs.

CÉCILE CARON : Comment se sont déroulées vos études ? Quelles étaient vos matières de prédilection ?

PIERRE : Eh bien, tout s'est déroulé sans accroc. Je me suis vite rendu compte que seuls les parfaits anglicistes étaient engagés. Alors, je me suis jeté à corps perdu dans l'anglais. Mais dès le départ, mes préférences se sont plutôt tournées vers l'utilisation de l'informatique.

CÉCILE CARON : Avez-vous effectué un troisième cycle ?

PIERRE : Non, j'ai estimé que c'était pas nécessaire. Pour moi, j'avais un bagage suffisant. Alors, je suis parti faire mon service militaire dans la marine.

CÉCILE CARON : Est-ce que le passage dans la vie active a été difficile ?

PIERRE : Vous savez, il y a quelques années, ce n'était pas difficile de trouver du travail avec un diplôme d'ingénieur en poche. J'ai envoyé une lettre dans une entreprise où je voulais travailler et ils m'ont aussitôt engagé.

CÉCILE CARON : Estimez-vous que vos études supérieures vous ont aidé dans votre métier ?

PIERRE : Écoutez, l'enseignement dans une grande école ne peut pas être du sur mesure. En fait, certaines matières ne m'ont pas du tout servi. En revanche, il y en a d'autres qui m'ont manqué, en particulier l'économie et la gestion. Alors, je pense qu'il faut apprendre sur le tas parce que maintenant les ingénieurs sont de plus en plus souvent confrontés à des problèmes qui touchent tous les domaines.

DOSSIER 9

VIDÉO p. 112-113

Séquence 1

FRANCK : Salut m'man !

LA MÈRE : Bonjour mon grand. Ça va ? T'as fait bon voyage ?

FRANCK : Ouais...

LA MÈRE : Tu dis pas bonjour à ton fils ?

FRANCK : Salut, p'pa.

LE PÈRE : Bonjour mon grand.

LA SŒUR : Allez papa, fais une autre tête ! Ça y est, il est là ton fils. Il fait la tête parce qu'il avait peur que tu rates ton train. Ah, tu sais qu'il s'arrange pas en vieillissant, hein ! Ça fait un mois qu'il arrête pas de nous parler de ton stage et ça fait une semaine qu'il répète à maman que tu viens trop à la dernière minute...

Séquence 2

LE PÈRE : Ah et puis demain, tu ramènes pas trop ta science avec le patron, hein. T'attends de voir ce qui veut et... t'es sérieux.

LE BEAU-FRÈRE : Ah, pas ramener ta science, ça va être difficile pour toi, non ?

FRANCK : Ç't'abruti, moi j'y suis pour rien si tu comprends rien à c'que j'te dis, moi.

LE BEAU-FRÈRE : Abruti, abruti, eh, ça va, eh.

LE PÈRE : Non, non, mais j'suis sérieux parce que là t'es plus face à un instituteur ou face à un professeur, hein, t'es au travail, t'es plus à l'école et il faut être sérieux.

FRANCK : Ça j'le..., ça je sais, t'inquiète pas, p'pa, c'est pas mon premier stage. En plus le rendez-vous, euh, au siège à Paris s'est très bien passé, donc, euh, a priori, y a pas de problème.

LE BEAU-FRÈRE : Oh vous inquiétez pas, on les entraîne à des entretiens beaucoup plus coriaces que ça, hein, c'est vrai, et puis c'est pas un petit patron d'une petite boîte de province qui va t'intimider, tout de même !

LE PÈRE : Oh, ben attends, petit patron, petit patron, il est ce qu'il est mais... bon, euh, on en a quand même besoin, hein...

FRANCK : Non mais c'est vrai papa, c'est qu'un stage.

LE PÈRE : Justement, ça se prépare. On y va pas les deux mains dans les poches.

FRANCK : Qu'est-ce tu crois, j'ai pas les deux mains dans les poches... Bon, voilà, t'as réussi, je... j'avais pas le trac, tu me l'as donné, donc j'espère que t'es content.

Séquence 3

LE PÈRE : Alors, ça y est, t'as quand même réussi à rentrer ? Eh ben v'là ma machine... Tu positionnes ta pièce, et là, là-bas, au fond, c'est la soudeuse, alors là, t'as un écrou qui descend qui se positionne tout seul, tu poses ta pièce par-dessus... et un gars bien entraîné sur cette machine il fait 700 pièces à l'heure...

LE CONTREMAÎTRE : Oh, Jean-Claude, t'es fatigué ou quoi, tu ralentis la cadence… Qu'est-ce que tu la ramènes, toi ? Travaille un peu, ça te changera ! S'il suffit de t'énerver pour que tu travailles plus vite, j'le ferai plus souvent !
FRANCK : Bon, ben moi, j'y vais !

Séquence 4
LE DRH : Bien, dites-moi… très joli parcours, c'est remarquable… en plus, le choix des ressources humaines me flatte, hein. Vous allez donc travailler sous ma responsabilité… ben, écoutez, bienvenue parmi nous, sincèrement, on est heureux de vous accueillir.
FRANCK : Écoutez, je vous remercie pour votre accueil.
LE DRH : Cela dit, euh, vous vous êtes choisi un sujet quand même assez délicat, il faut bien le reconnaître, parce que, excusez-moi, mais les 35 heures… ça va pas être évident…
FRANCK : J'ai pas peur.
LE DRH : Et puis, euh, vous connaissez quand même bien l'entreprise. On pourrait dire : plutôt de l'extérieur, peut-être.
FRANCK : Ben, c'est, c'est pour cette raison que j'ai choisi de faire mon stage ici. Comme vous vous en doutez, l'usine, ça symbolise énormément pour moi, puisque j'ai grandi on peut le dire un peu à l'ombre de l'entreprise ; mon père travaille chez vous depuis plus de trente ans, ma… ma sœur aujourd'hui, et puis enfant, ben, les vacances l'été, les colonies du comité d'entreprise, les cadeaux de Noël, euh…
LE DRH : Oui, bon, cela dit, aujourd'hui, vu de l'intérieur, c'est beaucoup moins rose que ça…
LE P-DG : Allons, allons, Chambon, commencez pas à l'effrayer avec vos histoires d'équilibre précaire…
LE DRH : Je vous présente Franck Verdot, monsieur Rouet, notre stagiaire.
LE P-DG : Restez assis, restez assis…
FRANCK : Bonjour, monsieur.
LE P-DG : Bonjour… j'vous ai peut-être interrompu là…
LE DRH : Ben écoutez, on entamait le dossier des 35 heures.
LE P-DG : Grand sujet, ça. Qu'est-ce que vous en pensez ?
FRANCK : Ce que j'en pense ?
LE P-DG : Oui, oui, j'aime bien que mes collaborateurs aient des convictions.
FRANCK : Ben écoutez, c'est un… c'est un vaste sujet… que l'on peut aborder en plus sous une multitude d'angles, d'un point de vue strictement économique ou… dans la perspective de progrès social…
LE P-DG : J'vous demande pas un exposé parce que je suis persuadé que vous avez toutes les compétences, dites-moi ce que vous en pensez, vous, personnellement.
FRANCK : C'est-à-dire que moi, j'ai pas envie de vous effrayer parce que je sais que beaucoup de chefs d'entreprise y sont très opposés…
LE P-DG : Soyez rassuré, aujourd'hui, il n'y a plus grand-chose qui nous fait peur !
FRANCK : Bien alors euh… ma conviction est que les 35 heures euh… sont un enjeu majeur parce que euh… j'espère que ça va permettre de remettre en question pas mal d'idées reçues dont beaucoup se sont accommodés un peu paresseusement.
LE DRH : Il y a un message là…
FRANCK : Non, non, du tout, et puis euh… j'espère aussi que les négociations autour du temps de travail permettront de… de… d'impliquer davantage les employés au sein de l'entreprise et ça, je trouve que c'est, euh… vraiment intéressant, de les responsabiliser.
LE DRH : Oui, mais vous vous doutez bien que ça va pas être évident à mettre en place… On va y laisser des plumes !
FRANCK : Mais attention, moi j'ai pas du tout dit que ça allait être simple ou évident. Il est sûr que l'organisation du temps de travail doit être repensée globalement. On travaillera moins, donc il faudra travailler mieux. Moi, je vois ça comme un défi, comme un challenge, et j'le trouve d'autant plus excitant, que justement, c'est pas gagné d'avance.
LE P-DG : Eh bien c'est parfait, nous allons gagner ça ensemble !

Séquence 5
L'OUVRIER : J't'offre un verre ?
FRANCK : Ouais, j'veux bien, merci.
L'OUVRIER : Alors, qu'est-ce que tu vas faire maintenant ?
FRANCK : Je prends le train demain. Je rentre à Paris.
L'OUVRIER : C'est bien. T'as mieux à faire. Tu vas pas moisir ici, ta place, elle est pas dans ce trou.
FRANCK : Et toi, quand est-ce que tu pars ? Elle est où ta place ?

Une page d'histoire p. 118
Rue des entrepreneurs, 22 janvier 2000, France Inter.
JOURNALISTE : Daniel Cohen, il y a eu la société agraire, et puis, il y a deux siècles, il y a eu la révolution industrielle ; l'arrivée de l'électricité et des transports rapides il y a un siècle ont marqué un virage essentiel dans la prolétarisation, et puis, aujourd'hui, il y a ce qu'on appelle « la net économie », le triomphe, la révolution des nouvelles technologies de la communication. Alors, avec leurs conséquences sur la perception que l'on a du travail, à quand, Daniel Cohen, la prochaine révolution du travail ?
DANIEL COHEN : Si l'histoire suit son… son balancier habituel, la prochaine crise sera dans un siècle parce que c'est tous les siècles, toutes les fins de siècle qu'on a des révolutions comme celles-là. On a eu une grande révolution à la fin du XVIIIe siècle, celle qui a fait sortir les paysans de leur campagne, une grande révolution à la fin du XIXe siècle qui a fait rentrer lesdits paysans dans les usines, une révolution maintenant qui, de fait, remet en question les conditions de travail, on va dire des employés pour simplifier.
JOURNALISTE : Est-ce que cette valeur-travail euh… est… a continué à exister quelles que soient les périodes, Daniel Cohen ?
DANIEL COHEN : Bien, j'ai envie de dire « ça dépend pour qui », euh si on prend les ouvriers, en fait, aujourd'hui que le travail ouvrier a été complètement repensé et que… il n'y a plus aujourd'hui une figure ouvrière aussi canonique que celle qu'on a connue dans les années 50 et 60, on peut dire, que pour les ouvriers, c'est tout un monde qui a disparu et ce qu'on découvre aujourd'hui c'est que, dans les années 50-60 ou avant, une véritable culture ouvrière s'était créée dans ces usines Ford, Renault, dont on pensait qu'elles n'étaient que l'abêtissement de l'homme devant la machine. On a compris qu'en effet les hommes avaient construit un horizon, un horizon d'attente, euh, qui leur permettait non seulement de survivre mais qui leur permettait d'exister, je dirais, comme individus. Bon… ce monde-là leur a été retiré et, pour eux, c'est évidemment une désillusion tragique puisqu'ils ont été privés d'un monde et on ne leur a pas offert à ces ouvriers un monde de substitution. Et ça, c'est la tragédie de notre époque, c'est ce qui fait qu'elle est aussi dure, c'est ce qui fait qu'elle a vu se multiplier les sources d'exclusion, de… de… de… de marginalisation de… de… de… de toutes sortes de… de personnes, de tout un segment, le segment le plus vulnérable de la population.

Oral p. 119
1 Rythme et intonation : prise de contact.
Bonjour madame. Je me présente, Pauline Lagrange. Je souhaite parler à monsieur Roux. Je suis réceptionniste de profession. Je voudrais rencontrer M. Roux. J'ai besoin de son avis, quand pourrais-je le rencontrer ? Vous êtes sa secrétaire ? Pouvez-vous m'aider ?

2 Situation vécue.
1 1 a J'ai travaillé dans l'entreprise Buffon.
b J'ai été licencié de l'entreprise Buffon.
2 a Vous avez dû recevoir mon courrier.
b Je vous ai déjà envoyé mon CV avec ma lettre.
3 a Je n'ai fait que des stages.
b J'ai quelques expériences.
4 a Je viens de terminer mes études.
b Je suis diplômé de Supélec.
5 a Je connais Word et Excel.
b Je ne connais pas ce logiciel.
6 a Il y a longtemps que je ne l'ai pas pratiqué.
b J'ai eu l'occasion de le pratiquer.
7 a J'ai préféré évoluer dans un autre contexte.
b Je ne me plaisais pas dans cette entreprise.
8 a Je n'étais pas assez payé.
b J'avais besoin de progresser.

2 1 a Je ne sais pas.
b Je ne suis pas sûr.
c Avez-vous une autre possibilité ?
2 a Je vais essayer.
b Je suis prêt à me former.
c Je ne sais pas si j'en suis capable.
3 a Je ne pourrai pas.
b Je suis disponible à partir de septembre.
c Je ne suis pas disponible avant septembre.

3 Jeux de rôles : un entretien d'embauche.
M. PELLETIER : Madame, en quoi avez-vous le savoir-faire pour ce poste ? Qu'est-ce qui vous plaît dans cette fonction ?
CHRISTINE : Eh bien, j'aime bien le contact avec la clientèle. Je pense l'avoir montré au cours de mes expériences précédentes. Quand j'étais équipière de restauration rapide par exemple, j'ai tenu la caisse. Mais bien sûr, ce que j'aimais le plus, c'était d'animer les anniversaires, d'accueillir les enfants, de les prendre en charge, d'organiser des jeux et des activités.
M. PELLETIER : Bien. Et vous avez occupé ce poste pendant combien de temps ?
CHRISTINE : Juste un an… Juste un an la première année quand j'ai obtenu mon BTS d'hôtellerie et de tourisme.
M. PELLETIER : D'accord. Vous avez eu une autre expérience professionnelle ?
CHRISTINE : Ah oui, oui l'année suivante, j'ai fait un travail qui se rapproche davantage de celui que vous offrez. J'ai effectivement été agent de voyages : j'étais chargée de l'accueil clientèle. Je devais donner des renseignements par téléphone, présenter des brochures, proposer des prestations touristiques et faire les réservations.

M. Pelletier : Et pourquoi avez-vous quitté cet emploi ?
Christine : Parce que mon mari a été muté dans une autre ville, sinon je ne serais pas partie.
M. Pelletier : Bon. Êtes-vous prête à accepter les exigences de ce poste ? Vous aurez à vous déplacer fréquemment à l'étranger, les horaires aussi sont très contraignants, il faut que vous soyez très disponible.
Christine : Ça ne me fait pas peur, au contraire ! J'aime les défis et j'ai besoin de réussir. Et puis, j'ai vraiment envie d'élargir mes compétences.
M. Pelletier : Bon. Quelles langues étrangères maîtrisez-vous ? Quel est votre niveau ?
Christine : En anglais, j'ai un très bon niveau. J'ai fait plusieurs séjours à Londres. Et j'ai obtenu 850 points au TOEIC. En espagnol, je suis capable d'avoir une conversation courante. Je suis allée plusieurs fois en Espagne. Et puis, en italien, je suis tout à fait capable de me débrouiller. C'était ma troisième langue au lycée. Je l'ai moins approfondie. Mais, finalement, j'ai suffisamment d'entraînement pour pouvoir communiquer avec un Italien dans une agence.
M. Pelletier : Bien. Quelles sont, selon vous, les qualités essentielles pour réussir ?
Christine : D'après ce que je comprends, c'est la disponibilité, la faculté de s'adapter à n'importe quelles situations, le dynamisme, le sens des responsabilités et l'envie de réussir.
M. Pelletier : Très bien. Je vous remercie, madame.
Christine : Avez-vous… avez-vous sur mes compétences des doutes que je pourrais éclaircir ?
M. Pelletier : Non, ça va, votre CV est très détaillé. Je vous en félicite.
Christine : Merci. Dans combien de temps pensez-vous prendre une décision à mon sujet ?
M. Pelletier : Écoutez, je vous appellerai d'ici deux ou trois jours.
Christine : Très bien.

4 Radio Reflets.

Cécile Caron a fait une enquête sociologique pour savoir si le travail est une composante essentielle du bonheur.

1 Pour 27 % des Français, le travail est une composante essentielle du bonheur. Ce sont les personnes qui ont les rémunérations les plus faibles, les conditions de travail les plus pénibles, mais aussi le risque de chômage le plus élevé qui y sont le plus attachées. 43 % des ouvriers contre 27 % des chefs d'entreprise, cadres et professions libérales.
2 Malgré les difficultés pour obtenir un emploi, le travail reste une valeur centrale pour les jeunes. Clé de l'indépendance financière et familiale, condition d'existence sociale, il est aussi pour eux un moyen de s'accomplir. Les jeunes femmes se montrent plus exigeantes que les hommes, car le travail est pour elles un facteur plus récent de réalisation personnelle. En effet, entre 1960 et 1990, le nombre des femmes actives a augmenté de 4,3 millions contre moins d'un million pour les hommes et, aujourd'hui, environ 48 % des femmes de plus de 15 ans sont actives…
3 Pour leurs perspectives d'emploi, les jeunes ne privilégient plus la grande entreprise. Ils préfèrent les petites structures dynamiques qui autorisent une plus grande autonomie. Dans le choix d'un métier, ils font entrer aujourd'hui une autre dimension que la nature de la tâche ou la rémunération : les conditions dans lesquelles il s'exerce, la liberté qu'il laisse et les gens qu'il permet de rencontrer.

DOSSIER 10
Vidéo p. 126-127
Document 1
Séquence 1
« Augmentez nos salaires de misère. »
Voix off : Les slogans ont changé mais certaines banderoles étaient déjà dans la rue jeudi pour défendre les retraites. Aujourd'hui, les fonctionnaires défilent à leur tour pour les salaires : infirmières, enseignants, policiers. Objectif : reprendre les négociations interrompues avec Michel Sapin, le ministre de la Fonction publique.
À ces revendications salariales communes, viennent se greffer des doléances particulières. Ici, les infirmières anesthésistes défendent la reconnaissance de leurs diplômes, là, les policiers demandent des effectifs, et les enseignants plus de considération.

Séquence 2
Voix off : Ils sont tous là : ouvriers, techniciens, personnel administratif, personnel soignant. Tous travaillent dans les hôpitaux et aimeraient voir leurs statuts valorisés. Depuis cet automne, ils négocient avec le ministre de l'Emploi pour améliorer leurs perspectives de carrière mais, selon eux, les résultats tardent à voir le jour.

Manifestant : Une infirmière commence à 8 500 F en début de carrière, elle termine à 13 000 F au bout de vingt ans de carrière. À quarante-deux ans, elle a terminé, donc ce qui fait qu'il lui reste quinze à vingt ans à travailler sans aucune évolution et ça, ça pose un vrai problème et c'est pas que le cas des infirmières, c'est le cas de tous les personnels qui sont dans cette situation…

Séquence 3
Voix off : Un chasseur qui manifeste, c'est avant tout un électeur. Ils étaient 8 à 10 000 à Bordeaux pour tenter de faire pression sur les hommes politiques. Jean Saint-Josse était là ; le leader de Chasse, Pêche, Nature et Traditions est venu fustiger les députés qui ont voté en faveur du projet de loi sur la chasse de Dominique Voynet.
Jean Saint-Josse : La détermination qui est la nôtre aujourd'hui, c'est de rappeler aux élus politiques que, quand on dit blanc, on fait blanc, quand on dit blanc, on ne fait pas noir, que les promesses d'avant élection on n'en veut plus, que les promesses doivent être tenues.
Voix off : Car les chasseurs ont pris comme une trahison l'introduction dans le projet de loi d'un jour de non-chasse et contestent les dates fixées pour la chasse aux oiseaux migrateurs. Ils espèrent que ces deux points seront modifiés lorsque le texte passera au Sénat.

Document 2
Séquence 4
Médecins sans frontières, bonjour.
Voix off : MSF prix Nobel de la paix, ici, personne ne voulait y penser. La surprise est totale et fait chaud au cœur.
Bénévole de MSF : C'est… c'est la concrétisation d'un travail de vingt-huit ans, je crois. C'est surtout, euh, ce prix Nobel, c'est aussi pour tous les gens qui sont sur le terrain… tous les volontaires qui sont en train de travailler sur le terrain avec les populations.
Journaliste : Et le terrain, pas question de l'oublier aujourd'hui. Anna part d'ailleurs comme prévu dans quelques heures pour la Géorgie.
Anna : Je viens de l'apprendre il y a quelques minutes juste en arrivant et je pense que c'est génial, absolument génial.
Voix off : Dans les étages du siège parisien de MSF, la cohue se densifie à l'arrivée de Philippe Biberson, l'actuel président de MSF.
Philippe Biberson : J'espère que ce prix Nobel de la paix récompense bien la reconnaissance d'un humanitaire civil, totalement indépendant des influences politiques et militaires, d'un humanitaire de nous tous, d'un humanitaire de révolte contre l'injustice et la persécution.
Voix off : Face à la souffrance, un prix Nobel est un encouragement, pas un aboutissement, ces paroles vont droit au cœur de tous les membres de MSF.

Séquence 5
Voix off : Absence d'eau, conflit armé, économie en récession, tout est en place pour craindre le pire cette année en Éthiopie. À moins, à moins que la communauté internationale se mobilise. Cette communauté internationale, la voilà justement qui débarque cet après-midi sous les traits de Catherine Bertini, responsable du programme alimentaire mondial et envoyée spéciale du secrétaire général de l'ONU dans la corne de l'Afrique.
Ces humanitaires qui chaque année bataillent pour obtenir l'argent nécessaire pour aider des pays comme l'Éthiopie et qui comptent bien cette année profiter de cette exposition médiatique pour y parvenir.
Les Français ne sont pas en reste. Un avion cargo a livré à Goba la moitié d'une aide d'urgence de l'organisation Action contre la faim, 36 tonnes au total, une goutte d'eau. Pour l'Éthiopie le déficit alimentaire est estimé cette année à 800 000 tonnes.

Oral p. 133

1 Rythme et intonation.
Bernadette : Quelle plus belle récompense auraient pu recevoir les Médecins sans frontières ? ! Je vous fais les 10 000 bravos que vous méritez. Je ne tarirai jamais assez d'éloges sur vous… Encore bravo !
Véronique : Je suis étudiante en médecine, et je m'intéresse particulièrement à votre organisation. Je crois que le prix qui vous a été attribué est la juste récompense pour vos efforts et je vous souhaite de tout cœur de continuer sur cette lancée. Encore une fois, félicitations !
Laurent : Eh bien voici une récompense bien méritée ! Je tiens à vous féliciter pour votre courage, votre bravoure et votre sang-froid. Vous savez, j'admire cette détermination et cette volonté qui sont les vôtres. Merci, merci pour toutes ces vies sauvées de par le monde.
Léo : Même si MSF mérite beaucoup plus que le Nobel, ça fait vraiment plaisir de voir que tout le monde n'a pas encore complètement oublié les nobles causes.
Aurélie : Quelle belle récompense pour votre engagement ! Nous sommes très heureux pour vous et nous vous félicitons très chaleureusement. Mais malheureusement, le combat n'est pas fini. C'est pour la suite que nous vous souhaitons beaucoup de force et de réussite. Bon courage et bonne continuation !

VINCENT : Je voudrais vous dire que j'admire votre travail, parce que c'est un travail très difficile. Chapeau et bonne chance pour l'avenir !

2 Radio Reflets.

Les copropriétaires d'un petit immeuble sont effrayés par le projet de construction d'un immeuble d'habitation à la place d'un atelier qu'ils considèrent comme appartenant au patrimoine urbain.
Pour les aider à constituer une association, Cécile Caron s'est renseignée sur les démarches à effectuer.

1 CÉCILE CARON : Il m'a fallu me rendre à la préfecture de police pour prendre les informations nécessaires, parce que c'est le cabinet du préfet qui enregistre ces inscriptions.
En réalité, c'est assez simple. La loi du 1er juillet 1901 permet à quiconque de se constituer en association, à partir du moment où aucun but commercial n'est poursuivi. Une fois les papiers remplis et le dossier constitué, il faut obligatoirement faire publier la déclaration de constitution d'association au Journal officiel. Après quoi, vous êtes enregistrés à la préfecture.
2 CÉCILE CARON : La déclaration de constitution d'association doit mentionner le titre de l'association, son objet et la liste des personnes chargées de son administration et de sa direction.
Le conseil d'administration doit être constitué au moins d'un président, d'un vice-président, d'un secrétaire et d'un trésorier. Il faut ensuite rédiger des statuts, dans lesquels vous devez désigner les membres actifs, préciser la qualité des personnes susceptibles d'adhérer à l'association et fixer la fréquence des réunions de l'assemblée générale. On doit évidemment présenter les objectifs de l'association et les éventuels cas de radiation des membres pour faute grave. On peut faire apparaître les raisons et les modalités de dissolution de l'association.

3 Situation vécue.

France Inter, *Alter Ego*, mars 2000.
Émission sur la solidarité.

Séquence 1

PATRICIA MARTIN : Bonjour, Martine Aubry.
MARTINE AUBRY : Bonjour.
PATRICIA MARTIN : Je voudrais que vous nous disiez un mot pour commencer, si vous le voulez bien, de… de ce livre qui est un… un travail commun, en fait. *C'est quoi la solidarité ?* c'est le titre de ce livre que publie Albin Michel…
MARTINE AUBRY : Oui, euh, Albin Michel m'a proposé effectivement dans cette collection où il y a déjà *C'est quoi la politique ?* de préparer ce petit livre *C'est quoi la solidarité ?*. Alors, dans un premier temps, il s'agissait plutôt de répondre à des questions, euh, d'enfants et j'avais choisi, euh, une classe de CM2, euh, d'un quartier, euh, pas très facile, à Lille. Et puis finalement, euh, ben, ce livre, c'est un livre que nous avons fait ensemble avec les enfants puisque ils ont autant parlé que moi et ils ont apporté des témoignages, euh, souvent graves d'ailleurs, parfois drôles, euh, et donc c'est… « notre livre », comme ils disent.
PATRICIA MARTIN : Ce quartier dans lequel ils vivent, ça ressemble un petit peu… avec ces… ces immeubles en briques rouges, beaucoup de gens… au chômage qui vivent d'allocations, qui vivent souvent du RMI qui n'ont rien d'autre.
MARTINE AUBRY : Oui, alors c'est un quartier qui est à la fois… ce que vous dites et qui est en même temps un quartier assez beau parce qu'il y a pas mal d'espaces verts, parce que les habitants, euh, se prennent vraiment en main, euh, et donc, euh, il y a beaucoup d'associations qui s'y sont installées. Mais c'est vrai que la plupart de ces enfants, euh, ont des parents qui sont au chômage, euh, souvent vivant de minima sociaux et puis il y a des situations très douloureuses dont ils m'ont beaucoup parlé, c'est un… un quartier à cet égard difficile, plus difficile d'ailleurs par, euh, par la… la douleur, par la… la misère des gens que par la violence ou autre car c'est pas… ce n'est pas vraiment cela la question.

Séquence 2

MARTINE AUBRY : Alors on a essayé de partir de… de… de situations quotidiennes pour eux, c'est-à-dire, euh, leur… leur montrer que tout le monde peut être solidaire, parce qu'ils avaient une grande inquiétude, c'est que, pour eux, la solidarité, c'étaient des gens qui payaient des impôts et de « nos parents payent pas d'impôts, donc y peuvent pas en payer puisque on est pauvre, on peut pas être solidaire ». Et ça… ça a été vraiment une espèce d'inquiétude qu'ils ont eue dès le départ. Donc, leur dire d'abord que leurs parents payaient des impôts, mais que, au-delà de ça, la solidarité ce n'était pas seulement et ça ne passe pas seulement par l'argent, que ça passe aussi, euh, par l'aide à une personne âgée, par, euh, une discussion justement avec un sans domicile fixe, et pas seulement par une pièce qui peut lui être apportée, euh, je crois que c'était l'essentiel du travail nous avons eu, dans un premier temps, on a appréhendé de manière très… très concrète cette notion que… qui avait un caractère effectivement au départ, euh, un peu abstrait et ils ont été, euh, ben, ils ont beaucoup apporté d'exemples et, euh, assez vite on est arrivés à l'organisation effectivement de la solidarité au niveau d'un pays comme le nôtre, par

l'État, par la Sécurité sociale, mais aussi en insistant beaucoup sur le rôle des associations qu'ils connaissent bien, puisque nous avons la chance d'avoir dans le Nord, et en particulier à Lille, d'avoir un réseau associatif formidable.

DOSSIER 11

VIDÉO **p. 138-139**

Séquence 1

CLAUDE SÉRILLON : Pour prolonger cette histoire de l'immigration à Paris et en région Île-de-France, Caroline Glorion et Jean-Louis Normandin sont retournés à la Plaine Saint-Denis, là où, en 1960, le cinéaste Édouard Luntz réalisait *Les Enfants des courants d'air*… Nous avons retrouvé quatre de ces enfants, ce sont quatre adultes maintenant, dont les parcours sont exemplaires des difficultés mais aussi des réussites du processus d'intégration.
ACHOUR : On était les maîtres ici, c'était à nous, les rails, c'était aux enfants…
ALI : Personne pensait surtout… les trains, on s'accrochait dessus nous…
JEAN-LUC : Et puis, quand on… quand on voyait un train qu'arrivait… les… les trains industriels qui transportaient les produits industriels, hop, on s'cachait et puis on s'accrochait derrière le train puis, pfuit, ça nous faisait un petit voyage.
JOURNALISTE : Et qu'est-ce que vous êtes devenus ?
ACHOUR : Moi j'travaille dans le centre de Saint-Denis, j'habite chez les cadres de Saint-Denis.
ALI : Moi j'habite toujours à Saint-Denis aussi… J'ai pas quitté pour ainsi dire le quartier et puis… j'travaille dans le bâtiment.
JEAN-LUC : Ben moi j'suis devenu prof, prof de technologie dans la banlieue, euh… dans la banlieue parisienne, pas la même banlieue qu'ici, la banlieue versaillaise.
ALAIN : Moi j'suis resté, euh, pas très éloigné de ce quartier puisque j'habite dans… le pavillonnaire à Saint-Denis. J'suis devenu, et bien… fonctionnaire, euh, fonctionnaire quoi, titulaire, conseiller d'éducation. Je travaille pour l'État français ; je garde toujours des attaches, euh, dans ce quartier, quartier plein de nostalgie parfois, quartier où j'ai vécu mon enfance…
JOURNALISTE : Achour Boubaker, Ali Gébriou sont kabyles. Jean-Luc Nuevo espagnol, Alain Sergio portugais. Amis d'enfance, ils grandissent à la Plaine Saint-Denis dans la banlieue parisienne. En 1960, Édouard Luntz réalise un film dans le quartier Cristino Garcia et le bidonville du Cornillon tout proche, il raconte la vie quotidienne de ceux qu'il appelle les « enfants des courants d'air ».
Dans ce quartier, dans la majorité des Espagnols arrivent d'une région très pauvre, au sud de Madrid, l'Estramadura. Ils débarquent à la Plaine Saint-Denis, retrouvent un membre de leur famille, un cousin ou un voisin du village. Les enfants vivent entre eux dans le quartier, ils ont peu de contacts avec les Français, à la maison on parle la langue d'origine, à l'école c'est différent, ils apprennent le français, les maths, l'instruction civique, la culture française en bloc.

Séquence 2

JOURNALISTE : À l'époque, on ne parle pas encore d'intégration et pourtant elle se fait en douceur. Dans ce quartier de la Plaine, les enfants vivent comme protégés des regards curieux ou racistes. Même si les parents parlent peu le français, ils ont du travail et c'est l'essentiel.
Les ruelles n'ont pas changé, les balcons non plus. Certains habitants n'ont jamais bougé d'ici, ils sont rares car la plupart des familles d'immigrés de l'époque ont quitté la Plaine pour aller vivre en HLM à la cité des Franmoisins ou dans le centre de Saint-Denis.
C'est le cas d'Achour Boubaker. Après une formation de plombier-chauffagiste, il passe un concours à la mairie de Saint-Denis : il devient projectionniste. Il n'a pas oublié les brimades qu'ont subies ses parents qui s'exprimaient avec difficulté dans les administrations. Il n'a pas oublié non plus le courage de sa mère qui a toujours travaillé et élevé ses dix enfants.
JOURNALISTE : Vous vous sentez intégré maintenant ?
ACHOUR : Ah, je m'sens intégré une partie de la journée, l'autre partie, non. C'matin j'étais pas intégré pasque j'ai réécouté de la musique, euh, arabe, kabyle, hein, et bon, après… une fois que j'suis sorti, je suis retombé dans… bon… j'ai, j'ai des cop… bon, les gens, c'est vrai que, maintenant, moi, Achour, euh, c'est pas forcément, euh, un Arabe, c'est, euh, c'est Achour projectionniste à l'écran, euh, Achour untel avec qui on a bu un verre, ou on… ou on est sorti ensemble, mais c'est, c'est pas, c'est pas quand même pour tout le monde Achour simplement, c'est, c'est Achour, euh, aussi, j'suis kabyle, quoi, y a rien à faire. Puis je veux pas changer de toute façon, je veux pas changer.
JOURNALISTE : Fils d'un militant des jeunesses libertaires espagnoles, Jean-Luc Nuevo commence à travailler très jeune. À vingt-deux ans, il quitte l'usine, les petits boulots, l'intérim et passe son bac en candidat libre. Il profite d'une formation interne à l'Éducation nationale et devient prof de technologie. Marié et père de deux enfants, il enseigne dans un collège près de Versailles, une banlieue sans problèmes et pourtant…

Transcriptions

JEAN-LUC : Quand y a des… des réflexions d'élèves entre eux, euh, des réflexions racistes, j'arrête… j'arrête tout de suite le cours et puis nous… moi l'ayant… l'ayant subi, euh, étant gamin, euh, pour moi, c'est insupportable, donc moi j'arrête tout de suite. Puis j'leur explique… j'leur explique que bon, euh, c'est pas parce qu'on est immigré qu'on a… que c'est… c'est une chance qu'ils ont d'avoir un camarade immigré et, euh, faut qu'ils saisissent leur chance ; si, par exemple, c'est un… c'est pas… c'est un Algérien, euh, au lieu de le rejeter, ben, ils feraient mieux de s'intéresser à sa culture. Si c'est un Espagnol ou un petit Portugais, c'est pareil. Et… alors j'espère que… j'espère que ça passe, j'espère qu'ils comprennent, mais, bon, euh…
JOURNALISTE : Qu'est-ce que ça te rappelle ?
JEAN-LUC : Ben en… quand j'étais gamin, hein, quand j'étais gamin. C'était pas journalier, c'était pas continu mais… ça arrivait… ça arrivait.
JOURNALISTE : C'était quoi, par exemple ?
JEAN-LUC : Ben, euh, « sale Espagnol », euh, par exemple quand mes parents sont allés habiter rue des… rue des… quand ils ont aménagé, ben, y avait des… y avait des locataires, des femmes qu'habitaient dans les appartements qui ont attendu ma mère pour le… pour lui mettre une raclée… parce qu'elle était espagnole.

INFOS p. 140

1 Le nombre d'étrangers en France.
Vrai ou faux ?
1 Lors du dernier recensement, le nombre d'étrangers en France s'élevait à 4 millions de personnes, soit 7 % de la population. Parmi eux, 700 000 sont nés en France.
2 On estime qu'une part supplémentaire d'immigrés est constituée par des clandestins. Le chiffre, impossible à évaluer, varie entre 300 000 et un million de personnes.
3 Les étrangers se répartissent de manière inégale sur le territoire français : leur proportion est faible dans l'Ouest et dans les communes rurales.
4 Elle est très élevée en Île-de-France où sont concentrés près de 40 % d'entre eux, plus que dans le midi de la France.
5 La part de la population étrangère de la France se situe dans la moyenne européenne. Elle est inférieure à celle du Luxembourg, de la Belgique et de l'Allemagne, mais très supérieure à celle de la Grèce (0,7 %) du Portugal (0,6 %) ou de l'Espagne (0,3 %).
6 Cette population est à peu près stable depuis 1975 (date de la « fermeture des frontières »), puisqu'elle n'a progressé que de 4 000 personnes par an et qu'en pourcentage elle n'est pas plus élevée qu'en 1930.
7 Selon le droit du sol, tout étranger né en France peut obtenir la nationalité française s'il satisfait à certaines conditions.
8 Près de 10 millions de Français ont au moins un parent ou un grand-parent né hors de France.

ORAL p. 145

1 Rythme et intonation.
1 Le grand, grand problème, c'est moi-même !
2 Ça m'énerve !
3 Elle déteste cuisiner.
4 Je ne vois pas ce qu'il y a de choquant !
5 Je partage entièrement votre point de vue, mais…
6 C'est donc tout à fait normal.
7 Alors moi, je ne suis pas d'accord du tout !
8 Je ne peux pas aller dans le même sens que vous, quand même !
9 Vous prenez un exemple extrême.
10 C'est un peu de la provocation.
11 Il est clair que cela doit s'arrêter là !

2 Situation vécue : un couple mixte.
1 Je l'aime et lui il m'aime aussi… C'est pas tout à fait moi qui avais choisi, mais mon fiancé ne veut pas habiter au Brésil, donc, comme je l'aime, j'ai dû venir ici et m'habituer ici… Pour l'instant, c'est très difficile mais… c'est moins difficile que le premier… la… la première année que j'étais là…
2 Euh… parler avec les gens, j'ai… j'ai beaucoup de difficultés parce que j'ai toujours… je… je… je pense à la grammaire, comme il faut placer les mots, si c'est féminin, c'est masculin, donc ça… ça m'énerve… C'est aussi la relation avec les gens parce que je trouve les gens ici très fermés, et, euh, ils ne sont pas ouvertes, ils ne sont pas ouverts aux étrangers, je crois qu'ils n'aiment pas les étrangers ici, je sais pas… Mais le grand, grand problème, c'est… c'est… c'est moi-même, c'est… c'est le vocabulaire, c'est la langue en fait…
3 Euh, je sais que je peux, mais je crois pas que je vais le… la prendre. Je ne sais pas, je ne veux pas, je veux garder ma nationalité et parce que comme j'aurai des enfants je veux aussi qu'ils soient brésiliens donc, je ne veux pas changer… je ne sais pas, peut-être à cause du… d'un travail, je pourrais changer, mais ce n'est pas ce que je veux. Je veux parler en portugais avec eux tout le temps parce que bien sûr ils vont passer leurs vacances chez mes parents là-bas au Brésil, donc… comment ils vont parler ? Mes parents ne parlent pas anglais, ne parlent pas français donc…
4 Il y a quelques différences mais… pas une grande différence, non, euh, bon, moi je donne valeur à certaines choses et lui non et je vois que les Français ne donnent pas les valeurs… les mêmes valeurs que je donne à quelque chose. Moi je donne beaucoup de valeur euh, comment je peux dire… par rapport à la nourriture…
5 Non ! Non au début, j'ai eu beaucoup de difficultés parce que moi je ne savais pas qu'est-ce que c'était, il y a… il y a des choses différentes et… des choses différentes, ici, euh, des légumes un peu différents que j'ai jamais faits chez moi… tout ça, mais j'ai dû me débrouiller toute seule parce que moi j'ai demandé à mon fiancé, il ne savait pas les choses, il con… il ne connaît pas les choses, et, euh, j'ai demandé à ma future, euh, belle-mère, elle ne savait non plus parce qu'elle déteste cuisiner, donc j'ai dû me débrouiller toute seule…

3 Radio Reflets.

Séquence 1
Écoutez Cécile Caron animer une table ronde sur une proposition de loi faite par l'Assemblée nationale en faveur du vote des étrangers.

CÉCILE CARON : Bonsoir. L'objet de notre table ronde porte sur le droit de vote des étrangers hors communauté européenne aux élections municipales. La proposition de loi était d'accorder ce droit à toute personne étrangère non ressortissante de l'Union européenne, vivant sur le sol français selon le principe « même sol, mêmes droits, même voix ». Nos trois invités ont des positions très diverses. Qui veut prendre la parole ?
ROGER : Il me semble que, pour voter, il faut être français, c'est tout. Il ne faut pas rentrer dans des discussions où il y aurait différentes citoyennetés. Alors, pour toutes les élections, il faut être français. Les gens qui veulent participer à la vie locale, s'ils veulent voter, ils demandent la nationalité. Je ne vois pas ce qu'il y a de choquant !
MARYSE : C'est vrai, je partage entièrement votre point de vue. Mais il faut distinguer deux choses. D'une part, les Européens qui peuvent voter en France parce qu'un Français peut également voter dans un pays de l'Europe selon les lois de la communauté. C'est donc tout à fait normal qu'un Européen puisse voter en France sans être français. En revanche, pour les autres étrangers, ils peuvent se naturaliser s'ils veulent voter.
THIERRY : Moi, alors là, je ne suis pas d'accord du tout ! Est-ce que vous trouvez normal que quelqu'un qui vit et travaille en France depuis parfois plus de trente ans n'ait pas le droit de participer à la vie de sa cité ? De son quartier ? Alors qu'un Européen qui vit depuis six mois en France a le droit, lui, d'intervenir directement dans les institutions locales ?
ROGER : Vous prenez un exemple extrême ! C'est un peu de la provocation ce que vous dites ! Et je vous ferai remarquer qu'il n'y a pas à discuter le vote des ressortissants de la Communauté. Ce sont des droits acquis déjà depuis quelques années.
THIERRY : Je ne les remets pas en cause mais vous voyez bien que ce n'est pas normal. C'est pourquoi, je suis en faveur de cette loi qui permettrait à tout résident étranger, quel qu'il soit, d'être un citoyen à part entière.
MARYSE : Je vous demande pardon, je ne peux pas aller dans votre sens, quand même. Pour moi, le droit de vote doit être lié à la nationalité. La Constitution française a prévu que seul un Français par nationalité pouvait voter. Ce principe a été modifié par les traités européens mais il est clair que cela doit s'arrêter là.
CÉCILE CARON : Nous allons peut-être demander à Nadia, qui est née en France mais qui a gardé sa nationalité d'origine, ce qu'elle en pense.
NADIA : Bien qu'étant d'origine algérienne, je travaille et je vis en France depuis toujours. Le droit du sol m'autorisait à prendre la nationalité française mais, par fidélité à mes racines, je reste algérienne. Pourtant, j'estime être assez intégrée au pays où je vis pour pouvoir participer aux décisions qui concernent mon cadre de vie et l'organisation sociale en général. Et je me sentirais encore plus intégrée si je pouvais voter aux élections municipales au moins.

Séquence 2
CÉCILE CARON : Merci beaucoup, mesdames et messieurs, il faut en effet rappeler que, dans un sondage publié en novembre 1999, 52 % se disaient entièrement favorables au vote des immigrés, et c'est d'ailleurs sous la pression de l'opinion publique que certains partis ont présenté, ce mardi 2 mai 2000, ce projet de loi à l'Assemblée nationale. La plupart des pays européens accordent le droit de vote aux étrangers sous condition de six mois à cinq ans de résidence selon les pays, sauf l'Autriche, le Luxembourg, la Grèce et la France.

DOSSIER 12

VIDÉO p. 152-153

Séquence 1
HO : Moi, je suis né en France, donc en 73 ; mes parents étaient venus pour étudier les beaux-arts, et se sont rencontrés en France, à Paris, et donc ils ont continué à vivre en France ; ça fait plus de trente ans qu'ils vivent en France, et je suis né donc à Paris dans le 12e ; j'ai fait toutes mes études en France, à Paris, et actuellement j'ai un travail de journaliste, euh, dans la presse spécialisée.
NEL : Je n'ai pas vraiment beaucoup… beaucoup de contacts avec les Français, mais c'est bon si je suis là, mais, par exemple, dans le

bâtiment où j'habite, je me sens totalement bienvenue, et les voisins me connaissent, je me sens très à l'aise, c'est moi qui arrose toutes les plantes si ils sont partis pour le week-end, comme beaucoup de Français, donc, dans le quartier, bien sûr, je n'ai pas du tout... pas du tout de problèmes avec les Français.

ALESSANDRA : J'ai quitté mon travail pour venir vivre à Paris avec mon fiancé. Et le changement a été très grand et très difficile en effet parce que, en Angleterre, où j'habitais, j'étais très indépendante. Je suis italienne, je parle italien, ça c'est clair, mais je suis aussi de langue maternelle anglaise... maintenant, ça marche bien et je suis habituée ou presque habituée, j'ai accepté beaucoup de choses et ça marche mieux.

AYAKO : D'abord, ça marchait parce que je ne comprenais pas la langue française et pour eux, c'était normal que je ne parle pas français... mais après... de plus en plus difficile pour moi, parce que, en général, les Français m'ont demandé le niveau de la langue.

JING : Je pense que j'ai beaucoup de chance de rencontrer un Français comme mon mari, en fait, ce que je connais comme Français, comme lui, y en a pas beaucoup, enfin, je peux pas... je peux pas définir comme ça, mais, euh, mais je suis très très bien accueillie et je m'entends très très bien avec la famille de mon mari.

CIELO : L'avantage que j'ai eu, c'est que j'avais plein de contacts avec des Français avant de venir ici parce que j'étais à l'Alliance française en Colombie, eh ben, j'avais plein de copains français, je m'entendais très bien et ça m'a beaucoup aidée pour l'arrivée en France parce que j'avais ce contact, donc, qui m'a rassurée et j'ai aussi j'ai eu la chance de trouver aussi une famille aussi adorable avec moi.

Séquence 2

AYAKO : Je vais quelquefois chez des amis de Ho et alors, le week-end, ils reçoivent leur famille et au Japon, nous passons la plupart du temps seulement la famille, c'est-à-dire les parents et les enfants. Par contre, en France, le week-end et la fête... fête de la mère, fête du père, Noël, ils sont réunis tout de suite.

CIELO : J'ai le regard sur ma propre famille, donc la famille de mon mari et l'autre, c'est la famille des enfants parce que je travaille avec des enfants dans les écoles à Paris, et moi, je trouve qu'il y a... j'ai été surprise de voir qu'il y a beaucoup... beaucoup d'enfants qui sont issus de parents divorcés.

JING : C'est simple, il s'agit de leur vie quotidienne, c'est-à-dire les enfants, la cuisine, le ménage, y a toujours des gens qui s'en occupent, c'est qui est incroyable, enfin, chez moi, en Chine, on ne fait pas ça ; c'est les gens... c'est les gens de la famille qui s'occupent de tout, surtout des enfants, et par contre, dans cette famille, c'est un peu spécial parce que c'est une famille recomposée, alors y a des enfants qui habitent pendant deux semaines chez le père et... ou bien deux semaines chez la mère, c'est très difficile pour eux d'accepter cette réalité.

Séquence 3

HO : La première chose qui m'a frappé, c'est notamment lors des réunions où rien ne se décide jamais, ça, c'est une constante des réunions françaises, euh, où on parle beaucoup plus de la famille, des gens, des enfants, de ce qu'on a fait dans le week-end, etc., qui est très sympa mais le temps effectif de réunion concernant le travail dure à peu près dix minutes sur les trois heures. Par contre, ce qui me frappe, c'est que, euh, les Français réagissent très très rapidement à l'urgence.

CIELO : Il y a dix ans, ben, c'était une vraie équipe, et même en dehors du travail, on se voyait et on faisait des réunions, comme dit Ho, mais ça marchait très chaleureusement, on s'épaulait, on s'aidait. Et là je pense que ça a beaucoup changé, la motivation n'est pas la même...

NEL : Il y a quelques semaines, quand j'ai travaillé à la Bibliothèque nationale, ça m'a frappée totalement que les gens, euh... on a prévenu tout le monde que la bibliothèque fermera plus tôt à cause d'une grève dans les transports publics. Donc, au lieu de fermeture de 20 heures, ils ont fermé à 18 heures de sorte que tous les employés puissent arriver à l'heure chez eux. Et, à mon avis, ça, ça n'arriverait jamais en Hollande parce qu'ils sont des secteurs séparés et si il y a une grève des transports publics, bien, mais c'est pas du domaine d'une bibliothèque.

Séquence 4

ALESSANDRA : Je crois vraiment que c'est un bon compromis entre l'Angleterre et l'Italie. Euh, l'Angleterre, euh, en Angleterre on travaille vraiment beaucoup, mais il n'y a pas un espace pour la vie privée ou des moments de loisirs. Et à Paris, on travaille quand même beaucoup, mais les gens trouvent le moment... trouvent du temps pour s'amuser, pour se rencontrer et je pense que la vie sociale est très importante pour les Français.

NEL : Paris est vraiment le centre de l'Europe et pour moi, c'était plutôt un choix pratique parce que c'est seulement quatre heures par train d'aller à Amsterdam et parfois, il faut que... que j'y aille pour, euh, mon travail, euh, et euh, bien sûr, c'est une grande capitale, c'est la capitale de la France, ça c'est aussi pour moi... c'est important parce que tous les instituts gouvernementaux sont situés à Paris et, euh, en fait, pour moi, c'est, euh, plutôt pratique.

Séquence 5 : Ce qui fait sourire en France

JING : La chose la plus drôle que j'ai eue c'était au début, c'était surtout à propos de la gastronomie et, euh, les Français, enfin, quand j'étais chez ma belle-mère, ils mangeaient une espèce de fromage et c'était je crois une espèce de fondue avec des petits... croûtons et ça puait, je peux vous dire, ça puait les pieds mais ils s'amusaient tellement, ils riaient et ça sentait très très bon ils disaient, alors ça sent bon et en plus avec du vin... c'était horrible pour moi, mais pour eux, c'était terrible, terrible, mais entre guillemets, terrible, très bon et pour moi c'était drôle.

NEL : Il y a une autre chose qui m'amuse, euh, parce que j'ai entendu de ma propriétaire que ce n'est pas possible de faire une ligne dans... dans la fenêtre pour mettre des vêtements lavés pour se sécher, ça, c'est interdit à Paris. Et, à mon avis, c'est parce que je voulais faire une ligne parce que le soleil ça... si je lave les vêtements à la main pour sécher à la fenêtre, mais ça c'est interdit, ça, je pense c'est drôle mais puisque c'est comme ça, je m'adapte.

AYAKO : Je trouve un mot fascinant : « C'est pas ma faute. » Les Français disent toujours « c'est pas ma faute », c'est à cause de quelqu'un, à cause de vous, à cause de la société, à cause d'autres... et je trouve c'est super.

ORAL **p. 159**

1 Rythme et intonation.
Un port est un séjour charmant/pour une âme fatiguée des luttes de la vie./L'ampleur du ciel,/l'architecture mobile des nuages,/les colorations changeantes de la mer,/le scintillement des phares,/sont un prisme merveilleusement propre à amuser les yeux sans jamais les lasser./Les formes élancées des navires,/au gréement compliqué,/auxquels la houle imprime des oscillations harmonieuses,/servent à entretenir dans l'âme/le goût du rythme et de la beauté./Et puis, surtout,/il y a une sorte de plaisir mystérieux et aristocratique/pour celui qui n'a plus ni curiosité ni ambition,/à contempler,/couché dans le belvédère/ou accoudé sur le môle,/tous ces mouvements/de ceux qui partent/et de ceux qui reviennent,/de ceux qui ont encore la force de vouloir,/le désir de voyager/ou de s'enrichir.

Charles Baudelaire, « Le port », *Petits Poèmes en prose*.

2 Situation vécue.
1 Si vous alliez en Amazonie, quels sont les trois objets que vous mettriez dans votre valise ?
2 Si vous gagniez un voyage pour deux personnes, avec qui partiriez-vous ?
3 Si vous tombiez en panne d'essence au milieu du désert, comment organiseriez-vous votre première journée ?
4 Si vous campiez et que vous soyez réveillée par un scorpion, quelle serait votre première réaction et que feriez-vous ensuite ?
5 À quelles conditions seriez-vous capable :
a de vous nourrir exclusivement d'insectes ?
b de ne pas vous laver pendant plusieurs jours ?
c de ne pas parler pendant plusieurs jours ?

3 Radio Reflets.

Séquence 1

Cécile Caron n'est pas partie en voyage mais elle a de nombreuses révélations à nous faire sur les touristes étrangers en France.

CÉCILE CARON : Commençons par le nombre de visiteurs : la France a reçu 67 millions de touristes l'année dernière. Mais c'est seulement 20 % de notre territoire qui reçoit 80 % des touristes.
Les lieux les plus visités sont l'Île-de-France pour ses monuments et son parc Eurodisney, la Côte d'Azur et le Sud en général.
Les parcs à thème sont très prisés : le Futuroscope, dans la région Poitou-Charentes, par exemple, a triplé sa clientèle ces dernières années.
En Basse-Normandie, le musée du Mémorial de Caen s'inscrit dans un tourisme de mémoire.
Peu de sites naturels attirent les visiteurs. En revanche, un grand nombre de sites religieux sont fréquentés. C'est le cas de Lourdes dans la région Midi-Pyrénées.

Séquence 2

CÉCILE CARON : Mais que viennent chercher les touristes étrangers en France ?
Les Allemands font du tourisme vert et passent les vacances sous le signe du naturel. Après une bonne balade, ils visitent une ferme pour acheter des produits du terroir. Ils regrettent en général que les Français ne parlent pas leur langue.
Les Espagnols se précipitent d'abord au Futuroscope. Ils choisissent de voyager « intelligent » et sont les champions du tourisme culturel. Ils déplorent le manque d'hospitalité des Français.
Les Hollandais recherchent l'ambiance conviviale des petits villages proches de grands domaines skiables et sont choqués par le peu d'attention que les Français prêtent à leur environnement.
Les Anglais prennent leurs vacances en Normandie ou en Dordogne où ils trouvent fraîcheur et calme. Ils trouvent les Français distants mais bons vivants.

TABLE DES MATIÈRES

Imprimé en France par MAME
Dépôt légal n° 48118-06/2004 - Collection n°28 - Edition n° 03
15/5174/6